国家科学技术学术著作出版基金资助

网 络 科 学 与 工 程 丛 书

NSE 13

复杂网络传播理论

——流行的隐秩序

Theory of Spreading on Complex Networks: Hidden Rules of Epidemics

■ 李 翔 李 聪 王建波 著

高等教育出版社·北京

图书在版编目（CIP）数据

复杂网络传播理论：流行的隐秩序 / 李翔，李聪，王建波著. -- 北京：高等教育出版社，2020.9
（网络科学与工程丛书 / 陈关荣主编）
ISBN 978-7-04-054605-7

Ⅰ.①复… Ⅱ.①李… ②李… ③王… Ⅲ.①网络传播－研究 Ⅳ.① G206.2

中国版本图书馆 CIP 数据核字（2020）第 119026 号

策划编辑 刘 英　责任编辑 刘 英　封面设计 李卫青　版式设计 徐艳妮
插图绘制 黄云燕　责任校对 马鑫蕊　责任印制 刁 毅

出版发行	高等教育出版社	网　址	http://www.hep.edu.cn
社　址	北京市西城区德外大街 4 号		http://www.hep.com.cn
邮政编码	100120	网上订购	http://www.hepmall.com.cn
印　刷	天津嘉恒印务有限公司		http://www.hepmall.com
开　本	787mm×1092mm 1/16		http://www.hepmall.cn
印　张	17		
字　数	270 千字	版　次	2020 年 9 月第 1 版
购书热线	010-58581118	印　次	2020 年 9 月第 1 次印刷
咨询电话	400-810-0598	定　价	89.00 元

物 料 号 54605-00

作者简介

李翔，复旦大学信息科学与工程学院教授，博士生导师，2002 年获南开大学博士学位，国家杰出青年科学基金获得者，国家万人计划科技创新领军人才，上海领军人才。获 2005 年 IEEE 电路与系统汇刊最佳论文奖、2008 年上海市自然科学一等奖、2015 年国家自然科学二等奖等，Elsevier 中国高引学者。主要研究领域为复杂网络科学与集群智能。

李聪，复旦大学信息科学与工程学院副研究员，硕士生导师，2014 年获荷兰代尔夫特理工大学博士学位。出版英文学术专著 1 部，在 Scientific Reports、Physical Review E、IEEE 汇刊、JSTAT 等国际权威期刊发表论文 10 余篇，主持和承担多项国家级和省部级科研项目。主要研究兴趣包括复杂网络传播动力学、复杂网络理论及应用研究。

王建波，西南石油大学计算机科学学院讲师，硕士生导师，2019 年获复旦大学博士学位。参与出版英文学术专著 1 部，在 IEEE 汇刊发表论文多篇。曾获上海市研究生优秀成果奖。主要研究兴趣为复杂网络传播动力学。

序

随着以互联网为代表的网络信息技术的迅速发展，人类社会已经迈入了复杂网络时代。人类的生活与生产活动越来越多地依赖于各种复杂网络系统安全可靠和有效的运行。作为一个跨学科的新兴领域，“网络科学与工程”已经逐步形成并获得了迅猛发展。现在，许多发达国家的科学界和工程界都将这个新兴领域提上了国家科技发展规划的议事日程。在中国，复杂系统包括复杂网络作为基础研究也已列入《国家中长期科学和技术发展规划纲要（2006—2020 年）》。

网络科学与工程重点研究自然科学技术和社会政治经济中各种复杂系统微观性态与宏观现象之间的密切联系，特别是其网络结构的形成机理与演化方式、结构模式与动态行为、运动规律与调控策略，以及多关联复杂系统在不同尺度下行为之间的相关性等。网络科学与工程融合了数学、统计物理、计算机科学及各类工程技术科学，探索采用复杂系统自组织演化发展的思想去建立全新的理论和方法，其中的网络拓扑学拓展了人们对复杂系统的认识，而网络动力学则更深入地刻画了复杂系统的本质。网络科学既是数学中经典图论和随机图论的自然延伸，也是系统科学和复杂性科学的创新发展。

为了适应这一高速发展的跨学科领域的迫切需求，中国工业与应用数学学会复杂系统与复杂网络专业委员会偕同高等教育出版社出版了这套“网络科学与工程丛书”。这套丛书将为中国广大的科研教学人员提供一个交流最新研究成果、介绍重要学科进展和指导年轻学者的平台，以共同推动国内网络科学与工程研究的进一步发展。丛书在内容上将涵盖网络科学的各个方面，特别是网络数学与图论的基础理论，网络拓扑与建模，网络信息检索、搜索算法与数据挖掘，网络动力学（如人类行为、网络传播、同步、控制与博弈），实际网络应用（如社会网络、生物网络、战争与高科技网络、无线传感器网络、通信网络与互联网），以及时间序列网络分析（如脑科学、心电图、音乐和语言）等。

"网络科学与工程丛书"旨在出版一系列高水准的研究专著和教材，使其成为引领复杂网络基础与应用研究的信息和学术资源。我们殷切希望通过这套丛书的出版，进一步活跃网络科学与工程的研究气氛，推动该学科领域知识的普及，并为其深入发展做出贡献。

金芳蓉 (Fan Chung) 院士
美国加州大学圣迭戈分校
二〇一一年元月

前言

"历史会重演。"古希腊历史学家修昔底德在《历史》中写道。更确切地说，"历史是进化的，但有时总使人感觉它是在重复过去。"（廖沫沙，《廖沫沙杂文集·历史重复》）。回顾人类历史长河，任何一次传染疾病的大流行，都与人类文明的进程息息相关，而每一次大范围流行的传染病对于人类文明本身也会产生深远的影响。人类社会的网络化一方面促进了现代公共卫生体系的完善，制衡瘟疫的威胁；而另一方面，这种网络化进程使得人员和物资的流动更为频繁、便捷，极大加快了传染病的扩散速度。例如，2003 年一次貌似平常的旅行，SARS 病毒借助发达的国际航空网络得以迅速传播到 30 多个国家，引发了一场震动全球的 SARS 疫情。仅仅时隔几年，甲型 H1N1 流感又借助发达的公共交通网络再次席卷世界各国。回顾 2003 年 6 月 20 日《Science》刊文中的深思：为何在拥有现代公共卫生体系的今天，新的病毒却可以在世界范围内更为迅速地传播和蔓延？时至今日，每一次惊动世人的流行疫情的背后，都似乎有一只看不见的手在拨动着世人的心弦。而这，或许是促使世界各国学者努力探索其隐含规律的原动力，也是我们在本书中力图回答的元问题。

传播的内涵不仅限于生物病毒的流行，还可以是暗流涌动的舆信、三人成虎的谣言、潜伏在互联网空间的恶意代码、吸睛吸金的时尚单品、定期健身的习惯，甚至是“吃还是不吃——这是个问题”的节食减肥人群之间的行为影响，等等。熙熙攘攘的网络中形形色色传播现象背后的科学理论规律，是我们在研究过程中试图拓展答案外延的另一个动因。然而，我们发现，完成如此一本神形兼具的复杂网络传播理论专著远远超出了预期的写作计划。所以，在本书成稿时，我们还是回到了元问题的主线脉络，将这种外延的获得与否交给读者。

网络科学研究热潮从世纪交汇初期风起云涌至今，我们认为机缘巧合在 Pastor-Satorras 和 Vespignani 两位教授恰好用平均场理论（Mean-Field Theory）的方法求解得到了无标度网络的传播临界值。互联网这种超级规模的无标度网络在理论上的零传播阈值，一方面呼应了当时一波未平一波又起的“冲击波”“震荡波”等臭名昭著的互联网病毒暴发；另一方面也给复杂网络科学热潮点燃了当时最接地气的一把火。致敬于此，我们将从介绍 N-纠缠平均场方法来求解静态网络的传播临界值开始，展开本书从静态网络到动态网络、从单种群网络到复合种群网络的叙述脉络，力求给读者呈现出既包括了传播阈值分析与免疫策略设计等传统关注问题的研究进展，又覆盖了疫情入侵路径推断和公共干预策略等极具现实意义的主题的思考与理解。基于我们的学识背景，局限难免，也推荐读者根据本书参考文献“按图索骥”。全书由李翔规划整体结构框架，李聪负责主笔第 2—4 章，王建波负责主笔第 9 章，李翔负责主笔第 1、5—8 章。三位作者一起校对全书。研究室已经毕业和离开的成员王林博士、张屹綮博士、张延博士、曹崀博士对书稿亦有贡献。

本书内容的研究工作得到了许多科研计划项目的支持，特别感谢国家杰出青年科学基金、国家自然科学基金、国家社会科学基金重大项目、科技部 973 重大基础研究计划、教育部新世纪优秀人才支持计划、上海市教委曙光学者计划、上海市科委青年科技启明星跟踪计划、上海市自然科学基金、欧盟 FP7 框架、国家留学基金委等的支持。我们向本书内容的所有合作研究者，向所有分享灵感和心得、完成有意义研究的学术同行们致以满满的谢意！作者也要感谢国家科学技术学术著作出版基金的资助，感谢香港城市大学陈关荣教授、华东师范大学刘宗华教授、上海大学汪小帆教授、上海大学傅新楚教授以及山西大学靳祯教授对书稿提出的宝贵意见和殷切期望。

谨以此书献给所有陪伴我们一路同行的人们！

李翔，李聪，王建波

复旦大学自适应网络与控制研究室

符号表

S	易感者状态/数目
I	感染者状态/数目
R	恢复者状态/数目
β	个体被疾病感染的概率
α	个体染病后死亡的概率
μ	个体恢复概率
SIS	易感–感染–易感模型
SI	易感–感染模型
SIR	易感–感染–恢复模型
SIRS	易感–感染–恢复–易感模型
R_0	基本再生数
Prob	概率函数
$E[\cdot]$	平均值/期望
λ_1	最大特征值 (谱半径)
HMF	异质平均场
τ	有效传播率
τ_c	传播临界值
$\boldsymbol{A}$	邻接矩阵
N	网络节点数
L	网络边数

$G(N,L)$	节点数为 N, 边数为 L 的网络
β_{uw}	易感性为 s_w 的个体与传染能力为 i_u 的个体碰撞时被感染的概率
i_u	感染个体 u 的传染能力
s_w	易感个体 w 的易感性
v	个体的固定速率
$p(i)$	传染能力 i 的概率分布函数
$p(s)$	易感性 s 的概率分布函数
$\bar{n}_{coll}$	平均碰撞次数
a_i	节点 i 的活跃势能
Q	节点的传播能力
$F(a)$	活跃势能 a 的分布
i_a^t	t 时刻活跃势能为 a 的节点中感染节点的密度
g	免疫个体集合的密度
ρ_i	感染个体比例
$C_j(t)$	t 时刻国家 j 的累计确诊甲型 H1N1 流感病例数
$C_T(t)$	t 时刻全球各国累计确诊甲型 H1N1 流感病例数
$P_t(r)$	甲型 H1N1 流感出现国的概率–排序分布
$r_{t,\max}$	每组数据的最大排序号
$M(t)$	t 时刻暴发疫情的子种群数
r	甲型 H1N1 流感出现国的概率–排序
r_c	调控指数截断影响的参数
$D_j^{[S]}$	j 国中状态为易感态 S 的人数
$D_j^{[I]}$	j 国中状态为感染态 I 的人数
$D_j^{[R]}$	j 国中状态为恢复态 R 的人数
V	子种群数目
E	子种群间的边数
ε	平均潜伏天数的倒数
G_t	感染周期

$H^{[i]}(t)$	t 时刻各地区疫情发展的异质性程度
c_x	子种群 x 内的个体特征接触率
ω_{xy}	子种群 x 内的个体到子种群 y 通勤概率
ν_x	通勤个体返回源子种群 x 的概率
ω	一个子种群内个体的扩散率 (通勤概率)
ν	一个子种群内个体的回归率 (返回概率)
S_i	子种群 i 中易感者数量
I_i	子种群 i 中感染者的数量
$N_{xx}(t)$	t 时刻 x 子种群在 x 子种群的个体
p_{xy}	个体从子种群 x 到 y 的扩散/迁移率
η	病患隔离控制策略的强度
ϑ	疫情暴发初期感染个体的指数增长率, 即马尔萨斯增长率
$\Delta t(\cdot)$	采取策略 $(\cdot)$ 对于推迟 “零号病人” 入侵的时间长度
ϵ^{-1}	感染个体在潜伏态所经历的平均时间长度
μ^{-1}	感染个体在感染态所经历的平均时间长度
ρ	Spearman 相关系数 (“零号病人” 平均首达时间与其人口规模的相关性)
T_{ij}	多次仿真中子种群 i 入侵感染子种群 j 的概率
d_{ij}	子种群 i、j 之间的距离
ζ_k	度为 k 的子种群病患隔离策略的控制参量
t^F	复合种群网络子种群的病毒首达时间
γ	Euler 常数
ζ	复合种群网络上采取病患隔离策略的控制参量
GIP	全局空间入侵路径
IP_{INC_i}	入侵类 i 中的空间入侵路径
IP_{ij}	子种群 i 到 j 的空间入侵路径
INC	入侵分割出的包含真实入侵路径待推断的子图, 即入侵类, 共 4 种

$\mathbb{I}$	入侵类中的已感染子种群集合
$\mathbb{S}$	入侵类中的新感染子种群集合
$\mathcal{H}_i$	入侵类中新感染子种群 S_i 被首达入侵的感染个体数
$\varLambda$	对整体空间入侵路径入侵分割出的入侵类数目
m	入侵类中的已感染子种群数目
n	入侵类中的新感染子种群数目
$mI \mapsto S(m \geqslant 2, n = 1)$	4 种入侵类之一的多对一
$mI \mapsto nS(m, n \geqslant 2)$	4 种入侵类之一的多对多
σ	关于入侵类首达感染个体数方程组的一组可能解
$\mathcal{E}$	观察到该入侵类发生的事件
$\varPhi$	关于入侵类首达感染个体数方程组的可能解的集合
O	可能解集合 $\varPhi$ 包含的可能解数目
p_{ij}	个体从子种群 j 到子种群 i 的扩散率
$\Delta I_i(t)$	t 时刻与 $t-1$ 时刻子种群 i 感染个体数之差
E_{in}	入侵类中入侵边的数目
$\mathcal{S}$	入侵类所有可能解似然向量的香农熵
$\pi(\sigma)$	入侵类所有可能解对应的最大似然估计
$\varPi$	入侵类的可辨识性
w_{ij}	子种群 j 到子种群 i 的流量

目录

第 1 章 导言

1.1 缘起

2018 年 6 月 26 日, 上海, 复旦大学科学楼三楼。我的办公室, 刚刚从前排的恒隆物理楼迁入月余, 楼前再无满目郁郁葱葱的白玉兰树。我坐在旋转的椅子上构思着这本书的开题文字, 尽管书稿的具体章节早已提笔将近 3 年。窗外是 2018 年上海发布的第一个橙色高温预警下的 37°C 酷热, 室内则是从恒隆物理楼就陪伴我至今 10 年有余的空调挂机在竭尽全力运转所控制到的 27°C 清凉。

时针如果拨回到 15 年前, 2003 年 6 月的上海则在相似的高温酷热之外, 还有一份独一无二的严重急性呼吸道综合征 (SARS) 疫情。2003 年 6 月 20 日的《Science》不仅连续刊登了两篇关于 SARS 疫情的科研论文, 还刊发了“Modelling the SARS Epidemic”的评论员观察 (Perspective)——基于这两篇论文的研究发现来预测全球抗击SARS疫情的前景 [1–3]。这一场神秘消失在2003年盛夏的 SARS 疫情给全世界的病毒学家留下了若干年后才解惑的“冠状病毒”, 寻常百姓记住了果子狸, 而 Alessandro Vespignani 教授和他的研究小组则默默记录了国际航空网的航线流量与全球 SARS 病例统计数。

2003 年或者注定就是一个与本书主题强烈相关的不平凡之年。刚刚从“千年虫”漏洞中逐渐脱身的全球计算机网络系统，自 2003 年 1 月起就不断遭遇著名的 Worm.Sobig (“巨无霸”) 蠕虫病毒及其变种的猛烈攻击，特别是在 2003 年 8 月 11 日最强烈攻击峰值到来之后的第三天，2003 年 8 月 14 日美国和加拿大发生大面积停电，这与北美地区各级电网的计算机监控系统在“巨无霸”蠕虫攻击中失灵不无干系。据不完全统计，2003 年最恶名昭彰的十大计算机病毒使得中国 90% 互联网用户的计算机系统受到了不同程度的攻击和破坏。

时下连中学生都耳熟能详的“小世界”“六度分离”等名词，在 21 世纪之初尚和无标度网络一起刚刚进入国内外少数学者的研究视野，国际航空网、电力网络、互联网被不断标注它们所具有的无标度网络和/或小世界网络的属性标签。Duncan J. Watts 博士在哥伦比亚大学入职不久就向全球招募电子邮件用户的志愿者，重新验证哈佛大学 Stanley Milgram 教授 40 余年前通过邮递书信所发现的“六度分离”小世界理论。Albert-László Barabási 小组在提出了著名的偏好链接机制来解释无标度网络涌现机制之后，跟进发布了互联网的“阿喀琉斯之踵”这一鲁棒而又脆弱的孪生特性 [4, 5]。2001 年 Pastor-Satorras 和 Vespignani 两位教授，提出了当网络规模无限大时，无标度网络具有零传播临界值的观点 [6]。这一前瞻性的理论发现在随后几年里被一波未平一波又起的“冲击波”“震荡波”等各种臭名昭著的计算机蠕虫病毒予以了最充分诠释：互联网这种超级规模的无标度网络在计算机病毒的攻击下，如果没有任何保护措施，可以在数十分钟内迅速崩溃 [7]。

在被迅速点燃的研究热潮里，人们对网络传播现象的注意力普遍集中在网络拓扑的复杂属性如何影响传播临界值，这一方向基本延续了 Pastor-Satorras 和 Vespignani 两位教授 2001 年所发表论文中的平均场理论框架。需要特别指出的是，荷兰代尔夫特理工大学 Piet Van Mieghem 教授则试图不再将具有相同度属性的节点看成一类个体，更多地关注网络中的每一个节点对传播动力学过程的影响 [8]。复杂网络的传播过程作为一种典型的集群动力学演化模型，动力系统的各种平衡点分析、分岔、双稳态等也逐渐受到重视，虽然受限于抽象建立的网络传播动力学方程，但小世界、无标度等各种典型网络拓扑属性依然被庖丁解牛般剖析了各自对传播动力学的影响 [9]。

欧拉在回答哥尼斯堡七桥问题时画出了第一个确定的网络图，直到两个世纪之后才被 Paul Erdös 和 Alfréd Rényi 用掷骰子构造的随机图来表征不确定的连边结构 [10]。然而, 复杂网络演化模型是人们在观察现实中形形色色的复杂网络后经过不同繁复取舍和数理抽象形成的可计算的表达载体, 无论是介于完全确定网络与完全随机网络之间的小世界网络模型, 抑或是突破传统随机图论框架的无标度网络模型, 都在包括网络传播机制等早期复杂网络科学研究中扮演了不可替代的主导角色, 并推动着孕育和发展全新的刻画网络拓扑复杂结构的模型架构。国内外网络科学研究者对网络拓扑复杂性的理解也在过去 20 年里经历着从静态网络到动态网络、从单层网络到多层网络、从时不变网络到时效网络、从单种群网络到复合种群网络等更为精细化的认知和探索 [11–30]。

在复杂网络研究的萌芽期, 当时可获得的海量数据资源帮助探路者们发现了传统理论模型的先天缺陷。在随后 20 余年的网络科学研究热潮中, 大数据的普适性与小数据的特殊性都在研究人员验证模型驱动的发现时扮演着“监督学习”样本的角色。人们在获得充足有力的计算资源的支撑后, 数据驱动研究范式衍生出来的计算流行病学也日趋完善。这其中最具吸引力的有两个流派: 基于主体的研究流派力求获得生物个体及其相互间接触的准确数据, 而基于复合种群网络的研究流派则着眼于获得国家乃至全球视野范围内种群的迁移记录。不囿于需要充分数据信息描述的“白盒子”类研究, 源于针对“灰盒子”甚至“黑盒子”的系统辨识的控制论思想, 针对网络传播过程在不同粗粒度层面的路径推断和参数辨识, 需要综合模型与可获得数据的各自优势来取长补短。

......

旋转的转椅在竭尽全力地帮助我去努力回溯过去 10 余年里自己对本书选题的思考脉络, 而我在本书开篇至今所呈现的这些文字, 希望对于读者而言并非“无可慰藉”。我和李聪博士、王建波博士在本书组织展现的, 并不是一本集锦式的鸿篇巨著。尤其是在 2010 年之后国内外陆续出版复杂网络领域的多部著作之后, 我们在本书力图呈现对这一主题的上述思考背后的探索与努力。我更乐意将本书的每一章比喻成一滴晨露, 而全书所能串起这滴滴晨露的主线, 恰恰是那一抹碧绿的芭蕉扇叶, 叶缘垂满这一大串露珠。清风拂过, 读者阅读本书若能感受到些许“大珠小珠落玉盘”的气氛, 足可慰藉我们数年来在碎片化写作节奏下所投入的不菲时间和精力。

1.2 本书结构

全书共 9 章, 余下的 8 章分别摘要如下。

第 2 章集中介绍了阅读本书所需要的预备知识, 包括流行病学若干基本传播过程的仓室模型及其动力学微分方程、经典模型传播临界值的计算推导, 复杂网络研究的缘起、基本概念的定义、基本拓扑结构特性等, 并简要回顾了网络传播领域的主要研究脉络, 分别按照静态网络、时效网络、多层网络、复合种群网络等与本书相关的分支主题予以了回顾。

第 3 章重点围绕静态复杂网络 SIS 传播模型的逼近理论来展开, 包括 2^N 态确切马尔可夫链、异构平均场估计、N-纠缠平均场估计、亚稳态的计算求解等分析方法, 并结合 ε-SIS 模型比较了几种平均场估计方法在完全二分图、星形图、完全图、BA 无标度网络、WS 小世界网络等经典网络结构上的传播临界值和感染比例。

第 4 章则设计了有效的 (静态) 复杂网络流行病传播控制策略, 包括基于节点中心性的目标免疫方法和移除连边阻断传播途径的方法, 证明了移除连边或节点来最大化传播临界值是 NP-难问题, 通过比较各种基于节点中心性的启发式算法, 给出了基于特征向量中心性的连边移除和节点免疫可以最大限度地增大传播临界值。此外, 还介绍了有向网络上控制传播暴发的若干有效策略。

第 5 章在两个基本研究假设上尝试突破: 节点异质程度和动态变化的网络结构。在随机动态网络上探讨了节点赋予异质的传染属性时, 传播临界值与不同类型传染性分布函数之间的依赖关系, 并具体研究了节点具有不同活跃度属性时的传播临界值, 分别针对低传染强度、中传染强度、高传染强度等三类情形分析了随机免疫策略和目标免疫策略的传播临界值及其免疫效率。

从第 6 章开始, 本书将网络节点的粗粒度表达维度进一步予以了丰富与拓展, 从一般的复杂网络延伸到复合种群网络。这一章重点针对在全球 (或国家) 地域空间跨度范围下流行病动力学的演化规律，选择了 2009 年美国甲型 H1N1 流感疫情等实际数据，结合采集的美国航空网络人口流动数据构建复合种群网络结构的基准模型，发现了 Zipf 标度律和 Heaps 标度律在实际大规模流行病中的涌现与共存机制。本章也展现了复合种群网络异质性的实际影响，与第 5 章的节点异质性相呼应。

第 7 章从双耦合种群网络角度的个体接触模式来重新审视均匀混合这一基本假设，从目的地接触驱动和源地接触驱动这两类与地理位置相关的接触模式，来探讨双耦合种群网络的传播临界值与地理空间的异构接触模式的依赖关系。

第 8 章从实际控制的实时性和时效意义来审视各种控制策略方案的现实意义，在全球化的复合种群网络背景下，采取双耦合种群这一简化网络结构具体对比分析了病患隔离策略和航空管制策略的实施效果，特别是延缓疫情向不同地区扩散的首达时间的影响，这一探索思路也推广到针对北美大陆的流行性感冒等典型疫情的实证分析和对策论证。

第 9 章继续将本书的研究边界和思考范式从通常的“白盒子”型正向论证延拓到针对网络传播问题存在某些“黑盒子”或者“灰盒子”的推断估计，重点围绕复合种群网络上某些关键路径在疫情流行中所扮演的入侵角色的推断，这对于在实际数据驱动模式下提升预测、预报甚至预警尚未发生的流行疫情的合理性是大有裨益的。

读者可以根据自己的兴趣偏好选择不同的章节模块来阅读本书，默认的阅读模式无疑是遵循本书章节结构从始至终。

整体风格上，全书以第 5 章为界前后可以视为上下分区。第 3—5 章，网络中的节点即为个体。因此，重视网络拓扑影响的读者，可以沿着前 5 章逐一探索未尽之题。当然，这一脉络的延续无疑是模型驱动的研究范式。第 6—9 章，网络中的每个节点是一个独立的种群，整个网络由多个种群耦合联系形成复合种群网络。在现实各种统计数据可获得的前提下，无论是纯粹的数据驱动的研究范式，还是模型–数据互为验证的思路，在一国、多国乃至全球范围的样本数据背景下都是可以接受的。

此外，关注异质属性影响的读者可以着重阅读第 5—7 章，这 3 章涉及动态网络和复合种群网络，从传染能力、种群迁移模式、个体活跃地等多个角度展示了作者的思考。重视传播临界值求解的读者则可以阅读第 3、5、7、8 章来了解不同求解方法的适用范围，取长补短。关心实际策略效果的读者则可以通过阅读第 4、6、8、9 章来获得已有解答对于未知情形的启发。更多的阅读模式就留给读者在本书各个章节的自由组合来开启吧。

参考文献

[1] LIPSITCH M, COHEN T, COOPER B, et al. Transmission dynamics and control of severe acute respiratory syndrome[J]. Science, 2003, 300(5627): 1966-1970.

[2] RILEY S, FRASER C, DONNELLY C A, et al. Transmission dynamics of the etiological agent of SARS in Hong Kong: impact of public health interventions[J]. Science, 2003, 300(5627): 1961-1966.

[3] DYE C, GAY N. Modeling the SARS epidemic[J]. Science, 2003, 300(5627): 1884-1885.

[4] BARABÁSI A L, ALBERT R. Emergence of scaling in random networks[J]. Science, 1999, 286(5439): 509-512.

[5] ALBERT R, JEONG H, BARABÁSI A L. Error and attack tolerance of complex networks[J]. Nature, 2000, 406(6794): 378-382.

[6] PASTOR-SATORRAS R, VESPIGNANI A. Epidemic spreading in scale-free networks[J]. Physical Review Letters, 2001, 86(14): 3200.

[7] BALTHROP J, FORREST S, NEWMAN M E J, et al. Technological networks and the spread of computer viruses[J]. Science, 2004, 304(5670): 527-529.

[8] VAN MIEGHEM P, OMIC J, KOOIJ R. Virus spread in networks[J]. IEEE/ACM Transactions on Networking, 2009, 17(1): 1-14.

[9] 李翔. 复杂动态网络传播动力学 [J]. 力学进展, 2008, 38(6): 723-732.

[10] ERDÖS P, RÉNYI A. On the evolution of random graphs[J]. Publ. Math. Inst. Hung. Acad. Sci, 1960, 5(1): 17-60.

[11] KEELING M J, EAMES K T D. Networks and epidemic models[J]. Journal of the Royal Society Interface, 2005, 2(4): 295-307.

[12] BOCCALETTI S, LATORA V, MORENO Y, et al. Complex networks: Structure and dynamics[J]. Physics Reports, 2006, 424(4-5): 175-308.

[13] RILEY S. Large-scale spatial-transmission models of infectious disease[J]. Science,

2007, 316(5829): 1298-1301.

[14] BARRAT A, BARTHÉLÉMY M, VESPIGNANI A. Dynamical Processes on Complex Networks[M]. Cambridge: Cambridge University Press, 2008.

[15] FUNK S, SALATHÉ M, JANSEN V A A. Modelling the influence of human behaviour on the spread of infectious diseases: a review[J]. Journal of the Royal Society Interface, 2010, 7(50): 1247-1256.

[16] DANON L, FORD A P, HOUSE T, et al. Networks and the epidemiology of infectious disease[J]. Interdisciplinary Perspectives on Infectious Diseases, 2011, 2011: 284909.

[17] BREDA D, DIEKMANN O, DE GRAAF W F, et al. On the formulation of epidemic models: An appraisal of Kermack and McKendrick[J]. Journal of Biological Dynamics, 2012, 6(sup2): 103-117.

[18] VESPIGNANI A. Modelling dynamical processes in complex socio-technical systems[J]. Nature Physics, 2012, 8(1): 32-39.

[19] HOLME P, SARAMÄKI J. Temporal networks[J]. Physics Reports, 2012, 519(3): 97-125.

[20] BOCCALETTI S, BIANCONI G, CRIADO R, et al. The structure and dynamics of multilayer networks[J]. Physics Reports, 2014, 544(1): 1-122.

[21] WANG L, LI X. Spatial epidemiology of networked metapopulation: An overview[J]. Chinese Science Bulletin, 2014, 59(28): 3511-3522.

[22] PASTOR-SATORRAS R, CASTELLANO C, VAN MIEGHEM P, et al. Epidemic processes in complex networks[J]. Reviews of Modern Physics, 2015, 87(3): 925-979.

[23] SALEHI M, SHARMA R, MARZOLLA M, et al. Spreading processes in multilayer networks[J]. IEEE Transactions on Network Science and Engineering, 2015, 2(2): 65-83.

[24] NOWZARI C, PRECIADO V M, PAPPAS G J. Analysis and control of epidemics: A survey of spreading processes on complex networks[J]. IEEE Control Systems Magazine, 2016, 36(1): 26-46.

[25] MASUDA N, HOLME P. Temporal Network Epidemiology[M]. Berlin: Springer, 2017.

[26] WANG W, TANG M, STANLEY H E, et al. Unification of theoretical approaches for epidemic spreading on complex networks[J]. Reports on Progress in Physics, 2017,

80(3): 036603.

[27] Y PIONTTI A P, PERRA N, ROSSI L, et al. Charting the Next Pandemic: Modeling Infectious Disease Spreading in the Data Science Age[M]. Berlin: Springer, 2018.

[28] 汪小帆, 李翔, 陈关荣. 网络科学导论 [M]. 北京: 高等教育出版社, 2012.

[29] 傅新楚, SMALL M, 陈关荣. 复杂网络传播动力学——模型、方法与稳定性分析 [M]. 英文版. 北京: 高等教育出版社, 2014.

[30] 靳祯, 孙桂全, 刘茂省. 网络传染病动力学建模与分析 [M]. 北京: 科学出版社, 2014.

第 2 章 预备知识与基础理论

2.1 问题的引出

本书常常会提到传染病、感染病和流行病等词汇，从公共卫生专业医学术语来看，传染病 (Communicable disease)、感染病 (Infectious disease) 和流行病 (Epidemics) 是有区别的。严格意义上，传染病属于感染病的一类，都是具有传染性的疾病。流行病的范畴则包括不发生感染过程的非传染的流行性疾病 [1, 2]，当某种疾病发病率水平显著高于某地近年来一般水平时就可以被称为流行病。当某种传染病的扩散超出国界或洲界时，这种疾病被称为大流行 (Pandemic)。如果传染病例的发病时间高度集中在一个短时期之内，则称之为暴发流行 (Epidemic outbreak) [1]。本书不关注病原体层面的感染过程，因此在行文中并不严格甄别这些名词作为医学术语的不同。类似地，传染病的流行 (传播、扩散) 过程需要考虑传染源、传播途径和种群个体的易感性 [1]。在传播途径的界定上，我们同样只是从种群 / 个体层面来考量研究病毒扩散的方式，而忽略不同类型的病原体在生物个体层面从传染源 (宿主) 入侵易感者的实际传播途径。本章作为全书的基础章节，首先介绍流行病学和复杂网络理论的基础知识，然后简要回顾复杂网络传播理论的研究进展。

2.2 流行病学预备知识

流行病学关注病原体在不同阶段的入侵所带来的感染 (Infection)、再感染 (Reinfection)、二重感染 (Superinfection)、复发 (Relapse) 等不同类型的感染现象, 而不是临床上病例发展的潜伏期 (Incubation period)、前驱期 (Prodromal period)、症状明显期 (Period of apparent manifestation)、恢复期 (Convalescent) 的症状差异。因此, 本书中介绍的数学模型主要体现感染、康复、再感染等过程。

2.2.1 基本传播模型

Daniel Bernoulli[3] 在 1760 年首先提出将人口分为易感态个体 S (Susceptible) 和恢复态个体 R (Removed 或 Recovered), 其中, 恢复态个体是指被病毒感染且恢复后具有免疫力的个体。Bernoulli 假设易感态个体数目的改变与个体被感染率、人口的自然死亡率相关, 而恢复态个体数目的变化则与个体染病但没有死亡的概率 (即获得免疫的概率) 以及人口的自然死亡率相关。因此, 个体从易感态 S 变成恢复态 R 的转化模型可以写为

$$S \xrightarrow{\beta(1-\alpha)} R.$$

这里, β 是个体被疾病感染的概率, α 是个体染病后死亡的概率。不难看出, Bernoulli 更多关注的是个体自身染病和自然死亡的过程, 并没有考虑流行病在个体间的传播过程。

经典的传播动力学模型是由 Kermack 和 McKendrick 于 1927 年提出的 SIR 仓室模型 [4], 字母 S、I、R 分别体现了个体的 3 种状态: 易感态 (Susceptible)、感染态 (Infected) 和恢复态 (Removed 或 Recovered)。这三种状态可以互相转换: 易感态个体可以被感染态个体感染, 感染态个体可以在治愈后到达恢复态, 而恢复态个体由于具有免疫力不会再次被感染。SIR 模型可以表达如下:

$$\begin{cases} S + I \xrightarrow{\beta} 2I, \\ I \xrightarrow{\mu} R. \end{cases}$$

这里, β 和 μ 是传播过程中状态之间的转换率, 可以通过实际临床数据估计得到。当用简单的数学模型对病毒传播进行模拟时, 可以假设状态变化率是一个固定的常值。流行病传播模型分为离散时间传播模型和连续时间传播模型。在离散时间传播模型中, 个体以感染率 β 被感染或者以恢复率 μ 被治愈, 状态变化可以在任意时间步内发生。换个角度看, 感染态个体平均需要 μ^{-1} 个时间步被治愈。通常情况下, 时间步会被设置为一个非常小的数值以保证每个时间步内只发生一次状态变化。在连续时间传播模型中, 我们假设每条连边上的感染过程和每个个体的治愈过程是独立的泊松过程 [5, 6], 个体在时间 t 内保持感染状态不变的概率是 $\beta\mathrm{e}^{-\beta t}$。每个感染态个体以速率 β 感染健康邻居个体的同时, 自身以速率 μ 被治愈, 平均感染一个健康邻居的时间是 β^{-1}, 平均被治愈的时间是 μ^{-1}。在 SIR 模型中, 无论 β 和 μ 取何值, 个体最终都会进入恢复态 R。

随后, 易感–感染–易感 (SIS) 模型、易感–感染–恢复–易感 (SIRS) 模型、易感–感染 (SI) 模型等被人们先后提出来。SIS 模型的传播过程描述为

$$\begin{cases} S + I \xrightarrow{\beta} 2I, \\ I \xrightarrow{\mu} S. \end{cases}$$

这里, 个体在易感态和感染态之间不断转换。

我们知道, 现实中并不是所有的免疫都是永久有效的, SIRS 模型正是考虑到了免疫的时效性。SIRS 模型是在 SIR 模型的基础上, 增加一个从恢复态 R 到易感态 S 的状态转换:

$$R \xrightarrow{\gamma} S.$$

相比前面的几个模型, SI 模型是最简单的, 只需要用 SIR 或 SIS 模型的第一个式子就可以表示, 这里不再赘述。SI 模型是一种仅考虑易感态个体转化成感染态的简化模型, 常用来描述疫情暴发的早期阶段。这些模型的区别主要在于:

- 感染态个体是否会被治愈

例如: 在 SI 模型中, 个体一旦被感染就不会被治愈; 而在 SIS 模型中, 感染态个体可以康复成为易感态个体。

- 治愈后是否会再次被感染

例如: 在 SIS 模型中, 感染态个体康复成为易感态个体后还会再次被感染; 而在 SIR 模型中, 感染态个体会以一定概率进入恢复态且不会再次被感染。

- 是否是永久免疫

例如: 在 SIRS 模型中, 恢复态个体逐渐失去免疫力后又变为易感人群, 存在免疫丢失的情况; 而在 SIR 模型中, 个体一旦处于恢复态则永久免疫。

在了解了这些基本传播模型后, 下面将介绍如何描述疾病传播的动态演化过程。

2.2.2 几种典型传播模型的传播动力学方程

流行病传播理论最初是基于均匀混合传染病动力学模型发展起来的。均匀混合传播动力学模型假设流行病是在均匀混合 (一个个体在单位时间内与种群中任意一个其他个体接触) 的生物种群中传播的。虽然均匀混合这一假设前提条件存在一定的缺陷, 忽略了个体交互方式和个体差异等方面的影响, 但为基于数学模型的流行病传播研究奠定了基础。下面介绍几种典型的均匀混合流行病传播动力学方程。

1. 经典 SIR 模型的传播动力学方程

1927 年, 英国科学家 Kermack 和 McKendrick 发表了一篇关于流行病传播数学理论的论文 [4], 这篇论文被认为是研究流行病传播动力学模型的经典论文。假设流行病在均匀混合的人群中传播, 每次完全免疫都是通过一次独立的病毒攻击所产生的。在这个模型中, S、I 和 R 分别表示在易感态、感染态和恢复态的个体数目; 人口数量 $N=S+I+R$, 是 3 种状态个体的数量和; 用 $\rho_S=S/N$、$\rho_I=I/N$ 和 $\rho_R=R/N$ 分别表示处于 3 种状态的个体所占总人口数的比例。整个传播动力学模型可以用如下微分方程表示:

$$\begin{cases}\dfrac{\mathrm{d}\rho_S}{\mathrm{d}t}=-\beta\rho_I\rho_S,\\ \dfrac{\mathrm{d}\rho_I}{\mathrm{d}t}=\beta\rho_I\rho_S-\mu\rho_I,\\ \dfrac{\mathrm{d}\rho_R}{\mathrm{d}t}=\mu\rho_I.\end{cases} \tag{2.1}$$

其中, β 是易感态个体在单位时间接触感染态个体后被感染的概率, μ 是感染态个体进入恢复态的概率。

需要着重强调的是, Kermack 和 McKendrick 模型的建立是基于 3 个假设条件的: ① 一次流行病的持续时间远小于人类的生命长度, 因此, 人口数量通常被考虑为一个固定的常值; ② 感染态个体与易感态个体接触, 就一定具有传染的可能性, 并引入了个体感染率 β 的概念; ③ 个体一旦被感染, 就会以一定的概率 μ 获得免疫进入恢复状态, 且不会再次被感染。

2. 经典 SIS 模型的传播动力学方程

Kermack 和 McKendrick 提出的 SIR 模型是假设人口数目不变, 个体一旦治愈就永久免疫。如果假设康复个体不具有免疫性, 并允许康复个体再次被感染, 根据式 (2.1) 的第一个方程就可以得到 SIS 模型的传播动力学方程:

$$\begin{cases} \dfrac{\mathrm{d}\rho_S}{\mathrm{d}t} = -\beta\rho_I\rho_S + \mu\rho_I, \\ \dfrac{\mathrm{d}\rho_I}{\mathrm{d}t} = \beta\rho_I\rho_S - \mu\rho_I. \end{cases} \tag{2.2}$$

3. Breda 的 SIS 模型的传播动力学方程

在经典 SIR 模型和 SIS 模型之后, 不断有新的扩展模型出现, 我们仅以 Breda 等人 [7] 提出的 SIS 模型作为代表进行介绍。Breda 等人以人口变化和免疫时效为基础, 进一步建立了如下的 SIS 模型传播动力学方程:

$$\begin{cases} \dfrac{\mathrm{d}\rho_S}{\mathrm{d}t} = b - \theta\rho_S - \beta\rho_I\rho_S + \mu\rho_I, \\ \dfrac{\mathrm{d}\rho_I}{\mathrm{d}t} = -\theta\rho_I + \beta\rho_I\rho_S - \mu\rho_I. \end{cases} \tag{2.3}$$

其中, 该模型放宽了之前经典模型的假设, 以出生率 b 引入易感染的新个体, 并考虑了与年龄不相关的死亡率 θ。

4. SI 模型的传播动力学方程

SI 模型的传播动力学方程可以很轻松地写为

$$\begin{cases} \dfrac{\mathrm{d}\rho_S}{\mathrm{d}t} = -\beta\rho_I\rho_S, \\ \dfrac{\mathrm{d}\rho_I}{\mathrm{d}t} = \beta\rho_I\rho_S. \end{cases} \tag{2.4}$$

2.2.3 均匀混合种群传播模型的传播临界值

通常, 在流行病开始传播的时刻 t_0, 只有少量个体处于感染态或者恢复态, 也就是说 $\rho_S(t_0) \simeq 1$, $\rho_I(t_0) \simeq 0$, $\rho_R(t_0) \simeq 0$。随着疾病的传播扩散, 感染态个体增多, 在种群 (社会) 内有可能会达到疾病暴发的状态。一场流行病从未暴发态转变到暴发态, 存在一个传播临界值[4]。下面以均匀混合传播动力学模型为例介绍求解传播临界值的几种方法。

1. 线性化方法

线性化方法适用于经典 SIS 模型和经典 SIR 模型的传播临界值推导, 因为无论对于经典 SIS 模型还是经典 SIR 模型, 都存在如下传播方程:

$$\frac{\mathrm{d}\rho_I}{\mathrm{d}t} = \beta\rho_I\rho_S - \mu\rho_I. \tag{2.5}$$

式中, ρ_S 在 SIS 和 SIR 模型中分别满足 $\rho_S = 1 - \rho_I$ 和 $\rho_S = 1 - \rho_R - \rho_I$, 将这两个表达式分别代入传播方程 (2.5) , 可以得到在 SIS 模型中

$$\frac{\mathrm{d}\rho_I}{\mathrm{d}t} = (\beta - \mu)\rho_I - \beta\rho_I^2, \tag{2.6}$$

在 SIR 模型中

$$\frac{\mathrm{d}\rho_I}{\mathrm{d}t} = (\beta - \mu)\rho_I - \beta\rho_I\rho_R. \tag{2.7}$$

由于在流行病传播初始阶段 $\rho_I \simeq 0$, $\rho_R \simeq 0$, 那么 $\rho_I^2 \simeq 0$, $\rho_I\rho_R \simeq 0$。可以将 SIS 模型和 SIR 模型的传播方程 (2.5) 线性化地表示为

$$\frac{\mathrm{d}\rho_I}{\mathrm{d}t} \simeq (\beta - \mu)\rho_I. \tag{2.8}$$

求解上式, 可以得到初始阶段的流行病传播方程 $\rho_I \simeq \rho_I(t_0)\mathrm{e}^{(\beta-\mu)t}$。

定义 $\tau = \dfrac{\beta}{\mu}$ 为有效传播率。如果 $\beta - \mu > 0$, 即 $\tau = \dfrac{\beta}{\mu} > 1$, 疾病能够以指数级速度扩散; 如果 $\tau < 1$, 疾病无法传播; $\tau = 1$ 是传播临界值。从公式 $\tau = \dfrac{\beta}{\mu}$, 可以直观地看出在一个全部都是易感个体的人群中, 进入一个感染态个体, τ 表示了在病程 (从染病到康复或死亡) 时间内被感染的平均患者数目。因此, 它常常被称为基本再生数 (Basic reproduction number), 文献中常表示为 R_0。

2. 稳态值分析法

以 SIR 模型为例来介绍稳态值分析法的传播临界值推导。根据方程 (2.1) 中的第一式和第三式, 经过积分推导可得

$$\ln \rho_S = -\frac{\beta}{\mu}\rho_R,$$

因此, $\rho_S = \rho_S(t_0)\mathrm{e}^{-\beta\rho_R/\mu}$, 将此式和 $\rho_I = 1 - \rho_S - \rho_R$ 代入式 (2.1) 的第三式中, 可得

$$\frac{\mathrm{d}\rho_R}{\mathrm{d}t} = \mu(1 - \rho_R - \rho_S(t_0)\mathrm{e}^{-\beta\rho_R/\mu}),$$

令 $\dfrac{\mathrm{d}\rho_R}{\mathrm{d}t} = 0$, 可以得到恢复态个体的稳态值 $\rho_R = 1 - \rho_S(t_0)\mathrm{e}^{-\beta\rho_R/\mu}$。初始时刻仅有少数个体被感染且没有恢复态个体, 从而有 $\rho_S(t_0) \simeq 1$。令 $\tau = \beta/\mu$, 不难得到

$$\rho_R = 1 - \mathrm{e}^{-\tau\rho_R}. \tag{2.9}$$

式 (2.9) 表明了 $\tau = 1$ 是经典 SIR 模型的传播临界值。当 $\tau < 1$ 时, $\rho_R \to 0$, 说明疾病无法传播; 当 $\tau > 1$ 时, $\rho_R > 0$ 且随着 τ 的增大而增大, 说明有更多的个体会被感染然后再进入到恢复态。因此, τ 在这里等同于基本再生数 R_0。

3. 非线性更新方程求解法

除了上面介绍的两种方法, SIR 模型的传播临界值还可以利用非线性更新方程 [7] 来求解。Breda 等人提出了个体在时刻 t 的感染强度 $F(t) = \beta\rho_I(t)$, 用来表征单位时间内易感个体被感染的概率, 从而得到易感态个体密度的基本方程为

$$\frac{\mathrm{d}\rho_S(t)}{\mathrm{d}t} = -F(t)\rho_S(t), \tag{2.10}$$

对方程 (2.10) 进行积分运算, 可以得到

$$\rho_S(t) = \rho_S(t_0)\exp\left(-\int_{t_0}^{t} F(u)\mathrm{d}u\right), \tag{2.11}$$

用 $\omega(u)$ 表示在 u 时间以前被感染的个体对感染强度的预期贡献, 可以得到

$$F(t) = \int_0^{\infty} F(t-u)\rho_S(t-u)\omega(u)\mathrm{d}u. \tag{2.12}$$

由此, 可以得到累积感染强度 $y(t) = \displaystyle\int_{-\infty}^{t} F(u)\mathrm{d}u$ 的更新方程。具体地, 先将公式

(2.12) 从 $-\infty$ 到 t 进行积分, 调整积分顺序并将式 (2.10) 和式 (2.11) 代入即可得

$$\begin{aligned} y(t) &= \int_{-\infty}^{t} F(t)\mathrm{d}t = \int_{-\infty}^{t}\int_{0}^{\infty} F(t-u)\rho_S(t-u)\omega(u)\mathrm{d}u\mathrm{d}t \\ &= \int_{0}^{\infty} \omega(u)\int_{-\infty}^{t} F(t-u)\rho_S(t-u)\mathrm{d}t\mathrm{d}u \\ &= \int_{0}^{\infty} \omega(u)(-\rho_S(t-u)+\rho_S(-\infty-u))\mathrm{d}u \\ &= \int_{0}^{\infty} \omega(u)\left(-\rho_S(-\infty)\exp\left(-\int_{-\infty}^{t-u} F(u)\mathrm{d}u\right)+\rho_S(-\infty-u)\right)\mathrm{d}u \\ &= \rho_S(-\infty)\int_{0}^{\infty} \omega(u)(1-\exp(-y(t-u)))\mathrm{d}u. \end{aligned} \tag{2.13}$$

因为 $F \geqslant 0$, 可知 y 是 F 的增函数且 $y \geqslant 0$。此外, 由于 $1-\mathrm{e}^{-y} \leqslant 1$, $\omega(u)$ 可积, y 是有界的, 所以存在极限 $y(\infty)=\lim\limits_{t\to\infty} y(t)$, 且该极限为

$$y(\infty) = R_0(1-\mathrm{e}^{-y(\infty)}), \tag{2.14}$$

其中, $R_0 = \rho_S(-\infty)\displaystyle\int_0^{\infty}\omega(u)\mathrm{d}u$。

结合式 (2.11) 和式 (2.14), 令 $t_0 = -\infty$, 可以得到

$$1-\frac{\rho_S(\infty)}{\rho_S(-\infty)} = 1-\mathrm{e}^{-y(\infty)} = \frac{y(\infty)}{R_0}, \tag{2.15}$$

其中, $\rho_S(-\infty)=\rho_S(t_0)\simeq 1$, 因此, 由式 (2.15) 可得流行病暴发后, 最终恢复态个体的密度

$$\rho_R(\infty) = 1-\rho_S(\infty) = \frac{y(\infty)}{R_0}. \tag{2.16}$$

不难发现式 (2.14) 除了有一个数值为 0 的平凡解, 当 $R_0 > 1$ 时 $y(\infty)$ 有一个正数解, 而当 $R_0 \leqslant 1$ 时 $y(\infty)$ 无解。由此可知, 如果 $R_0 > 1$, 病毒传播的有限范围至少为 $\dfrac{y(\infty)}{R_0}$; 如果 $R_0 \leqslant 1$, 病毒传播的范围可忽略不计; $R_0 = 1$ 是病毒传播的临界值, R_0 也是基本再生数。Breda 等人 [7] 也给出了 R_0 表达式中 $\omega(u)$ 与 SIR 仓室模型中 β 和 μ 的关系为 $\omega(u)=\beta\mathrm{e}^{-\mu u}$。

以上 3 种方法都证明了流行病在完全随机均匀混合的种群中传播时, 经典 SIS 模型和经典 SIR 模型的传播临界值为 1。

然而实际情况是, 个体间具有一定的社会交互关系, 同一时间可能与多个个体产生连边, 这就说明需要考虑网络拓扑对传播临界值的影响。例如, 在一个同

质网络中, 每个节点具有相同的连边数目 k, 那么这时 SIS 模型的传播方程就写为如下形式

$$\begin{cases} \dfrac{\mathrm{d}\rho_S}{\mathrm{d}t} = -\beta k \rho_I \rho_S + \mu \rho_I, \\ \dfrac{\mathrm{d}\rho_I}{\mathrm{d}t} = \beta k \rho_I \rho_S - \mu \rho_I. \end{cases} \tag{2.17}$$

采用前面均匀混合种群中 SIS 模型的传播临界值推导方法, 可以得到初期的流行病传播方程 $\rho_I \simeq \rho_I(t_0)\mathrm{e}^{(k\beta-\mu)t}$。当 $k\beta/\mu > 1$ 时, 流行病发生传播; 当 $k\beta/\mu < 1$ 时, 流行病不发生传播。因此, 传播临界值 $\tau = \beta/\mu = \dfrac{1}{k}$。需要注意的是: 流行病在完全随机均匀混合种群中传播时, 有效传播率 $\tau = \dfrac{\beta}{\mu}$ 与基本再生数 R_0 等同; 而流行病在具有拓扑结构的网络上传播时, 基本再生数 R_0 不再等于有效传播率 τ。当然, 异质网络上的流行病传播临界值的求解过程远没有上文推导的简单, 本书将在后续章节中进行介绍。

2.3 复杂网络理论的预备知识

自然界中存在着大量的复杂系统, 这些系统由不同的对象构成, 具有各自的特点。当用网络来刻画复杂系统的时候, 可以将这些系统的单元、器件或者子系统用节点和连接这些节点的连边来描述。在信息时代, 人们对 "网络" 这个词已不再陌生, 网络存在于我们生活的各个方面, 并改变着我们的生活方式。试想一下, 你坐在一辆飞驰的火车中, 用一台笔记本电脑在专注工作。电话铃声响起, 你接到朋友的电话, 沟通了近况。谈话中的信息引起了与邻座乘客交谈, 聊到某个感兴趣的话题, 用搜索引擎查询了话题相关信息, 然后, 在微博中留下点赞、在微信朋友圈中写下留言。那么, 在这个常见的生活情景中, 出现了哪些网络? 你所乘坐的火车是交通网络的一部分, 电脑通过 4G 网络 (或者 5G 网络) 接入计算机网络, 工作时收发邮件构成了电子邮件网络, 电话是移动通信网络中的节点, 微博、朋友圈账号是在线社交网络的个体, 火车上的乘客构成了社会关系网络, 搜索引

擎是在万维网 (WWW) 上跳转的, 列车用电是由电网提供的, 而我们的行为是由脑网络控制完成的。无论你是否意识到这些网络的存在, 它们都已经成为我们日常生活的重要组成部分。网络上各种节点间的连接关系会形成这些网络特有的拓扑结构, 影响网络上的传播过程。

2.3.1 复杂网络基本性质

复杂网络由许多节点以及节点之间的连边构成, 可以用图 $G=(\mathcal{N},\mathcal{L})$ 来表示, 其中, $\mathcal{N}$ 为节点集, $\mathcal{L}$ 为连边集。节点和连边的数目分别用符号 $N=|\mathcal{N}|$ 和 $L=|\mathcal{L}|$ 表示。如果节点 i 与节点 j 相连, 则节点 i 和节点 j 互为邻居。节点 j 的邻居数目就是节点 j 的度 k_j, 网络中所有节点度满足基本的计算法则 $\sum\limits_{j=1}^{N}k_j=2L$。本书中节点的度用符号 k 表示。图 G 可以表示为一个 $N\times N$ 的邻接矩阵 $\boldsymbol{A}$, 矩阵 $\boldsymbol{A}$ 中元素 a_{ij} 的值取决于节点 i 和节点 j 之间是否存在连边, 如果存在连边, $a_{ij}=1$, 否则 $a_{ij}=0$。无向网络的邻接矩阵为对称矩阵, 有向网络的邻接矩阵为非对称矩阵 (见图 2.1)。网络 G 的拉普拉斯矩阵是一个 $N\times N$ 的矩阵 $\boldsymbol{Q}=\boldsymbol{\Delta}-\boldsymbol{A}$, 这里 $\boldsymbol{\Delta}=\mathrm{diag}(k_i)$。

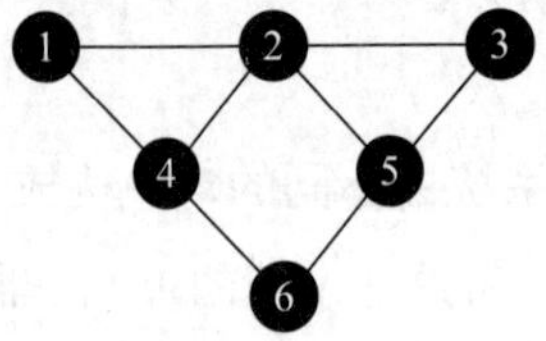

$$\boldsymbol{A}=\begin{bmatrix}0&1&0&1&0&0\\1&0&1&1&1&0\\0&1&0&0&1&0\\1&1&0&0&0&1\\0&1&1&0&0&1\\0&0&0&1&1&0\end{bmatrix}$$

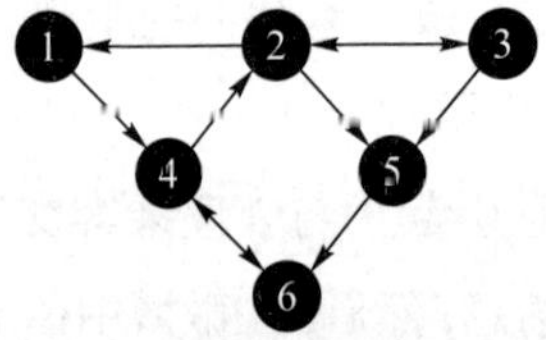

$$\boldsymbol{A}=\begin{bmatrix}0&0&0&1&0&0\\1&0&1&0&1&0\\0&1&0&0&1&0\\0&1&0&0&0&1\\0&0&0&0&0&1\\0&0&0&1&0&0\end{bmatrix}$$

图 2.1 无向图和有向图的实例及其对应的邻接矩阵

本书主要介绍不包含自环和重边的无权简单图的网络性质 (在本书中如无特殊说明, 则默认为无向网络)。有向图的连通性在文献 [8] 中有详细的介绍, 本书中不再赘述。网络性质包括网络的结构属性、网络的谱属性和网络节点 (连边) 的中心性等, 下面分别予以介绍。

2.3.1.1 网络的结构属性

1. 度多样性 (Degree diversity) 和度分布

在确定的网络结构中, 我们可以很容易地计算出网络中各个节点的度, 以及网络中节点度的平均值 $\langle k\rangle$ 和方差 $Var[k]$。不难发现, 两个具有相同规模 N 和相同平均度 $\langle k\rangle$ 的无向网络, 具有相同的连边数目 L。进一步地, 可以定义网络的度多样性 κ 为 [9]

$$\kappa=\frac{\langle k^2\rangle}{\langle k\rangle}=\frac{Var[k]+\langle k\rangle^2}{\langle k\rangle}, \tag{2.18}$$

Chung 等人 [10] 发现在具有二项度分布的随机图 (ER random networks) 中, 如果 $\kappa>\sqrt{k_{\max}}\ln N$, 度多样性近似等于网络的最大特征值 λ_1, 其中, $k_{\max}$ 是网络最大度。在具有幂律度分布的无标度网络 (Scale-free networks) 中, 当网络节点数 N 趋于无穷大的时候, 网络度的方差 $Var[k]$ 趋于无穷大, 而度的平均值 $\langle k\rangle$ 是一个很小的确定值, 这就意味着度多样性趋于无穷大 ($\kappa\to\infty$)。在规则网络 (Regular networks) 中, $Var[k]=0$, 意味着 $\kappa=\langle k\rangle$。网络上耦合振子的同步阈值、有向网络上的渗流阈值及网络病毒传播临界值都和度多样性 κ 相关。

还可以计算出度为 k 的节点数占总节点数的比例, 即节点的度分布。度分布是从网络中随机选择一个度为 k 的节点的概率。在具有 N 个节点的网络中, 节点度的取值范围包括整数 $1,2,\cdots,N-1$, 度分布可以看作是离散概率分布。如果网络中任意两个节点是以概率 p 随机连接的, 那么度分布为二项分布, 当网络的规模 $N\to\infty$ 且 $Np=\lambda$ 时, 网络度分布趋近于泊松分布:

$$P(k)=\binom{N}{k}p^k(1-p)^{N-1-k}\simeq\frac{\lambda^k\mathrm{e}^{-\lambda}}{k!}. \tag{2.19}$$

但是, 很多实际网络如互联网、电力网络、航空网络、演员关系网络等都呈现出一种幂律度分布:

$$P(k)=k^{-\alpha}, \tag{2.20}$$

在后面章节将介绍如何生成具有不同度分布的网络。

此外, 与幂律分布相关研究还有很多, 例如 Zipf 律和 Heaps 律。Zipf 律的现象早在 1913 年就被德国物理学家 Felix Auerbach 发现, 他指出城市人口规模的排序分布服从某种离散的幂律分布。20 世纪 30 年代, 哈佛大学语言学家 Zipf 在研究英文单词出现频率时发现, 如果把单词出现频率按由大到小的顺序排列, 那么序号为 r 的单词出现频率的分布服从幂律关系, 这种分布规律就被定义为 Zipf 律:

$$P(r) = r^{-\alpha}, \tag{2.21}$$

它表明在英文单词中, 只有极少数单词经常被使用, 而绝大多数单词很少被使用。Zipf 定律适用于所有语言, 但是其存在的原因并没有得到很好的解释。在语言学中, 还有另外一种经典的标度律叫作 Heaps 律, 它描述了文章的长度和文章中出现单词的数目之间的关系:

$$V_R(n) = Kn^{\alpha}, \tag{2.22}$$

其中, V_R 是文章中出现的不同单词的数目, n 是文章总单词数, K 和 α 分别是经验参量, 一般情况下 K 的取值范围是 $10 \sim 100$, α 的取值范围是 $0.4 \sim 0.6$。

2. 同配性 (Assortativity)

复杂网络的 "混合程度"[11] 是指网络中节点更加倾向于与自身特性相似的节点连接的趋势, 网络节点度的混合程度是通过计算网络中相连节点对的度相关性来得到, 因此, 被称为同配性, 具体定义如下:

$$\rho_D = \frac{\sum\limits_{xy} xy(e_{xy} - a_x b_y)}{\sigma_a \sigma_b}, \tag{2.23}$$

其中, e_{xy} 是网络中连接度为 x 的节点和度为 y 的节点的连边比例, a_x 和 b_y 分别表示有向网络中起点是度为 x 的节点的连边比例和终点是度为 y 的节点的连边比例, 满足: $\sum\limits_{xy} e_{xy} = 1$, $a_x = \sum\limits_{y} e_{xy}$, $b_y = \sum\limits_{x} e_{xy}$, σ 为标准差。在无向网络中, 连边的端点属同一种类型, 即 $a_x = b_x$。如果网络中度大的节点更倾向于与度大的节点相连, 网络具有同配性 ($\rho_D > 0$); 如果网络中度大的节点更倾向于与度小的节点相连, 网络具有异配性 ($\rho_D < 0$)。

公式 (2.23) 还可以用度向量的线性相关性形式来表示。网络中任意连边 $l_{ij} = i \sim j$ 的两个端点分别为 i 和 j, 如果定义所有连边两个端点的度向量分别为 $D_i = \{k_i | l_{ij} \in \mathcal{L}\}$, $D_j = \{k_j | l_{ij} \in \mathcal{L}\}$, 那么同配性的计算公式可以表示为

$$\rho_D = \frac{E[D_i D_j] - E[D_i]E[D_j]}{\sigma_{D_i}\sigma_{D_j}}, \tag{2.24}$$

其中, $E[D_i D_j] = \dfrac{1}{2L}\sum_{i=1}^{N}\sum_{i=1}^{N} k_i k_j a_{ij}$。在无向网络中, 期望 $E[D_i] = E[D_j]$, 标准差 $\sigma_{D_i} = \sigma_{D_j}$, 因此, 式 (2.24) 可以写成

$$\rho_D = \frac{E[D_i D_j] - E[D_i]^2}{Var[D_i]}. \tag{2.25}$$

为了简化计算, Van Mieghem[12] 给出了同配性的另外一种定义:

$$\rho_D = \frac{N_1 N_3 - N_2^2}{N_1 \sum_{i=1}^{N} k_i^3 - N_2^2}, \tag{2.26}$$

其中, $N_h = \boldsymbol{u}^{\mathrm{T}}\boldsymbol{A}\boldsymbol{u}$, 是网络中具有 h 跳长度的路径数目。以上 3 种方法都可以用来计算网络的同配性。研究表明, 不同类型的网络具有不同的同配性, Newman [13] 发现技术网络和生物网络大多具有度的异配性, 而社会网络具有度的同配性。此外, 由脑电图获得的人脑功能网络被发现具有度的同配性 [14]。

3. 簇系数 (Clustering coefficient)

在日常生活中读者常常会发现, 你的两个朋友彼此也是朋友, 这一现象反映了社交网络的紧密度。如何用数学的形式来定义网络的紧密度呢? 我们可以用簇系数 (也称为聚类系数) 来定量地刻画任意两个邻居节点间也有连边的概率。簇系数有两种不同的定义方式。簇系数 C_G 的第一种定义 [15–17] 是节点簇系数的平均值:

$$C_G = \frac{1}{N}\sum_{v \in \mathcal{N} - \mathcal{N}^{(1)} - \mathcal{N}^{(0)}} c_G(v), \tag{2.27}$$

其中, $\mathcal{N}$ 是网络中所有节点的集合, $\mathcal{N}^{(k)}$ 是所有度为 k 的节点集合。节点 v 的簇系数 $c_G(v)$ 表征了节点 v 所有邻居间的连边密度, 定义为节点 v 的 k_v 个邻居间实际存在连边数目 y 与所有可能连边数目 $\dfrac{k_v(k_v-1)}{2}$ 的比值, 即, $c_G(v) = \dfrac{2y}{k_v(k_v-1)}$,

这里 $k_v > 1$。需要指出的是, 当 $k_v = 0$ 或 $k_v = 1$ 的时候, 节点 v 的簇系数 $c_G(v) = 0$。

簇系数的第二种定义 [18] 如下:

$$C_G = \frac{3\blacktriangle_G}{N_\Lambda}, \tag{2.28}$$

其中, $\blacktriangle_G$ 是无向网络中三角环结构的数目, $N_\Lambda = \sum_{i=1}^{N} \binom{k_i}{2}$ 是网络中三角形夹角结构的数目。

这两种定义的区别是, 式 (2.27) 是网络中节点的邻居间的平均连接密度, 而式 (2.28) 是网络中三角形夹角结构中三角环结构所占的比例。在本书中, 我们更多考虑的是无向网络中度的作用, 因此本书使用式 (2.27) 来计算网络簇系数。

4. 平均最短路径长度 (Average hopcount) 和全局效率 (Global efficiency)

"小世界" 已经广为人知, 这里的 "小" 指的就是网络的平均最短路径值很小。通常, 节点 i 和节点 j 之间最短路径上的连边数目被定义为最短路径长度 H_{ij}, 平均最短路径 $E[H]$ 就是所有节点间最短路径长度的平均值:

$$E[H] = \frac{1}{N(N-1)} \sum_{i \neq j \in \mathcal{N}} H_{ij}. \tag{2.29}$$

网络最短路径长度的最大值 $H_{\max}$ 被定义为网络的直径。当网络不连通时, 节点间的最短路径长度可能会是无穷大。全局效率 $E\left[\frac{1}{H}\right]$ 被定义为最短路径长度倒数的平均值:

$$E\left[\frac{1}{H}\right] = \frac{1}{N(N-1)} \sum_{i \neq j \in \mathcal{N}} \frac{1}{H_{ij}}. \tag{2.30}$$

当节点对的最短路径长度无穷大 ($H_{ij} \to \infty$) 时, 对应的倒数 $\frac{1}{H_{ij}} = 0$, 因此, 全局效率 $E\left[\frac{1}{H}\right]$ 总是一个有限值。全局效率被广泛应用于神经科学的研究 [16, 19]。作为全局效率的补充 [16], 局部效率定义为

$$E_{loc} = 1/N \sum_{i \in \mathcal{N}} E[H]_i, \tag{2.31}$$

其中, $E[H]_i$ 是子图 G_i 中节点间的平均最短路径, G_i 是由节点 i 的 1跳邻居 (又称为最近邻) 构成的子图。需要注意的是, 子图 G_i 并不包括节点 i 自身。局部效率 E_{loc} 表征了当节点 i 被移除的时候, 节点 i 的最近邻之间的通信效率, 所以局部效率也可以刻画网络的容错程度。

2.3.1.2 网络的谱属性

1. 谱半径 (Spectral radius)

如果网络中节点 i 和节点 j 之间存在连边, 则邻接矩阵 $\boldsymbol{A}$ 中的元素 $a_{ij}=1$; 如果节点 i 和节点 j 之间不存在连边, 则 $a_{ij}=0$。那么根据矩阵的基本运算公式

$$\boldsymbol{A}=\boldsymbol{X}\boldsymbol{\Lambda}\boldsymbol{X}^{\mathrm{T}}, \tag{2.32}$$

将邻接矩阵 $\boldsymbol{A}$ 的特征值集合表示为 $\{\lambda_1,\lambda_2,\cdots,\lambda_N\}$, 其中, $\lambda_N\leqslant\lambda_{N-1}\leqslant\cdots\leqslant\lambda_1$, 式 (2.32) 中, $\boldsymbol{\Lambda}$ 是以这些特征值为对角线元素的对角矩阵, $\boldsymbol{X}$ 是这些特征值对应的特征向量构成的矩阵。最大特征值 λ_1 被称为谱半径。网络上的病毒传播和同步过程都与谱半径 λ_1 相关 [20]。谱半径 λ_1 的倒数是衡量网络传播临界值的重要参量。Restrepo 等人 [20] 发现, 谱半径 λ_1 与 N_3/N_2 的值非常接近, 这里的 N_h 是网络中具有 h 跳路径的数目。之后, Van Mieghem 等人 [21] 证明了 N_3/N_2 是谱半径 λ_1 的下界。

2. 代数连通性 (Algebraic connectivity)

拉普拉斯矩阵 $\boldsymbol{Q}$ 的特征值可以排序为 $0=\mu_N\leqslant\mu_{N-1}\leqslant\cdots\leqslant\mu_1$, 当且仅当图 G 是连通的, 第二小的拉普拉斯特征值 $\mu_{N-1}>0$。第二小的拉普拉斯特征值 μ_{N-1} 被称为网络的代数连通性, 最早由 Fiedler [22] 提出。代数连通性 μ_{N-1} 是衡量网络鲁棒性 (Robustness) 的一个重要参量, μ_{N-1} 值越大, 网络的鲁棒性越强, 这里的鲁棒性体现在网络不容易被分割为分离的子网络 [23]。此外, 代数连通性 μ_{N-1} 还与网络的同步能力相关, μ_{N-1} 值越大, 网络同步的收敛速度越快 [24–26]。

3. 有效图阻 (Effective graph resistance)

有效图阻也称为基尔霍夫指数 (the Kirchhoff index), 最早是在电子线路分析中提出的 [27, 28]。如果将一个网络看成一个电子线路, 每条边的电阻为 1, 有效

图阻是所有节点对的累积有效电阻。有效图阻的谱表示定义为 [12]

$$R_G = N\sum_{i=1}^{N-1}\frac{1}{\mu_i}, \tag{2.33}$$

其中, μ_i 是拉普拉斯矩阵 $\boldsymbol{Q}$ 的第 i 大特征值。有效图阻常用来衡量网络通信的便利性 [27, 29]。

4. μ_1/μ_{N-1} 比率

拉普拉斯矩阵的最大特征值 μ_1 和最小非零特征值 μ_{N-1} 的比率经常被用来刻画网络的同步能力 [30]。这里的网络同步能力主要是指网络上动态过程的同步状态是否可以在足够长时间内持续的能力 [31, 32]。μ_1/μ_{N-1} 比率越大, 耦合振子就越难同步 [31], 反之亦然。此外, μ_1/μ_{N-1} 比率还与网络的异质性悖论有关。"异质性悖论" 是指在无向无权网络中, 具有同质度分布的网络比具有异质度分布的网络更容易达到同步 [30]。文献 [12] 给出 $\mu_1 > k_{\max}$ 和 $\mu_{N-1} \leqslant k_{\min}$, 从而我们可以得到 $\dfrac{\mu_1}{\mu_{N-1}} > \dfrac{k_{\max}}{k_{\min}}$, 这说明异质网络比同质网络具有更大的 μ_1/μ_{N-1} 比率, 同时也解释了异质性悖论现象。

2.3.1.3 网络的节点 (连边) 中心性

在流行病的免疫控制中, 目标免疫是一类常用的免疫方法, 通过选取少量中心节点作为免疫对象来进行有效免疫。在本节中, 我们将介绍几种典型的衡量节点重要性的中心性指标。我们可以根据节点中心性指标数值的大小对网络节点的重要性进行排序, 当然, 不同排序方法的依据也不同。如果根据度中心性指标进行排序, 那么节点的连边数目越多节点越重要; 如果根据特征向量中心性进行排序, 那么节点的邻居越重要节点越重要; 如果根据介数中心性进行排序, 那么越能起到桥梁作用的节点越重要, 尤其是连接两个独立社团的个体, 虽然连边数目并不多, 但地位很重要。

1. 度团中心性指标

无向网络 G 中节点 i 的度 k_i 是节点 i 具有的连边数目

$$k_i = \sum_{j=1}^{N} a_{ij} = (\boldsymbol{Au})_i,$$

其中, $\boldsymbol{u} = (1, 1, \cdots, 1)^{\mathrm{T}}$ 是全 1 向量。节点的度是最基础的中心性指标。文献 [33]

在此基础上提出了度团 (Degree mass) 的概念。从节点 i 出发 m 跳内能够到达的节点 (包括节点 i) 的度的和, 我们称之为节点 i 的 m 阶度团:

$$k_i^{(m)}=\sum_{h=1}^{m+1}\left(\boldsymbol{A}^h\boldsymbol{u}\right)_i=\sum_{j=1}^{N}\left(\left(\sum_{h=0}^{m}\boldsymbol{A}^h\right)_{ij}k_j\right),$$

其中, $m\geqslant 0$, 度 k_j 的权重 $\left(\sum_{h=0}^{m}\boldsymbol{A}^h\right)_{ij}$ 是从节点 i 到节点 j 的距离不超过 m 跳的通路数目。将 m 阶度团用向量表示, 即, $\boldsymbol{k}^{(m)}=[k_1^{(m)},k_2^{(m)},\cdots,k_N^{(m)}]$。节点的零阶度团 $(m=0)$ 就是网络中节点的度, 节点的一阶度团等于节点的度与所有 1 跳邻居节点的度的和。当 m 足够大的时候, m 阶度团向量与网络邻接矩阵的最大特征向量成正比。

2. 特征向量中心性指标

前面已经介绍过网络邻接矩阵 $\boldsymbol{A}$ 的最大特征值 λ_1 的一些特性。对于邻接矩阵来说, 一个特征值 λ_m 对应一个特征向量 $\boldsymbol{x}_m$, 写为

$$\boldsymbol{A}\boldsymbol{x}_m=\lambda_m\boldsymbol{x}_m,$$

特征向量 $\boldsymbol{x}_m$ 中的第 i 个元素 $(\boldsymbol{x}_m)_i$ 体现了网络中对应节点 i 的谱特性。最大特征值 λ_1 及其对应的最大特征向量 $\boldsymbol{x}_1$ 满足如下关系:

$$\boldsymbol{A}\boldsymbol{x}_1=\lambda_1\boldsymbol{x}_1.$$

$\boldsymbol{x}_1$ 称为主特征向量, 是常用的特征向量中心性指标。

3. 介数中心性指标

介数中心性指标由 Anthonisse [34] 于 1971 年和 Freeman [35] 于 1978 年分别提出。网络中节点 i 的介数中心性是网络所有节点对的最短路径通过节点 i 的有效数目。需要说明的是, 网络中任意两个节点间的最短路径并不唯一, 往往可能有多条最短路径。如果节点 e 和节点 f 间所有最短路径的数目为 σ_{ef}, 其中仅有 $\sigma_{ef}(i)$ 条最短路径通过节点 i, 那么节点 e 和节点 f 的最短路径通过节点 i 的有效数目为 $\dfrac{\sigma_{ef}(i)}{\sigma_{ef}}$, 则介数中心性表示为

$$b_i=\sum_{e\neq i\neq f\in\mathcal{N}}\frac{\sigma_{ef}(i)}{\sigma_{ef}},$$

与节点的介数中心性相似, 定义连边 l 的介数中心性为网络中所有节点对的最短路径通过连边 l 的数目。介数中心性可以用来评估通过节点 (连边) 的流量。

4. K 壳中心性指标

无向网络的 K 壳中心性指标是通过 K 壳分解得到, 对一个网络做 K 壳分解可以识别出处于网络核心位置的节点和边缘位置的节点。K 壳分解的具体步骤如下:

(1) 移除所有度 $k=1$ 的节点及其连边。由于连边的移除, 可能会使一些原来度 $k>1$ 的节点的度降为 1; 继续移除度降为 1 的节点及其连边; 持续进行移除, 直到剩下的网络中所有节点度 $k>1$。所有被移除的节点和连边具有 K 壳指标 $k_s=1$。

(2) 移除剩余网络中度 $k=2$ 的节点及其连边, 并持续进行移除, 直到剩下的网络中所有节点度 $k>2$。这些被移除的节点和连边具有 K 壳指标 $k_s=2$。

(3) 继续依次移除具有更大度的节点, 得到更高的 K 壳指标 k_s, 直到所有节点都获得相应的 K 壳指标。

K 壳中心性指标的示意图见图 2.2, 图中由浅灰到深灰的各个区域分别表示了网络的 $0,1,2,3$ 壳。K 壳中心性指标实际上是 K 核的变换形式, K 核是包含了所有具有 $k_s=0,1,2,\cdots,K$ 指标的 K 壳。在 SIR 传播过程中, 相比于其他节点中心性指标, 利用 K 壳中心性指标能够找到具有更大扩散范围的原始感染节点 [36]。

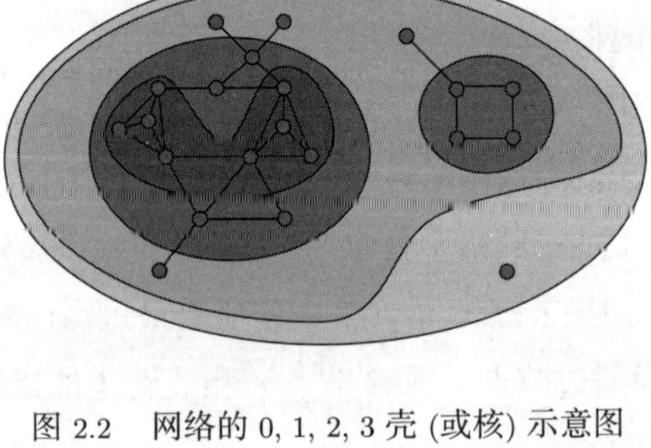

图 2.2 网络的 0, 1, 2, 3 壳 (或核) 示意图

2.3.2 复杂网络基本模型

2.3.2.1 二分图

二分图是指网络中所有节点被分为两个集合 S_1 和 S_2，每个集合内部的节点之间不连接，网络中的连边连接集合 S_1 和 S_2 中的节点。图 2.3 展示了几类典型的二分图，实心圆圈和空心圆环分别代表集合 S_1 和 S_2 中的节点。由于二分图中每个集合 S_1 (或 S_2) 中的节点之间是不连接的，而每个节点的邻居都在另一个集合 S_2 (或 S_1) 中，因此，邻居节点之间不存在连边，可得二分图的簇系数为 0。二分图包含完全二分图、星形图、网格图和链图等。

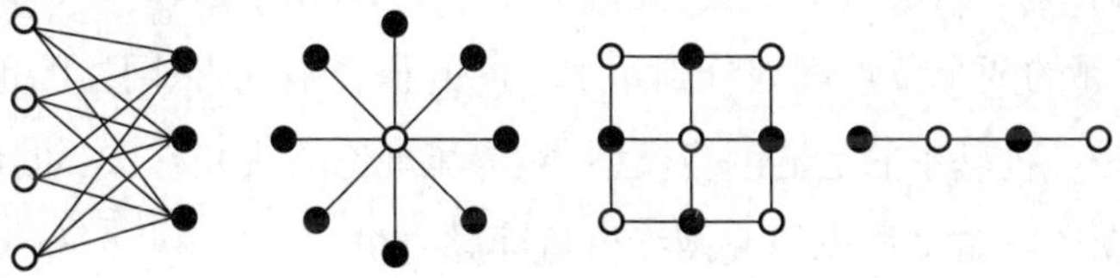

(a) 完全二分图　(b) 星形图　(c) 网格图　(d) 链图

图 2.3　二分图示例

1. 完全二分图 (Complete bipartite graph)

完全二分图 K_{M_1,M_2} 包含两个独立集合 S_1 和 S_2，两个集合分别包含 M_1 和 M_2 个节点。集合 S_i 中的任意一个节点都与集合 S_j 中的所有节点相连，但是每个集合内部的节点间不存在连边，其中 $i \neq j \in \{1,2\}$，如图 2.3(a) 所示。我们发现在完全二分图中，分别在集合 S_1 和 S_2 中的两个节点之间的最短路径长度为 1，这样的节点对有 M_1M_2 个；同在集合 S_1 或 S_2 中的两个节点之间的最短路径长度为 2，这样的节点对共有 $\binom{M_1}{2}+\binom{M_2}{2}$ 个。可以得到完全二分图的平均最短路径长度为

$$E[H]_{Bipartite} = \frac{M_1M_2 + 2\left(\binom{M_1}{2}+\binom{M_2}{2}\right)}{\binom{M_1+M_2}{2}}. \tag{2.34}$$

2. 星形图 (Star graph)

星形图 $K_{1,N-1}$ 是一类特殊的完全二分图, 一个集合仅包含一个节点, 另一个集合包含所有其他节点, 如图 2.3(b) 所示。星形图是一种基本的计算机网络模型。根据公式 (2.34), 可以计算得到星形图的平均最短路径长度为

$$E[H]_{Star} = 2\frac{(N-1)}{N}. \tag{2.35}$$

当网络的节点数目 N 无穷大时, 平均最短路径长度约为 2。

3. 网格图 (Lattice graph)

网格图是二维格状网, 图 2.3(c) 给出了一个网格图的示意图。在不考虑边界节点的情况下, 网格图可以被看作是所有节点具有相同度 $(k=4)$ 的规则图。如果将任意相邻的两个节点都划分到两个不同的集合中, 那么网格图也是一种二分图。网格图是一种基本的运输网络模型, 对渗流理论的研究有重要的作用 [37, 38]。此外, 网格图还经常被用来研究网络流量问题 [39]。

4. 链图 (Path graph)

链图是一种特殊结构的树状图, 图中每个根节点都只有一个分支, 而且只有最末端的节点没有分支。图 2.3(d) 给出了链图的示意图, 如果将链图中任意相邻的两个节点都划分到两个不同的集合中, 那么链图也是一种二分图。

2.3.2.2 规则网络

在早期传统的网络研究中, 网络的拓扑通常是假定为完全规则或者完全随机。规则网络是指所有节点都具有相同邻居数目的网络, 即每一个节点 j 都有相同的度 $k_j = r$。在规则网络中, 网络邻接矩阵 $\boldsymbol{A}$ 的最大特征值 $\lambda_1 = r$, 这里 $r = \langle k \rangle = k_{\max}$, $\langle k \rangle$ 是网络的平均度, $k_{\max}$ 是网络的最大度。网络的规则化程度则可以用 $\lambda_1 - \langle k \rangle$ 和 $k_{\max} - \lambda_1$ 的差异来表征。图 2.4 给出了两类具有代表性的规则网络: 完全图和环状图。

1. 完全图 (Complete graph)

完全图 K_N 是指任意两个节点之间都存在连边的图, 如图 2.4(a) 所示。在节点数为 N 的完全图中, 每个节点的度为 $r = N-1$。由于每个节点对之间的最短路径都为 1, 完全图的平均最短路径长度为 $E[H]_{complete} = 1$。此外, 网络中每个

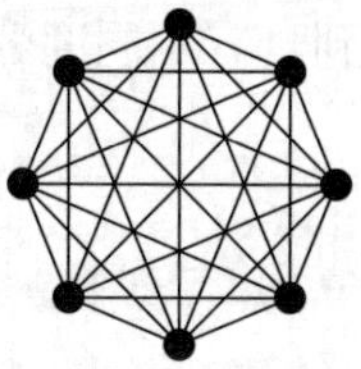

(a) 完全图

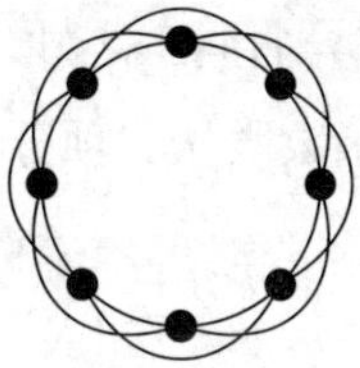

(b) 环状图

图 2.4 规则网络示例

节点的邻居之间都存在连边, 因此, 完全图的簇系数为 $C_{complete} = 1$。

2. 环状图 (Ring lattice graph)

在环状图中, N 个节点首先按环形排布成环状最近邻耦合网络, 然后每个节点都只与它左右相邻各 $r/2$ 个节点相连 (r 为偶数), 如图 2.4(b) 所示。因此, 任意节点 j 的度都为 $k_j = r$。通过计算, 可以得到环状图的平均最短路径长度为

$$E[H]_{ring} \approx \frac{N}{2r} \to \infty, \tag{2.36}$$

当 N 趋于无穷大时, 网络平均距离 $E[H]$ 也趋于无穷大, 而且是 N 的同阶无穷大。环状图的簇系数为

$$C_{ring} = \frac{3(r-2)}{4(r-1)} \approx \frac{3}{4}, \tag{2.37}$$

由此, 可以看出环状图具有大的平均最短路径长度和簇系数。后文将介绍的小世界网络模型 [40] 就是以环状图作为初始结构提出的。

2.3.2.3 ER 随机网络

ER 随机网络是 Paul Erdös 和 Alfréd Rényi 于 1959—1960 年间提出的 [41, 42], 在之后的 40 年里也是最常用的随机网络模型。ER 模型被广泛采纳, 一方面是因为该模型能够刻画具有泊松度分布的实际网络, 另一方面是因为网络模型的基本结构特征能够被准确地计算。下面我们主要介绍 ER 随机网络模型及其相关性质。

考虑一个简单无权无向网络 $G = (\mathcal{N}, \mathcal{L})$, Erdös 和 Rényi 提出了生成 ER 随机网络模型的两种方法。一种方法是从 N 个孤立节点中, 任意选择两个节点以概率 p 建立连边, 可以得到 ER 随机网络。另一种方法是在所有 $N(N-1)/2$ 个节点对中随机选择 L 个节点对来建立连边, 构建 ER 随机网络。这两种模型的构建

方法虽然不同，但有异曲同工之妙，都可以得到具有相同度分布的随机网络。ER 随机网络的度分布函数服从二项分布:

$$P(k)=\binom{N-1}{k}p^k(1-p)^{N-1-k}. \tag{2.38}$$

可以很容易计算出 ER 随机网络的平均度 $\langle k\rangle=p(N-1)$，簇系数 $C_G=p$。当网络规模 $N\to\infty$ 且连边概率 p 很小的时候，ER 随机网络的度分布趋近于泊松分布，即 $P(k)=\mathrm{e}^{-\langle k\rangle}\langle k\rangle^k/k!$。ER 随机网络的平均最短路径 [43] 被证明为 $E[H]\propto\ln N/\ln Np$。由于 ER 随机网络的度分布服从泊松分布，ER 随机网络可以近似地看作是同质网络，且具有小的簇系数和平均最短路径长度。

2.3.2.4 BA 无标度网络

1999 年 Barabási 和 Albert [44] 提出了 BA 无标度网络模型。当 BA 网络的规模 N 很大时，这种模型具有幂律度分布 $P(k)\sim k^{-\alpha}$。Barabási 和 Albert 通过这个模型解释了具有幂律度分布的网络可以由两种机制产生：增长机制和优先连接机制。BA 模型的构建步骤如下:

(1) 从一个具有 m_0 个节点的完全图开始。

(2) 在每个时间步，一个新的节点与网络中已有的节点建立 m 条连边 $(m\leqslant m_0)$，每条连边与已有节点 i 相连的概率 Π_i 与节点 i 的度成正比:

$$\Pi_i=k_i/\sum_j k_j. \tag{2.39}$$

即度越大的节点越可能被新加入的节点连接。这种富者越富的现象被称为马太效应。由于每个新节点加入网络时，网络的连边数目都会增加 m 条，当 N 足够大时，BA 网络模型的平均度 $\langle k\rangle=2m$。BA 网络模型的度分布服从幂指数 $\alpha=3$ 的幂律分布 [44, 45]。BA 无标度网络的平均最短路径长度随网络规模增大而增速变得缓慢，当 $m>2$ 时 [46]，$E[H]\sim\dfrac{\ln N}{\ln\ln N}$，这符合实际网络的特性；然而，BA 网络的簇系数很小 [47]，$C_G\sim(\ln N)^2/N$，这却并不符合实际网络中簇系数较大的特性。

2.3.2.5 WS 小世界网络

小世界网络满足如下两个拓扑特性：平均最短路径 $E[H]$ 很小，至少和 ER

随机网络的平均最短路径相当; 簇系数 C_G 很大, 至少和环状图的簇系数相当。人们发现许多实际网络, 例如社会网络 [48]、神经网络 [49] 和生物振子网络 [50], 都普遍存在这两个结构特性。Watts 和 Strogatz 于 1998 年在《Nature》上发表文章 [40] 给出了构建小世界网络模型的方法, 如图 2.5 所示, 具体描述如下:

(1) 从一个具有 N 个节点, 每个节点度为 k 的环状图开始;

(2) 以概率 p_r 将每条边随机重连。

通常选取一个较小的概率 $p_r = 0.01$ 来保证建立的网络具有小世界网络的特性, 原因主要有两个: (1) 如果用 $C(p_r)$ 表示以概率 p_r 进行随机重连得到的网络的簇系数, 用 $C(0)$ 表示环状图的簇系数, 那么簇系数比 $C(p_r)/C(0)$ 会随着重连概率 p_r 的增大而降低, 满足 $C(p_r)/C(0) \approx (1 - p_r^3)$, 而且对网络规模 N 的依赖性很小, 取较小的 p_r 能保证大的簇系数; (2) 当网络规模足够大时, 只要重连概率 p_r 大于一个很小的正的常数, 平均最短路径 $E[H]$ 就会很小 [51]。综合以上两方面, 为了保证网络具有大的簇系数和小的平均最短路径, 通常会选择 $p_r = 0.01$ 附近的值。

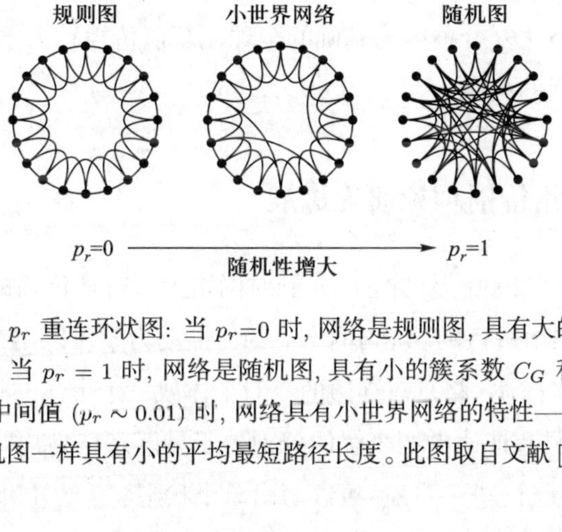

图 2.5 以不同概率 p_r 重连环状图: 当 p_r=0 时, 网络是规则图, 具有大的簇系数 C_G 和平均最短路径长度 $E[H]$; 当 $p_r = 1$ 时, 网络是随机图, 具有小的簇系数 C_G 和平均最短路径长度 $E[H]$; 当 p_r 取一个中间值 ($p_r \sim 0.01$) 时, 网络具有小世界网络的特性——像规则图一样具有大的簇系数和像随机图一样具有小的平均最短路径长度。此图取自文献 [40]

2.4 复杂网络传播理论研究历程

在第 2.2 节中，传统的流行病传播模型假设病毒在均匀混合的人群中传播 [52]。在这个假设条件下，人群中感染态个体的比例在很大程度上决定了个体被感染的可能性。然而，在现实社会中流行病不是在任意两个个体间传播，而是在由个体交互行为构成的社会网络中传播，个体间交互的拓扑连接模式需要得到重视。随着复杂网络科学的兴起和发展，网络拓扑结构对传播动力学的影响在过去 20 年间受到了广泛的关注 [53–57]。复杂网络传播动力学的研究最初主要集中在静态网络上，随后，传播过程和网络的自组织演化的共同作用逐渐被发现和重视，时效网络传播理论的研究取得了一定进展。此外，在 "网络的网络" 上的流行病传播研究和以网络化复合种群为基础的全球流行病传播动力学的研究 [58–61] 也都逐渐受到了广泛的关注。

2.4.1 静态网络传播理论研究进展

在进入千禧年 (2000 年) 之前，人们对网络上流行病传播的研究主要是在规则网络和随机网络上进行的。规则网络上的传播动力学可以用二元组或三元组的动力学模型 [62] 来描述。将具有连边的一对个体或三个个体的状态构成二元组或三元组，例如，当具有连边的两个个体分别处于易感态 S 和感染态 I 时，状态二元组就可以表示为 SI。进一步地，可以写出单个状态、二元组状态、三元组状态甚至高阶多元组状态变化的方程组。在对模型进行动力学分析时，高阶多元组状态的结构特征被忽略，我们就可以得到二元组逼近下的封闭模型 [63]。Kretzschmar [64] 首先建立了服从泊松度分布的随机网络的二元组传染病模型，此后 Keeling 和 Eames [65] 提出了异质网络的二阶矩封闭模型。静态网络矩封闭动力学模型的建立方法可以参见文献 [66]。相比于规则网络，在具有小世界现象的网络上，疾病的扩散更快。Newman 等人 [67, 68] 先后利用渗流理论研究了具有不同传播率的流行病在小世界网络上传播扩散的动力学模型，并给出了传播临界值与小世界网络的短程连边数的解析关系。

Barabási 和 Albert [44] 发现，许多实际网络中仅有少量节点是网络的核心节点 (具有较大的度)，绝大多数节点都具有很小的度，明显地呈现出具有重尾的幂律度分布特性。2001—2004 年，Pastor-Satorras 和 Vespignani [53, 69–71]合作发表了多篇静态网络上流行病传播动力学研究论文，采用基于相同度节点的平均场估计理论 (详见第 3 章) 研究了一般网络上的 SIS 流行病传播模型，分析了传播稳态与有效传播率之间的关系，给出了传播临界值的表达方式。他们还将这种方法应用在无标度网络上，发现了无标度网络上的传播临界值湮灭现象。随后，学者们开始探究无标度网络上的传播临界值湮灭现象的深层次原因。Goltsev 等人 [72] 研究了谱特性对 SIS 模型的稳态特征的影响，发现当无标度网络的幂指数 $\alpha > 5/2$ 时，网络的特征值具有局部特征，被感染节点集中在度大的节点或者权重大的节点，并发现了与文献 [53] 相似的传播临界值湮灭现象。Boguñá 等人 [73] 发现网络中度大节点的数目及其之间的拓扑距离决定了传播临界值是否湮灭。2002 年 Newman [74] 结合渗流理论和生成函数的方法研究了 SIR 流行病传播模型，并给出了感染时间和状态转换概率的解析解。

这些研究中都假设了网络是不相关的随机网络，具体来说，节点 i 通过一条连边指向度为 k 的节点的概率与节点 i 的度无关。然而，实际网络中存在同配性或异配性 [11]，社会网络大多存在度的正相关性 (同配性)，而技术网络存在度的负相关性 (异配性)。因此，学者们进一步研究了关联网络中 SIS 模型 [75] 和 SIR 模型 [76] 的传播动力学，并给出了传播临界值分析，发现度的负相关性可以增大流行病传播的临界阈值 [21, 77, 78]。

2003 年，Wang [55] 等人研究了实际网络中的病毒传播过程，利用网络图谱特性近似求解传播临界值。2009 年 Van Meighem 等人 [57] 将流行病传播中所有个体感染状态的演化过程描述为马尔可夫过程，其优点是可以给出传播理论的准确结果，不足之处在于，由于转移矩阵的大小随网络规模指数级增长，计算复杂度过高。因此，Van Meighem 等人进一步提出了一种基于每个节点的连续马尔可夫状态转移和平均场理论 [57] 的流行病传播动力学分析方法 (详见第 3 章)。随后, Gómez 等人 [79] 采用了离散马尔可夫链方法研究了复杂网络上的流行病传播。2013 年 Mata 和 Ferreira [80] 提出了一种 SIS 二元组平均场估计模型, 对计算由配置模型产生的大规模随机网络的传播临界值提供了理论计算方法。

流行病的免疫控制研究是另一个核心问题。在最初的研究中, 选取的免疫方法是随机免疫一定比例的个体, 来降低病毒对整个网络的感染比例。然而, 实际网络的异质特性使得需要免疫网络中大多数节点才能达到抑制疫情的作用, 因此, 目标免疫方法受到了关注。目标免疫是指免疫网络中少量的重要节点, 例如, 选取度大的节点或介数中心性大的节点进行免疫, 就能够对整个网络达到较好的免疫效果。但目标免疫需要获取全局的拓扑结构信息, 这在现实中往往难以保证, 因此, Cohen 提出了一种熟人免疫方法 [46]。熟人免疫是指随机地选取网络中一个节点, 并且随机地免疫这个节点的一个邻居。相比于随机免疫和目标免疫, 熟人免疫策略仅需要局部的连接信息就可以得到近似于目标免疫的免疫效果。除了考虑免疫控制对网络感染比例的作用效果, Li 等人 [81] 研究了降低整个社会免疫控制成本的策略, 给出了采用零行列式策略的社会管理者的选择方法, 来达到最优化整个网络社会成本的目的。此外, 还有更多的研究是基于实际数据的网络传播模型和预测控制方法 [59, 82–84]。Nowzari 等人 [85] 从谱控制、最优控制和启发反馈控制等方面讨论了传播控制的量化分析手段, 为公共健康领域的政策制定提供了支持。

流行病的传播会改变人类的行为方式, 人们采用诸如勤洗手、戴口罩等方法来降低自己对传染病的易感性, 而个体对疫情的警觉意识同时会影响流行病的传播。针对警觉意识 (Awareness) 对流行病传播的影响, Funk 等人 [86] 采用 SIR 传播模型研究发现, 完全均匀混合网络上的全局警觉意识会降低流行病暴发的规模, 在具有高聚类系数的网络中局部警觉意识 (Local awareness) 的作用会被放大, 可以阻断潜在的流行病暴发事件。Wu 等人 [87] 对 SIS 模型上的警觉意识传播进行了分析, 给出了相似的结论: 全局警觉意识 (Global awareness) 不能降低流行病传播暴发的可能性, 但可以降低流行病的暴发规模, 而局部警觉意识则可以提高传播临界值。

在流行病传播过程中, 个体还会根据周围环境 (例如, 邻居的染病情况) 自发地改变与其他个体的交互行为, 比如, 停止和染病邻居的交流或接触 [88, 89] 等。

这是网络拓扑结构随流行病传播而自适应变化的动态过程。Gross 等人 [90] 首先对 SIS 模型研究了这一自适应演化过程, 假设易感个体以一定的概率断开与染病个体之间的连边, 并随机地与一个健康个体相连。他们发现具有重连机制的自适应网络上流行病传播具有更加丰富的动力学特点, 当重连概率大于零时, 会出现不连续相变、迟滞回线以及多种分岔现象。Marceau 等人 [91] 指出不同的初始网络拓扑结构随着自适应演化会达到不同的稳定状态: 完全扩散或者迅速消亡。研究者们还探索了不同的自适应网络演化机制对传播过程的影响。文献 [92] 研究了两种演化机制对传播过程的影响: 一种是连边移除机制——仅移除易感态和感染态个体间的连边并且不再重连; 另一种是易感个体间任意随机重连机制——随机重连时易感个体可以与任意个体相连, 而不仅是易感个体。文献 [93] 研究了所有个体间的随机重连机制, 其基本假设是网络中除了自己以外的个体的感染状态是未知的, 这与文献 [92] 的第二种机制相似, 即重连时可以与任意个体连接; 不同之处在于, 考虑到个体的利他性, 感染个体也会以一定概率发生重连。文献 [94] 的演化机制则不再强调局部或全局的连边束缚, 即演化过程不再局限于重连, 还可以增加连边, 网络中的连边数目会随着时间发生改变。

2.4.2 时效网络传播理论研究进展

时间的不可逆性使人们对网络的关注转移到“关系的建立”和“事物的发展”等一系列动态演化过程上。网络动态演化是指在时间尺度上连边的产生、消亡和重连等。但是不同网络的演化速度是大不相同的, 例如, 成熟时期的互联网在时间尺度上的演化非常慢, 因此, 采用静态网络传播扩散理论研究互联网的计算机病毒传播 [95] 可以得到很好的估计结果。这类演化速度远小于流行病传播速度的网络属于淬火型网络 (Quenched networks) [96]。另一种类型的网络其演化速度远大于传播动力学的演化速度, 这种网络被称为退火型网络 (Annealed networks) [97]。Vespignani 在 2012 年为《Nature Physics》撰写的综述中指出 [98]: 尽管过去十几年对复杂网络 (传播) 动力学的理解以指数级推进, 但仍存在诸多挑战值得重视, 首要挑战就是动力学过程与网络演化在时间尺度上相分离所带来的误解和偏差。

近年来, 随着信息技术的发展和大数据时代的到来, 移动设备 (智能手机、笔记本电脑等) 被广泛使用, RFID 近距离接触设备被应用到各种场合, WiFi 接入点的大量铺设, 各种应用软件、电子标签、传感器使得我们可以获得精确到个体层面的数据, 这为模拟人类社会中流行病的传播提供了数据条件。此外, 个体的日常行为轨迹、行为方式都会被在各种在线社交网络、消费网络等留下的数据所记录。实际网络在不考虑个体针对流行病传播所采取的自适应改变时, 仍然会随时间不断演化且具有异质性, 这一类网络可以统称为时效网络。这里的异质性是指个体间的交互时间间隔呈现重尾的非泊松分布, 也称之为阵发性。时效交互网络的各种时效特性从不同方面影响着传播过程 [99]。Holme 在文献 [100] 中综述了时效网络的研究进展。实际上, 时效网络上流行病传播的研究可以追溯到 1995 年, 社会学家 Morris 和流行病学家 Kretzschmar [101] 研究了随时间推移的人群性伙伴网络对于性传播疾病的影响, 特别评估了性交互行为中的同时伙伴关系对于性传播疾病的风险。这项研究对时效网络与传播动力学过程的结合具有深远的影响。文献 [102] 研究了时效交互网络的可达性对传播扩散的影响, 而在累积网络中存在的连边可能对传播过程并没有实质贡献, 是因为交互的时序限制了传播扩散的路径。Vazquez 等人 [103, 104] 在利用 SI 模型研究病毒传播过程时, 发现时效阵发性的存在可以大大降低病毒扩散的速度。Masuda 等人 [105] 则比较了时效网络和静态网络的谱特征, 发现流行病传播在时效网络中比静态网络中慢。Rocha 等人 [106] 则指出, 时效网络对传播过程的影响与网络的拓扑结构有关, 时效相关性加速传播的暴发, 而网络的异质性会减缓传播过程。Jo 等人 [107] 通过所提出的一种可解的时效传播动力学模型发现, 时效阵发性对疾病传播的影响与所处的传播阶段有关: 在传播的早期和中期时效阵发性能够加速传播, 而后期则出现相反的作用。Karsai 等人 [108] 还研究了具有不同时效特性的各类时效网络对 SI 传播感染比例的作用情况。

时效特性与传播临界值之间的内在关联受到了更多的关注。文献 [109, 110] 采用移动模型 (Mobility model), 从时间角度将时效网络刻画成一系列不同时刻的邻接子图, 通过将不同时刻的邻接子图所对应的感染–恢复矩阵连续相乘, 得到时效的感染–恢复系统矩阵, 并证明了其最大特征值 Ls 是传播临界值: 当 $Ls < 1$ 时, 感染个体的比例会以指数级迅速下降。文献 [111] 进一步指出, 时效网络平

均图的最大特征值是传播临界值的一阶近似值，这里的平均图是累加不同时刻的邻接子图并取平均值获得的。文献 [112] 将时效网络映射成多分图后，采用图谱理论研究其离散传播过程得到了相应的传播临界值。Perra 等人 [113] 通过研究活跃性驱动时效网络模型发现，在大时间尺度的具有幂律度分布的累积网络上传播临界值将消失，而小时间尺度的时效累积网络具有非消失的传播临界值。文献 [114] 研究了大尺度空间流行病动力学的传播临界条件和病毒首达时间，发现异质接触模式会降低流行病空间传播临界值，并且揭示了网络个体接触模式的重要作用。Zhang 等人 [115, 116] 研究了个体传播能力对时效网络上的传播临界值的影响。

时效网络上的免疫控制策略也受到了关注 [117–119]。Salathé 等人 [120] 采用易感–暴露–感染–移除 (SEIR) 模型，模拟研究了流行性感冒在近距离时效交互网络上的传播，得到的结果与 2009 年秋季甲型 H1N1 流感的观测数据一致，并在交互网络信息缺失或已知的情况下，对比了随机免疫策略和目标免疫策略的有效性。文献 [117] 则研究了采取免疫最近接触个体的策略对整个传播过程的影响。Habiba 等人研究了在时效网络上基于多种节点中心性参量来移除节点对传播范围的影响 [121]。文献 [119] 也研究了随机免疫、基于节点度的免疫和基于节点活跃度的免疫，指出在已知全网信息的情况下免疫极少量活跃度高的节点足以对网络起到有效免疫效果，他们提出一种仅根据局部信息获取活跃节点的免疫方法，这种方法比随机免疫更加有效。

2.4.3 多层网络传播理论研究进展

人们常常会注意到一个复杂的巨大网络化系统是由多个网络化子系统相互关联构成的，用复杂网络理论来描述就是“网络的网络”。这些子网络不是独立存在的，它们之间具有相互依存的密切关系。网络的网络也被称为多层网络 (Multilayered networks)，这是一种宽泛的描述，指整个网络化系统由多层 (个) 具有不同网络拓扑结构的子网络构成，不同的子网络处于不同的位置层次。多层网络涵盖了多重网络 (Multiplex networks)、互依网络 (Interdependent networks)、互连网络 (Interconnected networks) 等。

多重网络是指层间对应节点为相同个体的多层网络。例如: 在由微博、微信、大众点评等在线网络构成的多重网络中, 层间对应节点为同一用户在各子网络中的账号; 在由地铁、公交、船舶网络构成的多重网络中, 层间对应节点为同一地点的公共交通站点; 在由脑功能网络和脑结构网络构成的多重网络中, 层间对应节点为在脑部同一区域的节点。

互依网络是指层间对应节点可以为不同类型的个体, 各层之间互相依存、互相影响的多层网络。例如, 在计算机网络和电网构成的互依网络中, 计算机网络中的节点瘫痪会导致电网中的对应节点失去控制而失效, 而电网中的节点出现故障也会反过来使计算机网络中对应的节点断电。

互连网络指子网络之间具有连边, 各子层的节点为同类型节点, 但层间对应节点不是同一个体的多层网络。例如, 几个国家或者几个社团构成的互连网络。

从 2010 年起, 许多学者已经关注到多层网络这一前沿的研究领域, 他们研究了多层网络上的扩散问题 [122]、渗流问题 [123]、鲁棒性 [124] 级联故障 [125, 126]、同步问题 [127] 等, 此外, Boccaletti 等人在文献 [128] 中综述了多层网络上的相关进展。这里主要回顾在多层网络上的传播理论。

互连网络上的流行病传播研究有很多进展。Dickison 等人 [129] 在研究互连网络上的病毒传播时发现: 如果层间连接为强连接, 流行病可以在整个互连网络中传播; 但当层间连接为弱连接时, 传播仅在一层子网络上暴发而不会传播到另外一层。Saumell-Mendiola 等人 [130] 发现, 能够引起整个互连网络传播暴发的条件并不苛刻, 甚至可能都不会引起其中某个子网络上的传播暴发, 并且不受层间耦合连边数目的影响。这两组研究对于层间连接强弱的定义是不同的, 前者是用互连网络的全局平均度来衡量层间连接强度, 而后者是用层间的耦合连边数目定义的, 因此两个结论其实并不矛盾。进一步地, Wang 等人 [131] 采用 N-纠缠平均场估计的方法, 研究了层内和层间传播的速率成比例时, 两层互连网络上 SIS 模型的传播临界值, 发现传播临界值与每层的拓扑结构、层间的连接结构以及层内层间传播速率比有关。Sahneh 等人 [132] 也研究了两层互连网络上的 SIS 传播临界值, 与 [131] 不同之处在于每层中的传播速率不同。Li 等人 [133] 研究了互连网格网络上的流行病传播, 与前人研究的最大区别在于, 互连网格网络不仅可以研究层间连接关系, 还可以研究节点间的空间距离对传播的影响。

多重网络上的流行病传播研究也有许多新进展。Cozzo 等人 [134] 研究了基于个体间交互行为的多重网络上的传播扩散, 发现了多重网络传播相变点与子网络的交互概率矩阵最大特征值间的关系。Sahneh 等人 [135] 提出了一种泛化的传播平均场模型, 其研究对象包括了两种病毒在两重交互网络上的传播, 个体 (在 A 层交互网络) 是否被病毒 A 感染会影响到 (在 B 层交互网络) 被病毒 B 感染的速率。Granell 等人 [136] 首次研究了两重网络上的两种传播动力学过程。具体来说, 流行病在物理交互网络上传播时, "可能被感染" 的警觉意识在信息网络上传播, 警觉意识的传播会减缓流行病的传播。Guo 等人 [137] 在研究多重网络上的流行病传播时, 假设信息层是具有时效特征的活跃驱动模型, 物理交互层是静态网络。他们发现警觉意识的传播不仅可以提高传播临界值, 还能控制流行病的暴发。Zheng 等人 [138] 研究了 SIR 流行病-警觉意识的多重网络传播。Mishkovski 等人 [139] 研究了传播和随机游走在多重网络上的交互作用, 他们定义的多重网络中层间是没有连边的, 层间关系通过节点在层间随机游走的过程来体现, 从理论上给出了传播临界值并进行仿真验证, 发现网络上的感染比例和节点向各层游走的层间偏好有关。

2.4.4 复合种群网络传播理论研究进展

复合种群 (Metapopulation) 的概念最早是由数学生态学家 R. Levins 在 20 世纪 60 年代末提出的, 意思是种群的种群 (Population of populations), 最初主要利用这一模型来描述农田中害虫繁衍的种群动力学问题 [140]。与单种群不同的是, 复合种群在结构上包含若干子种群 (每个子种群可以视为一个单种群), 每个子种群内部具有一定数量的个体 (Agent/Individual) , 在动力学方面则强调由于个体的迁移而造成子种群间的相互耦合作用。该模型自诞生之日起就天然地融入了空间扩散因素, 因而被广泛应用于不同领域, 探讨空间因素对于演化动力学的影响, 诸如物种入侵 (Species invasions)、遗传漂变 (Genetic drift)、斑图形成 (Pattern formation) 等 [141]。人们把复合种群扩展为复合种群网络则是该模型与空间网络结构特征结合后的扩展和创新。

1985 年 Rvachev 和 Longini [142] 收集了 52 个主要国际航空港所在城市的数

据来构建复合种群网络模型, 研究了甲型 H1N1 流感在全球范围内的传播, 并用世界卫生组织提供的患病率和死亡率数据验证了模型的有效性。2004 年 Hufnagel 等人 [143] 根据全球范围内客流量最大的 500 个国际航空港的数据, 构建了大尺度的复合种群网络模型, 并研究了随机性对动力学过程的影响。Colizza 等人 [59] 揭示了航空交通方式在大尺度流行病传播蔓延过程中起着关键作用。

人类动力学的研究备受关注, 人群空间移动多标度性质的发现 [144, 145] 为空间流行病的预防和控制提供了依据 [146]。如何刻画大量个体在不同区域之间迁移, 并且同时考虑区域内的交互关系和区域间的移动? 不同区域间的流行病传播过程可以理解为反应–扩散 (Reaction-diffusion) 过程 [143, 147, 148] 或者反应–通勤 (Reaction-commuting) 过程 [149, 150]。流行病如何在各个空间区域间扩散应当受到更多的重视, 可以通过下一代生成矩阵的方法和双耦合种群网络模型 [151] 等来进行深入研究。Keeling 和 Rohani [151] 提出了双耦合种群网络模型, 由两个子种群通过个体的往复通勤移动而相互耦合形成。

流行病的传播推断和路径反演是根据历史信息观察到的数据来辨识流行病空间传播路径, 揭示流行病是如何在网络上扩散的, 推断引起传播暴发的种子节点, 为流行病传播的预测和控制提供方法。由于复合种群网络是一种高维随机的多尺度的网络系统, 系统辨识的传统方法难以直接用于复合种群网络上流行病的传播路径推断。一类解决思路是基于种群网络结构和基本传播参数, 利用定义或仿真得到的子种群传播距离的参量来构造传播的最短路径树。例如: Gautreau 等人 [152] 基于平均首达时间构建出疾病转移的最短路径; Balcan 等人 [146] 通过大量的蒙特卡罗仿真模拟提取出疾病传播的最小生成树; Brockmann 和 Helbing 提出利用有效距离 (Effective distance) [153] 可以提取出传播过程的最短路径树。另一类解决思路是基于各类传播相关数据驱动建模, 结合统计或优化方法来求解疾病转移网络或疾病树, 往往需要结合具体数据和问题来具体分析。Yoshiharu [154] 根据感染病例数据, 采用最大似然方法给出了 11 个国家和地区之间的 SARS 疾病转移网络, 但该网络是无向网络, 无法用来判断病毒在各个国家和地区之间扩散的先后顺序。Eggo 等人 [155] 利用 1918 年大流感的死亡率数据, 推断出了英格兰和威尔士 246 个人口中心以及 47 个美国城市的感染树, 并借助贝叶斯型的马尔可夫链蒙特卡罗方法推断出这些区域间最有可能的疾病转移路径。文献 [156]

收集了 2009 年中国香港 H1N1 的感染数据, 将香港划分为 18 个行政区域, 每个行政区域看作一个节点, 用 6 种线性模型作为节点间的个体转移模型, 利用遗传算法对所建立的似然目标函数进行寻优, 从而求解出疾病转移网络。Yang 等人 [157] 则利用了一个改进的网络模型, 结合卡尔曼滤波和贝叶斯推断发展了一套时空推断方法, 再根据感染数据找出了塞拉利昂 2014—2015 年埃博拉病毒的传播路径。本书第 9 章还会对这一研究热点提供新的解决方案。

在本章中, 我们提纲挈领地梳理了近年来网络传播理论的研究进展, 感兴趣的读者可以参阅相关文献和著作 [54, 158–161] 来了解网络传播理论的研究成果。同时, 我们相信, 读者在读完本书后会对复杂网络传播理论的诸多内在规律有更加深入的理解。

参考文献

[1] 李兰娟. 传染病学高级教程[M]. 北京: 人民军医出版社, 2015.

[2] 姜庆五. 流行病学[M]. 北京: 科学出版社, 2003.

[3] BERNOULLI, D. Essai d'une nouvelle analyse de la mortalité causée par la petite vérole[J]. Histoire de l'Acad. Roy. Sci (Pairs) avec mém. Math. et Phys., 1760:1-45.

[4] KERMACK W O, MCKENDRICK A G. A contribution to the mathematical theory of epidemics[J]. Proceedings of the Royal Society of London A: mathematical, physical and engineering sciences. The Royal Society, 1927, 115(772): 700-721.

[5] COX D R. Renewal Theory[M]. London: Methuen, 1967.

[6] VAN KAMPEN N G. Stochastic Processes in Physics and Chemistry[M]. Amsterdam: North-Holland Press, 1981.

[7] BREDA D, DIEKMANN O, DE GRAAF W F, et al. On the formulation of epidemic models: An appraisal of Kermack and McKendrick[J]. Journal of Biological Dynamics, 2012, 6(2): 103-117.

[8] 汪小帆, 李翔, 陈关荣. 网络科学导论[M]. 北京: 高等教育出版社, 2012.

[9] BARRAT A, BARTHELEMY M, VESPIGNANI A. Dynamical Processes on Complex Networks[M]. Cambridge: Cambridge University Press, 2008.

[10] CHUNG F, LU L, VU V. The spectra of random graphs with given expected de-

grees[J]. Proceedings of the National Academy of Sciences of the United States of America, 2003, 100: 6313-6318.

[11] NEWMAN M E J. Mixing patterns in networks[J]. Physical Review E, 2003, 67: 026126.

[12] VAN MIEGHEM P. Graph Spectra for Complex Networks[M]. Cambridge: Cambridge University Press, 2011.

[13] NEWMAN M E J. Assortative mixing in networks[J]. Physical Review Letters, 2002, 89: 208701.

[14] DE HAAN W, PIJNENBURG Y A, STRIJERS R L, et al. Functional neural network analysis in frontotemporal dementia and Alzheimer's disease using EEG and graph theory[J]. BMC Neuroscience, 2009, 10: 101.

[15] COHEN R, HAVLIN S. Complex Networks: Structure, Robustness and Function[M]. Cambridge: Cambridge University Press, 2010.

[16] LATORA V, MARCHIORI M. Efficient behavior of small-world networks[J]. Physical Review Letters, 2001, 87: 198701.

[17] VAN MIEGHEM P. Performance Analysis of Complex Networks and Systems[M]. Cambridge: Cambridge University Press, 2014.

[18] DA F COSTA L, RODRIGUES F A, TRAVIESO G, et al. Characterization of complex networks: A survey of measurements[J]. Advances in Physics, 2007, 56: 167-242.

[19] BULLMORE E, SPORNS O. Complex brain networks: Graph theoretical analysis of structural and functional systems[J]. Nature Reviews Neuroscience, 2009, 10: 186-198.

[20] RESTREPO J G, OTT E, HUNT B R. Approximating the largest eigenvalue of network adjacency matrices[J]. Physical Review E, 2007, 76: 056-119.

[21] VAN MIEGHEM P, WANG H, GE X, et al. Influence of assortativity and degree-preserving rewiring on the spectra of networks[J]. The European Physical Journal B, 2010, 76: 643-652.

[22] FIEDLER M. Algebraic connectivity of graphs[J]. Czechoslovak Mathematical Jour-

nal, Institute of Mathematics, Academy of Sciences of the Czech Republic, 1973, 23: 298-305.

[23] JAMAKOVIC A, UHLIG S. On the relationships between topological measures in real-world networks[J]. Networks and Heterogeneous Media, 2008, 3(2): 345-359.

[24] DONETTI L, NERI F, MUÑOZ M A. Optimal network topologies: Expanders, cages, Ramanujan graphs, entangled networks and all that[J]. Journal of Statistical Mechanics: Theory and Experiment, 2006(08): P08007.

[25] WANG X F, CHEN G. Synchronization in small-world dynamical networks[J]. International Journal of Bifurcation and Chaos, 2002, 12(1):187-192.

[26] WANG X F, CHEN G. Synchronization in scale-free dynamical networks: Robustness and fragility[J]. IEEE Transactions on Circuits and Systems I: Regular Papers, 2002, 49(1):54-62.

[27] ELLENS W, SPIEKSMA F, VAN MIEGHEM P, et al. Effective graph resistance[J]. Linear Algebra and its Applications, 2011, 435: 2491-2506.

[28] KLEIN D J, RANDIĆ M. Resistance distance[J]. Journal of Mathematical Chemistry, 1993, 12(1): 81-95.

[29] GHOSH A, BOYD S, SABERI A. Minimizing effective resistance of a graph[J]. SIAM Review, 2008, 50(1): 37-66.

[30] STAM C J, VAN DIJK B W. Synchronization likelihood: An unbiased measure of generalized synchronization in multivariate data sets[J]. Physica D: Nonlinear Phenomena, 2002, 163: 236-251.

[31] BARAHONA M, PECORA L M. Synchronization in small-world systems[J]. Physical Review Letters, 2002, 89: 054101.

[32] NISHIKAWA T, MOTTER A E, LAI Y C, et al. Heterogeneity in oscillator networks: Are smaller worlds easier to synchronize?[J]. Physical Review Letters, 2003, 91: 014101.

[33] LI C, LI Q, VAN MIEGHEM P, et al. Correlation between centrality metrics and their application to the opinion model[J]. European Physical Journal B, 2015, 88(3): 65.

[34] ANTHONISSE J M. The rush in a directed graph[R]. Stichting Mathematisch Centrum, Amsterdam, Technical Report BN, 1971, 9: 71.

[35] LINTON C. FREEMAN. Centrality in social networks conceptual clarification[J]. Social Networks, 1978, 78: 215-239.

[36] MAKSIM KITSAK, LAZAROS K, GALLOS S H, et al. Identification of influential spreaders in complex networks[J]. Nature Physics, 2010, 6(11): 888-893.

[37] KESTEN H. The critical probability of bond percolation on the square lattice equals 1/2[J]. Communications in Mathematical Physics, 1980, 74(1): 41-59.

[38] WELSH D J A. Percolation and related topics[J]. Science Progress, 1977, 64(253): 65-83.

[39] OHIRA T, SAWATARI R. Phase transition in a computer network traffic model[J]. Physical Review E, 1998, 58: 193.

[40] WATTS D J, STROGATZ S H. Collective dynamics of small-world networks[J]. Nature, 1998, 393: 440-442.

[41] ERDÖS P, RÉNYI A. On random graphs[J]. Publicationes Mathematica, 1959, 6: 290-297.

[42] ERDÖS P, RÉNYI A. On the evolution of random graphs[J]. Transactions of the American Mathematical Society, 1960, 5: 17-61.

[43] CHUNG F, LU L. The average distances in random graphs with given excepted degrees[J]. Proceedings of the National Academy of Sciences of the United States of America, 2002, 99(25): 15879-15882.

[44] BARABÁSI A L, ALBERT R. Emergence of scaling in random networks[J]. Science, 1999, 10: 286-509.

[45] BOCCALETTI S, LATORA V, MORENO Y, et al. Complex networks: Structure and dynamics[J]. Physics Reports, 2006, 424(4): 175-308.

[46] COHEN R, HAVLIN S. Scale-free networks are ultrasmall[J]. Physical Review Letters, 2003, 90(5): 058701.

[47] KLEMM K, EGUILUZ V M. Highly clustered scale-free networks[J]. Physical Review E, 2002, 65(3): 036123.

[48] NEWMAN M E J, WATTS D J. Renormalization group analysis of small-world model[J]. Physics Letters A, 1999, 263(4): 341-346.

[49] STAM C J, JONES B F, NOLTE G, et al. Small-world networks and functional connectivity in Alzheimer's disease[J]. Cerebral Cortex, 2007, 17(1): 92-99.

[50] KURAMOTO Y. Chemical Oscillations, Waves, and Turbulence[M]. Berlin: Springer, 1984.

[51] BARRAT A, WEIGT M. On the properties of small-world network models[J]. The European Physical Journal B, 2000, 13(3): 547-560.

[52] ANDERSON R M, MAY R M. Infectious Diseases in Humans[M]. Oxford: Oxford University Press, 1992.

[53] PASTOR-SATORRAS R, VESPIGNANI A. Epidemic spreading in scale-free networks[J]. Physical Review Letters, 2001, 86(14): 3200-3203.

[54] PASTOR-SATORRAS R, CASTELLANO C, VAN MIEGHEM P, et al. Epidemic processes in complex networks[J]. Reviews of Modern Physics, 2015, 87(3): 925-979.

[55] WANG Y, CHAKRABART D, WANG C, et al. Epidemic spreading in real networks: An eigenvalue viewpoint[C]. 22nd International Symposium on Reliable Distributed Systems, 2003.

[56] GANESH A, MASSOULIÉ L, TOWSLEY D. The effect of network topology on the spread of epidemics[C]. In Proceeding IEEE INFOCOM, 2005, 2: 1455-1466.

[57] VAN MIEGHEM P, OMIC J, KOOIJ R. Virus spread in networks[J]. IEEE/ACM Transactions on Networking, 2009, 17: 1-14.

[58] WANG J B, WANG L, LI X. Identifying spatial invasion of pandemics on metapopulation networks via anatomizing arrival history[J]. IEEE Transactions on Cybernetics, 2016, 46(12): 2782-2795.

[59] COLIZZA V, BARRAT A, BARTHÉLÉMY M, et al. The role of the airline transportation network in the prediction and predictability of global epidemics[J]. Proceedings of the National Academy of Sciences of the United States of America, 2006, 103(7): 2015-2020.

[60] WANG L, LI X, ZHANG Y Q, et al. Evolution of scaling emergence in large-scale

spatial epidemic spreading[J]. PLoS One, 2011, 6: e21197.

[61] WANG L, LI X. Spatial epidemiology of networked metapopulation: An overview[J]. Chinese Science Bulletin, 2014, 59: 3511-3522.

[62] ALTMANN M. Susceptible-Infected-Removed epidemic models with dynamic partnerships[J]. Journal of Mathematical Biology, 1995, 33: 661-675.

[63] MORRIS A J. Representing spatial interactions in simple ecological models[D]. Coventry: Warwick University, 1997.

[64] KRETZSCHMAR M, MORRIS M. Measures of concurrency in networks and the spread of infectious disease[J]. Mathematical Biosciences, 1996, 133: 165-195.

[65] KEELING M J, EAMES K T D. Networks and epidemic models[J]. Journal of The Royal Society Interface, 2005, 2: 295-307.

[66] 靳祯, 孙桂全, 刘茂省. 网络传染病动力学建模与分析[M]. 北京: 科学出版社, 2014.

[67] NEWMAN M E J, WATTS D J. Scaling and percolation in the small-world network model[J]. Physical Review E, 1999, 60: 7332.

[68] MOORE C, NEWMAN M E J. Epiedmics and percolation in small-world networks[J]. Physical Review E, 2000, 61(5): 5678.

[69] PASTOR-SATORRAS R, VESPIGNANI A. Epidemic dynamics and endemic states in complex networks[J]. Physical Review E, 2001, 63: 066117.

[70] PASTOR-SATORRAS R. Epidemic dynamics in finite size scale-free networks[J]. Physical Review E, 2001, 65: 035108.

[71] BARTHÉLÉMY M, BARRAT A, PASTOR-SATORRAS R, et al. Velocity and hierarchical spread of epidemic outbreaks in scale-free networks[J]. Physical Review Letters, 2004, 92(17): 178701.

[72] GOLTSEV A V, DOROGOVTSEV S N, OLIVEIRA J G, et al. Localization and spreading of diseases in complex networks[J]. Physical Review Letters, 2012, 109: 128702.

[73] BOGUÑÁ M, CASTELLANO C, PASTOR-SATORRAS R. Nature of the epidemic threshold for the Susceptible-Infected-Susceptible dynamics in networks[J]. Physical Review Letters, 2013, 111: 068701.

[74] NEWMAN M E J. Spread of epidemic disease on networks[J]. Physical Review E, 2002, 66: 016128.

[75] BOGUÑÁ M, PASTOR-SATORRAS R. Epidemic spreading in correlated complex networks[J]. Physical Review E, 2002, 66: 047104.

[76] MORENO Y, GÓMEZ J B, PACHECO A F. Epidemic spreading in correlated complex networks[J]. Physical Review E, 2003, 68: 035103.

[77] EGUILUZ V M, KLEMM K. Epidemic threshold in structured scale-free networks[J]. Physical Review Letters, 2002, 89(10): 108701.

[78] GOLTSEV A V, DOROGOVTSEV S N, MENDES J F F. Percolation on correlated networks[J]. Physical Review E, 2008, 78(5): 051105.

[79] GÓMEZ S, BORGE-HOLTHOEFER J, MELONI S, et al. Discrete-time Markov chain approach to contact-based disease spreading in complex networks[J]. Europhysics Letters, 2010, 89: 38009.

[80] MATA A S, FERREIRA S C. Pair quenched mean-field theory for the susceptible-infected-susceptible model on complex networks[J]. Europhysics Letters, 2013, 103: 48003.

[81] LI X J, LI C, AND LI X. Minimizing social cost of vaccinating network SIS epidemics[J]. IEEE Transactions on Network Science and Engineering, 2018, 5(4): 326-335.

[82] EUBANK S, GUCLU H, KUMAR V S A, et al. Modelling disease outbreaks in realistic urban social networks[J]. Nature, 2004, 429: 180-184.

[83] RILEY S. Large-scale spatial-transmission models of infectious disease[J]. Science, 2007, 316(5829): 1298-1301.

[84] CHAO D L, HALLORAN M E, OBENCHAIN V J, et al. FluTE, a publicly available stochastic influenza epidemic simulation model[J]. PLoS Computational Biology, 2010, 6(1): e1000656.

[85] NOWZARI C, PRECIADO V M, PAPPAS G J. Analysis and control of epidemics: A survey of spreading processes on complex networks[J]. IEEE Control Systems Magazine, 2016, 36(1): 26-46.

[86] FUNK S, GILAD E, WATKINS C, et al. The spread of awareness and its impact on epidemic outbreaks[J]. Proceedings of the National Academy of Sciences of the United States of America, 2009, 106(16): 6872-6877.

[87] WU Q C, FU X C, SMALL M, et al. The impact of awareness on epidemic spreading in networks[J]. Chaos, 2012, 22: 013101.

[88] FUNK S, SALATHÉ M, JANSEN V A. Modelling the influence of human behaviour on the spread of infectious diseases[J]. Journal of the Royal Society Interface, 2010, 7: 1247.

[89] PERRA N, BALCAN D, GONCCALVES B, et al. Towards a characterization of behavior-disease Models[J]. PLoS One, 2011, 6(8): e23084.

[90] GROSS T, D'LIMA C J D, BLASIUS B. Epidemic dynamics on an adaptive network[J]. Physical Review Letters, 2006, 96(20): 208701.

[91] MARCEAU V, NOËL P A, HACUTEEBERT-DUFRESNE L, et al. Adaptive networks: Coevolution of disease and topology[J]. Physical Review E, 2010, 82(3): 036116.

[92] ZANETTE D H, RISAU-GUSMACUTEAN S. Infection spreading in a population with evolving contacts[J]. Journal of Biological Physics, 2008, 34(1-2): 135-148.

[93] RISAU-GUSMÁN S, ZANETTE D H. Contact switching as a control strategy for epidemic outbreaks[J]. Journal of Theoretical Biology, 2009, 257(1): 52-60.

[94] VAN SEGBROECK S, SANTOS F C, PACHECO J M. Adaptive contact networks change effective disease infectiousness and dynamics[J]. PLoS Computational Biology, 2010, 6(8): e1000895.

[95] PASTOR-SATORRAS R, VESPIGNANI A. Evolution and Structure of the Internet: A Statistical Physics Approach[M]. Cambridge: Cambridge University Press, 2007.

[96] FERREIRA S C, FERREIRA R S, CASTELLANO C, et al. Quasistationary simulations of the contact process on quenched networks[J]. Physical Review E, 2011, 84: 066102.

[97] NOH J D, PARK H. Critical behavior of the contact process in annealed scale-free

networks[J]. Physical Review E, 2009, 79: 056115.

[98] VESPIGNANI A. Modelling dynamical processes in complex socio-technical systems[J]. Nature Physics, 2012, 8: 32-39.

[99] BANSAL S, READ J, POURBOHLOUL B, et al. The dynamic nature of contact networks in infectious disease epidemiology[J]. Journal of Biological Dynamics, 2010, 4(5): 478-489.

[100] HOLME P, SARAMÄKI J. Temporal networks[J]. Physics Reports, 2012, 519(3): 97-125.

[101] MORRIS M, KRETZSCHMAR M. Concurrent partnerships and transmission dynamics in networks[J]. Social Networks, 1995, 17: 299-318.

[102] HOLME P. Network reachability of real-world contact sequences[J]. Physical Review E, 2005, 71: 046119.

[103] VAZQUEZ A, RACZ B, LUKACS A, et al. Impact of non-Poissonian activity patterns on spreading processes[J]. Physical Review Letters, 2007, 98(15): 158702.

[104] MIN B, GOH K I, VAZQUEZ A. Spreading dynamics following bursty human activity patterns[J]. Physical Review E, 2011, 83(3): 036102.

[105] MASUDA N, KLEMM K, EGUÍLUZ V M. Temporal networks: Slowing down diffusion by long lasting interactions[J]. Physical Review Letters, 2013, 111: 188701.

[106] ROCHA L E C, LILJEROS F, HOLME P. Simulated epidemics in an empirical spatiotemporal network of 50, 185 sexual contacts[J]. PLoS Computational Biology, 2011, 7(3): e1001109.

[107] JO H, PEROTTI J I, KASKI K, et al. Analytically solvable model of spreading dynamics with non-Poissonian processes[J]. Physical Review X, 2014, 4: 011041.

[108] KARSAI M, KIVELÄ M, PAN R K, et al. Small but slow world: How network topology and burstiness slow down spreading[J]. Physical Review E, 2011, 83: 025102.

[109] SANATKAR M R, WHITE W N, NATARAJAN B, et al. Epidemic threshold of an SIS model in dynamic switching network[J]. IEEE Transactions on Systems, Man, and Cybernetics: Systems, 2016, 46(3): 345-355.

[110] PARKASH B A, TONG H, VALLER N, et al. Virus Propagation on Time-varying

Networks: Theory and Immunization Algorithms, in Machine Learning and Knowledge Discovery in Databases[C]. Lecture Notes in Computer Science, 2010, 6323: 9-114.

[111] VALLER N C, PARKASH B A, TONG H, et al. Epidemic Spread in Mobile Ad Hoc Networks: Determining the Tipping Point[C]. Networking International Ifip Tc 6, 2011, 1: 266-280.

[112] VALDANO E, FERRERI L, POLETTO C, et al. Analytical computation of the epidemic threshold on temporal networks[J]. Physical Review X, 2015, 5(2): 021005.

[113] PERRA N, GONÇALVES B, PASTOR-SATORRAS R, et al. Activity driven modeling of time varying networks[J]. Scientific Reports, 2012, 2: 469.

[114] WANG L, WANG Z, ZHANG Y, et al. How human location-specific contact patterns impact spatial transmission between populations[J]. Scientific Reports, 2013, 3: 1468.

[115] ZHANG Y Q, LI X. When susceptible-infectious-susceptible contagion meets time-varying networks with identical infectivity[J]. Europhysics Letters, 2014, 108: 28006.

[116] ZHANG Y Q, LI X, VASILAKOS A V. Spectral analysis of epidemic thresholds of temporal networks[J]. IEEE Transactions on Cybernetics, 2020, 50(5): 1965-1977.

[117] LEE S, ROCHA L E, LILJEROS F, et al. Exploiting temporal network structures of human interaction to effectively immunize populations[J]. PLoS One, 2012, 7(5): e36439.

[118] STARNINI M, MACHENS A, CATTUTO C, et al. Immunization strategies for epidemic processes in time-varying contact networks[J]. Journal of Theoretical Biology, 2013, 337: 89-100.

[119] LIU S, PERRA N, KARSAI M, et al. Controlling contagion processes in activity driven networks[J]. Physical Review Letters, 2014, 112(11): 118702.

[120] SALATHÉA M, KAZANDJIEVA M, LEE J W, et al. A high-resolution human contact network for infectious disease transmission[J]. Proceedings of the National Academy of Sciences of the United States of America, 2010, 107(51): 22020-22025.

[121] HABIBA, YU Y, BERGER-WOLF T Y, et al. Finding spreading blockers in dy-

namic networks[J]. Advances in Social Network Mining and Analysis, 2010, 5498: 55-76.

[122] GÓMEZ S, DÍAZ-GUILERA A, GÓMEZ-GARDEÑES J, et al. Diffusion dynamics on multiplex networks[J]. Physical Review Letters, 2013, 110: 028701.

[123] PARSHANI R, BULDYREV S V, HAVLIN S. Interdependent networks: Reducing the coupling strength leads to a change from a first to second order percolation transition[J]. Physical Review Letters, 2010, 105: 048701.

[124] HUANG X Q, GAO J X, BULDYREV S V, et al. Robustness of interdependent networks under targeted attack[J]. Physical Review E, 2011, 83: 065101.

[125] BULDYREV S V, PARSHANI R, PAUL G, et al. Catastrophic cascade of failures in interdependent networks[J]. Nature, 2010, 464: 1025-1028.

[126] LI W, BASHAN A, BULDYREV S V, et al. Cascading failures in interdependent lattice networks: The critical role of the length of dependency links[J]. Physical Review Letters, 2012, 108: 228702.

[127] RADICCHI F, ARENAS A. Abrupt transition in the structural formation of interconnected networks[J]. Nature Physics, 2013, 9: 717-720.

[128] BOCCALETTI S, BIANCONI G, CRIADO R, et al. The structure and dynamics of multilayer networks[J]. Physics Reports, 2014, 544: 1-122.

[129] DICKISON M, HAVLIN S, STANLEY H E. Epidemics on interconnected networks[J]. Physical Review E, 2012, 85: 066109.

[130] SAUMELL-MENDIOLA A, SERRANO M Á, BOGUÑÁ M. Epidemic spreading on interconnected networks[J]. Physical Review E, 2012, 86: 026106.

[131] WANG H, LI Q, D′AGOSTINO G, et al. Effect of the interconnected network structure on the epidemic threshold[J]. Physical Review E, 2013, 88: 022801.

[132] SAHNEH F D, SCOGLIO C, CHOWDHURY F N. Effect of Coupling on the epidemic threshold in interconnected complex networks: A spectral analysis[C]. Proceeding of 2013 American Control Conference, 2013, 2307-2312.

[133] LI D, QIN P, WANG H, et al. Epidemics on interconnected lattices[J]. Europhysics Letters, 2014, 105: 68004.

[134] COZZO E, BAÑOS R A, MELONI S, et al. Contact-based social contagion in multiplex networks[J]. Physical Review E, 2013, 88: 050801.

[135] SAHNEH F D, SCOGLIO C, VAN MEIGHEM P. Generalized epidemic mean-field model for spreading processes over multilayer complex networks[J]. IEEE/ACM Transactions on Networking, 2013, 21(5): 1609-1620.

[136] GRANELL C, GÓMEZ S, ARENAS A. Dynamical interplay between awareness and epidemic spreading in multiplex networks[J]. Physical Review Letters, 2013, 111: 128701.

[137] GUO Q T, LEI Y J, JIANG X, et al. Epidemic spreading with activity-driven awareness diffusion on multiplex network[J]. Chaos, 2016, 26: 043110.

[138] ZHENG C Y, XIA C Y, GUO Q T, et al. Interplay between SIR-based disease spreading and awareness diffusion on multiplex networks[J]. Journal of Parallel and Distributed Computing, 2018, 115: 20-28.

[139] MISHKOVSKI I, MIRCHEV M, ŠĆEPANOVIĆ S, et al. Interplay between spreading and random walk processes in multiplex networks[J]. IEEE Transactions on Circuits and Systems I: Regular Papers, 2017, 64 (10): 2761-2771.

[140] LEVINS R. Some demographic and genetic consequences of environmental heterogeneity for biological control [J]. Bulletin of the Entomological Society of America, 1969, 15: 237-240.

[141] HANSKI I, GAGGIOTTI O E. Genetics and Evolution of Metapopulations [M]. Burlington: Elsevier, 2004.

[142] RVACHEV L A, LONGINI JR I M. A mathematical model for the global spread of influenza[J]. Mathematical Biosciences,1985, 75: 3-22.

[143] HUFNAGEL L, GEISEL T. Forecast and control of epidemic in a globalized world[J]. Proceedings of the National Academy of Sciences, 2004, 11(42): 15124-15129.

[144] GONZÁLEZ M C, HIDALGO C A, BARABÁSI A L. Understanding individual human mobility pattern[J]. Nature, 2008, 453: 779-782.

[145] BAZZANI A, GIORGINI B, RAMBALDI S, et al. Statistical laws in urban mo-

bility from microscopic GPS data in the area of Florence[J]. Journal of Statistical Mechanics Theory, 2010, 5(5001): 1742-5468.

[146] BALCAN D, COLIZZA V, GONCALVES B, et al. Multiscale mobility networks and the spatial spreading of infectious diseases[J]. Proceedings of the National Academy of Sciences of the United States of America, 2009, 106(51): 21484-21489.

[147] DE FREITAS J E, LUCENA L S, DA SILVA L R, et al. Critical behavior of a two-species reaction-diffusion problem[J]. Physical Review E, 2000, 61: 6330-6336.

[148] COLIZZA V, PASTOR-SATORRAS V, VESPIGNANI A. Reaction - diffusion processes and metapopulation models in heterogeneous networks[J]. Nature Physics, 2007, 3: 276-282.

[149] BALCAN D, VESPIGNANI A. Phase transitions in contagion precesses mediated by recurrent mobility patterns[J]. Nature Physics, 2011, 7: 581-586.

[150] BELIK V, GEISEL T, BROCKMANN D. Natural human mobility pattern and spacial spread of infectious disease[J]. Physical Review X, 2011, 1: 011001.

[151] KEELING M J, ROHANI P. Estimating spatial coupling in epidemiological systems: a mechanistic approach[J]. Ecology Letters, 2002, 5: 20-29.

[152] GAUTREAU A, BARRAT A, BARTHÉLEMY M. Global disease spread: Statistics and estimation of arrival times[J]. Journal Theoretical Biology, 2008, 251(3): 509-522.

[153] BROCKMANN D, HELBING D. The hidden geometry of complex, network-driven contagion phenomena[J]. Science, 2013, 342(6164): 1337-1342.

[154] YOSHIHARU M. Discovering network behind infectious disease outbreak[J]. Physica A: Statistical Mechanics and its Applications, 2010, 389(21): 4755-4768.

[155] EGGO R M, CAUCHEMEZ S, FERGUSON N M. Spatial dynamics of the 1918 influenza pandemic in England, Wales and the United States[J]. Journal of the Royal Society Interface, 2011, 8(55): 33-243.

[156] WAN X, LIU J, CHEUNG W K, et al. Inferring epidemic network topology from surveillance data[J]. PLoS One, 2014, 9(6): 0100661.

[157] YANG W, ZHANG W, KARGBO D, et al. Transmission network of the 2014-2015

Ebola epidemic in Sierra Leone[J]. Journal of the Royal Society Interface, 2015, 12(112): 0536.

[158] DANON L, FORD A P, HOUSE T, et al. Networks and the epidemiology of infectious disease[J]. Interdisciplinary Perspectives on Infectious Diseases, 2011, 2011: 284909.

[159] 傅新楚, SMALL M, 陈关荣. 复杂网络传播动力学——模型方法与稳定性分析[M]. 英文版. 北京: 高等教育出版社, 2014.

[160] MASUDA N, HOLME P. Temporal Network Epidemiology[M]. Berlin: Springer, 2017.

[161] SALEHI M, SHARMA R, MARZOLLA M, et al. Spreading processes in multilayer networks[J]. IEEE Transactions on Network Science and Engineering, 2015, 2(2): 65-83.

第 3 章 静态网络 SIS 传播感染比例的理论估计

3.1 问题的引出

20 世纪末, Watts 和 Strogatz、Barabási 和 Albert 分别在 1998 年《Nature》和 1999 年《Science》上发表文章, 提出了 WS 小世界网络模型和 BA 无标度网络模型来描述现实世界的网络。在这短短的 20 年间, 我们逐渐理解了复杂连接系统背后隐藏的机制以及众多大规模网络化系统的复杂特征。我们研究网络上的传播动力学旨在回答一个问题: 这些丰富多彩的网络拓扑特征是如何影响传播过程的? 在第 2 章已经介绍了流行病传播的基本数学模型、传播过程的动力学方程和传播临界值的求解方法, 概述了复杂网络理论的基本概念, 这些都为本书提供了预备知识。在这一章, 我们将经典 SIS 传播模型

$$\begin{cases} S+I \xrightarrow{\beta} 2I, \\ I \xrightarrow{\mu} S, \end{cases}$$

引入静态网络, 通过分析流行病传播暴发的判断条件——传播临界值、传播暴发的程度——亚稳态感染个体比例, 来揭示网络复杂性对流行病传播的作用规律。需要注意的是, 在经典 SIS 模型中, 健康个体不会自发进入感染状态。因此, 无论有效传播率 τ 的取值如何, 传播过程都会进入吸收态 (所有个体都处于健康状态,

流行病的传播完全停止)，这种吸收态是整个 SIS 传播过程的严格稳态。我们在分析传播动力学过程的时候，更加关注的是流行病的暴发程度，即亚稳态时感染个体的比例。

在本章中，我们从如何利用确切 2^N 态马尔可夫方法来刻画 SIS 传播模型讲起，准确地计算网络传播亚稳态时的平均感染个体比例。由于传播达到亚稳态的收敛时间会随着网络规模 N 的增大呈现指数级增长，这一方法对于大规模网络并不适用。仿真模拟和平均场理论近似估计仍然是常用的静态网络流行病传播分析方法。在经典 SIS 模型的仿真中，亚稳态问题分析的难点在于很难准确地界定持续多长时间的稳定状态才可以被称作亚稳态，因此不能给出准确的亚稳态定义。在第 3.3 节将介绍一种经典 SIS 模型的扩展模型—— ε-SIS 模型，在这个模型中个体以速率 ε 自发地变为感染态，这样 ε-SIS 模型中就不存在吸收态，而是存在一个稳定的平均感染概率。因此，ε-SIS 模型用于仿真模拟时可以较容易地计算亚稳态时的感染比例。

如何从理论上分析 SIS 传播的机理受到了极大关注，虽然仿真模拟可以给出传播数值解，但是解析地给出传播参量可以使我们更加准确地掌握网络拓扑特性对流行病传播的作用规律。本章将介绍两种平均场近似估计——异质平均场估计和 N-纠缠平均场估计，两种平均场估计均可以计算出传播临界值、稳态感染比例等传播参量的近似解析解。我们将 SIS 模型选为本章研究流行病传播过程的范例，是因为 SIS 模型是常用于模拟流行病在人群中 (或计算机病毒在网络中) 传播的模型之一，但即便是这样“简单”的 SIS 模型，其传播过程分析也是非常具有难度的。

3.2　确切 2^N 态马尔可夫链

假设病毒在有 N 个节点的网络 $G(N)$ 上传播，网络中的每个节点 i 都只有两种状态 $X_i \in \{0,1\}$: $X_i = 0$ 为健康 (易感) 态和 $X_i = 1$ 为感染态。那么，就可

以用 N 位二进制数 $X_N X_{N-1} \cdots X_2 X_1$ 表示 N 个节点的状态, 每一个 N 位二进制数对应马尔可夫链中的一个状态 Y, 这里 $Y \in \{0, 1, \cdots, 2^N - 1\}$, 共有 2^N 种马尔可夫状态。以两个节点为例, 马尔可夫状态 $Y = 0$ 是所有节点都健康的状态 (即 $X_2X_1 = 00$) , $Y = 1$ 是节点 1 被感染、节点 2 健康的状态 (即 $X_2X_1 = 01$) , $Y = 2$ 是节点 1 健康、节点 2 被感染的状态 (即 $X_2X_1 = 10$) , $Y = 3$ 是所有节点都被感染的状态 (即 $X_2X_1 = 11$)。也可以将马尔可夫状态 Y 和 N 位二进制数 $X_N(Y)X_{N-1}(Y) \cdots X_2(Y)X_1(Y)$ 看作是十进制和二进制间的对应关系, 用个体染病状态 X_i 表示马尔可夫状态 Y为

$$Y = \sum_{i=1}^{N} X_i(Y) 2^{i-1}. \tag{3.1}$$

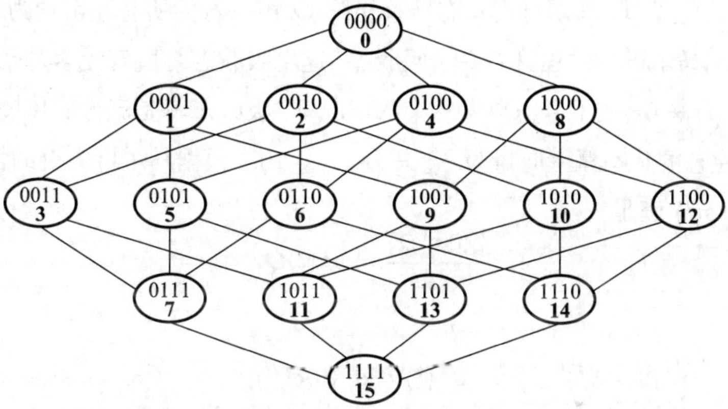

图 3.1　4 个节点网络的马尔可夫状态转换示意图

以 $N = 4$ 个节点的网络为例, 图 3.1 给出了马尔可夫状态转换示意图。图中具有跳转关系的马尔可夫状态所对应的两个 N 位二进制数之间的差别是, 某位数 X_i 由 0 变为 1, 或由 1 变为 0, 这意味着个体 i 从健康状态变成感染状态, 或者从感染状态恢复为健康状态。从图 3.1 中可以看出, 有 j 个被感染个体的马尔可夫状态 Y 共有 $\binom{N}{j}$ 种, 这些状态至少需要 j 步才能跳转到所有节点都健康的状态 $Y = 0$。流行病在有 N 个节点的网络上传播的过程对应于一个具有 2^N 种状态的连续马尔可夫状态转移过程, 可以用无穷小转移速率矩阵 $\boldsymbol{Q}$ 表示 [1], 这里 $\boldsymbol{Q}$ 的元素为

$$q_{(m+1)(n+1)}=\begin{cases}\mu, & n=m-2^{l-1};\ l=1,2,\ldots,N;\ X_l(m)=1,\\ \beta\sum\limits_{i=1}^{N}a_{li}X_i(m), & n=m+2^{l-1};\ l=1,2,\ldots,N;\ X_l(m)=0,\\ -\sum\limits_{Y=0;Y\neq n}^{2^N-1}q_{(m+1)(Y+1)}, & m=n,\\ 0, & \text{其他}.\end{cases} \tag{3.2}$$

其中, β 和 μ 分别是感染速率和恢复速率, a_{li} 是网络邻接矩阵 $\boldsymbol{A}$ 的元素, $m,n\in\{0,1,\cdots,2^N-1\}$。不妨用 $\boldsymbol{s}(t)$ 来表示马尔可夫矩阵 $\boldsymbol{Q}$ 的状态概率向量, 那么 $\boldsymbol{s}(t)$ 的元素 $s_m(t)=\mathrm{Prob}[Y(t)=m]$, 并且处于所有状态的概率和 $\sum\limits_{m=0}^{2^N-1}s_m(t)=1$。读者可能已经发现, 马尔可夫状态转移矩阵 $\boldsymbol{Q}$ 第一行的所有元素均为 0, 这说明确切 2^N 态马尔可夫过程具有一个吸收态, 这个吸收态是所有元素都是健康态的零状态 $Y(t)=0$。在不考虑自发感染的情况下, 吸收态就是流行病传播的最终稳定状态, 稳态的状态概率向量为 $\boldsymbol{s}_\infty=[1,0,\cdots,0]$。根据马尔可夫链的性质, 状态概率向量 $\boldsymbol{s}(t)$ 满足

$$\frac{\mathrm{d}\boldsymbol{s}^{\mathrm{T}}(t)}{\mathrm{d}t}=\boldsymbol{s}^{\mathrm{T}}(t)\boldsymbol{Q}, \tag{3.3}$$

其解为

$$\boldsymbol{s}^{\mathrm{T}}(t)=\boldsymbol{s}^{\mathrm{T}}(0)\boldsymbol{e}^{\boldsymbol{Q}t}. \tag{3.4}$$

个体 i 被感染的概率定义为 $v_i(t)=\mathrm{Prob}[X_i=1]$, 那么, 感染概率向量 $\boldsymbol{v}(t)$ 可以通过对状态概率向量 $\boldsymbol{s}(t)$ 进行矩阵运算得到

$$\boldsymbol{v}^{\mathrm{T}}(t)=\boldsymbol{s}^{\mathrm{T}}(t)\boldsymbol{M}, \tag{3.5}$$

其中, $\boldsymbol{M}$ 是一个 $2^N\times N$ 矩阵, 矩阵中的元素 $m_{ij}=X_j(i-1)$, 且所有元素都是 0 或者 1,

$$
\boldsymbol{M}=\begin{bmatrix} 0 & 0 & 0 & \cdots & 0 \\ 1 & 0 & 0 & \cdots & 0 \\ 0 & 1 & 0 & \cdots & 0 \\ 1 & 1 & 0 & \cdots & 0 \\ 0 & 0 & 1 & \cdots & 0 \\ \vdots & \vdots & \vdots & \ddots & \vdots \\ 1 & 1 & 1 & \cdots & 1 \end{bmatrix}.
$$

因此, 可以用 $\rho_I(t)=\dfrac{1}{N}\boldsymbol{v}(t)^{\mathrm{T}}\boldsymbol{u}$ 来计算网络 G 在时刻 t 的平均感染比例 [1], 具体表示为

$$
\rho_I(t)=\frac{1}{N}\boldsymbol{s}^{\mathrm{T}}(0)\boldsymbol{e}^{\boldsymbol{Q}t}\boldsymbol{M}\boldsymbol{u}, \tag{3.6}
$$

其中, $\boldsymbol{u}=[1,1,\cdots,1]^{\mathrm{T}}$ 表示全部元素都为 1 的向量。当采用确切 2^N 态马尔可夫过程描述网络上的流行病传播过程时, 我们只需要知道网络的拓扑结构、病毒传播的感染率、病患的恢复率以及初始感染状态, 就可以用式 (3.4) 和式 (3.6) 计算出在任意时刻 t 每个个体被感染的概率和整个网络的感染比例。但是, 矩阵 $\boldsymbol{Q}$ 和 $\boldsymbol{M}$ 的大小随网络规模 N 呈指数级增长, 因此, 这种方法很难适用于大规模网络。

3.3 ε-SIS 模型

ε-SIS 模型由 Hill 等人 [2] 研究情绪在社会关系网络中的传播时提出, 在经典 SIS 模型中引入了自发感染速率 ε。经典 SIS 模型存在所有个体都处于健康状态的吸收态, 这种吸收态只可以到达, 不可以离开。类似地, 栅格图的渗流也存在两个吸收态, 一个是所有节点都被占据的情况, 一个是完全没有节点被占据的情况。自发状态改变现象可以破坏这种吸收态, 进而影响个体的状态转换过程, 这个过程必然会驱动系统偏离原有吸收态。如果网络处于吸收态, 至少有一个个体自发地改变其状态, 并通过个体间的连接关系进行传播或扩散, 才能够使整个系

统偏离吸收态。对于很小的自发状态改变速率，这个偏离距离服从一定的标度定律。在 ε-SIS 模型中，每个个体都以一个小的速率 ε 自发地变为感染态，那么具有 N 个节点的网络偏离吸收态的概率为 $p \sim 1-(1-\varepsilon)^N$，对其进行泰勒变换，仅考虑低阶情况，可以得到 ε 和网络偏离吸收态的概率线性相关 [3]:

$$p \sim \varepsilon N. \tag{3.7}$$

3.3.1 ε-SIS 模型的仿真实现

本节具体介绍如何采取以节点为中心的事件驱动方法 [4] 来实现 ε-SIS 模型的仿真。这里的事件可以是感染态个体的康复事件，也可以是一个感染态个体将流行病传染给一个健康态个体的感染事件。事件以时间标签的形式存储在时间轴上，每个时间标签包含事件发生的时间、类型 (感染事件或者康复事件) 以及这个时间标签的拥有者。时间标签的拥有者可以是一个个体，也可以是系统。我们连续地从时间轴上取出这些时间标签并分配给时间标签的拥有者。

如果时间标签的拥有者是一个个体，需要辨别这个时间标签是指一个感染事件还是一个康复事件。如果是康复事件，这个标签拥有者简单地将状态从感染态变为健康态；如果是感染事件，个体将感染这个时间标签中所提到的某个邻居，这个邻居如果是健康的，则从健康态变为感染态，同时生成更多的时间标签。

一个新产生的感染个体在感染时刻就会生成自己康复的时间标签，并将时间标签存储在时间轴中作为将来发生的事件。根据连续时间马尔可夫过程的性质，从感染态到康复态的时间间隔服从参数为 μ 的指数分布，因此，个体的康复时间是可以计算得到的。同时，这个新产生的感染个体也会生成感染自己邻居的时间，感染的时间服从参数为 β 的指数分布。如果感染某个邻居的时间没有超过个体自身的康复时间，我们就生成新的时间标签来记录这些感染过程，并将所有新生成的时间标签都存储在时间轴中。新产生的感染个体会生成时间标签，除此之外，原始的时间标签拥有者还会为这个新产生的感染个体生成一个再次被感染的时间标签，用来记录再次被感染的事件。因此，任何一个个体都存在被感染、康复和再次被感染的过程。

如果一个时间标签的拥有者是系统, 则这个系统标签是用来记录自发感染的。每个个体都以速率 ε 自发感染, 为了减少时间轴中的系统标签数目, 系统中只产生一套系统标签。两个自发感染的系统标签的时间间隔服从参数为 εN 的指数分布。系统收到一个自发感染的系统标签, 就会随机地感染一个个体, 这个个体如果处在感染态, 则状态不发生改变; 如果处在健康态则会被感染, 同时产生如前所述的时间标签。

在仿真过程中, 我们将网络存在 I 个感染节点 $(I \in [0, N])$ 的总持续时间记为 t_I。假设仿真过程总时长为 T, 那么, 仿真平均感染态节点的数目可以通过将感染态节点的数目乘以处于这种感染态的时间比例, 并累加求和来计算:

$$\langle I(T) \rangle = \sum_{I=1}^{N} I \frac{t_I}{T}. \tag{3.8}$$

3.3.2 ε-SIS 模型的稳态分析

当 $\varepsilon = 0$ 的时候, ε-SIS 模型退化到经典 SIS 模型, 具有吸收态; 但当 $\varepsilon > 0$ 的时候, ε-SIS 模型不再具有吸收态。随着传播过程的进行, ε-SIS 模型会达到一个非零的稳定状态。经典 SIS 模型的亚稳态很难被准确计算, 常用的方法是运行大量的独立传播过程后, 计算在抽样点的平均感染个体数目, 并寻找一个平稳时期。然而, 这种方法会引起一个问题: 当有效传播率很小的时候, 许多传播过程会非常快地消亡, 从而导致平均感染比例的值偏小。要滤除这些快速消亡的传播过程所带来的干扰, 就需要预先掌握此次传播暴发的持续时长。然而, 持续时长取决于有效传播率和网络拓扑结构等因素, 因此, 这种仿真方法很难得到准确的结果。

相比之下, ε-SIS 模型具有很清晰的稳定状态, 可以很容易地计算得到稳态时的感染节点数目。利用 ε-SIS 模型在稳定状态时的感染比例来近似经典 SIS 模型的亚稳态时的感染比例, 是一种简单且行之有效的办法。仿真可以从所有个体都是健康态开始, 并持续一个预热时段。预热后, 测量时段开始记录平均感染个体的数目。根据实验经验, 选取 $\varepsilon = 10^{-3}$, 预热时段和测量时段分别选取 10^7 个时间单元。在小规模网络 (例如具有 10 个节点的网络) 上, 对 ε-SIS 模型与确切 2^N 态 SIS 马尔可夫链进行了比较, 发现对于任何有效传播率 τ, 亚稳态感染比例的差值都小于 10^{-3}。图 3.2 展示了经典 SIS 模型的亚稳定状态和 ε-SIS 模型的稳定状态。这些实例说明当 ε 很小的时候, ε-SIS 模型与经典 SIS 模型的亚稳态感染节点数目是一致的, 可以用 ε-SIS 模型代替经典 SIS 模型来模拟仿真流行病在网络上的传播过程。

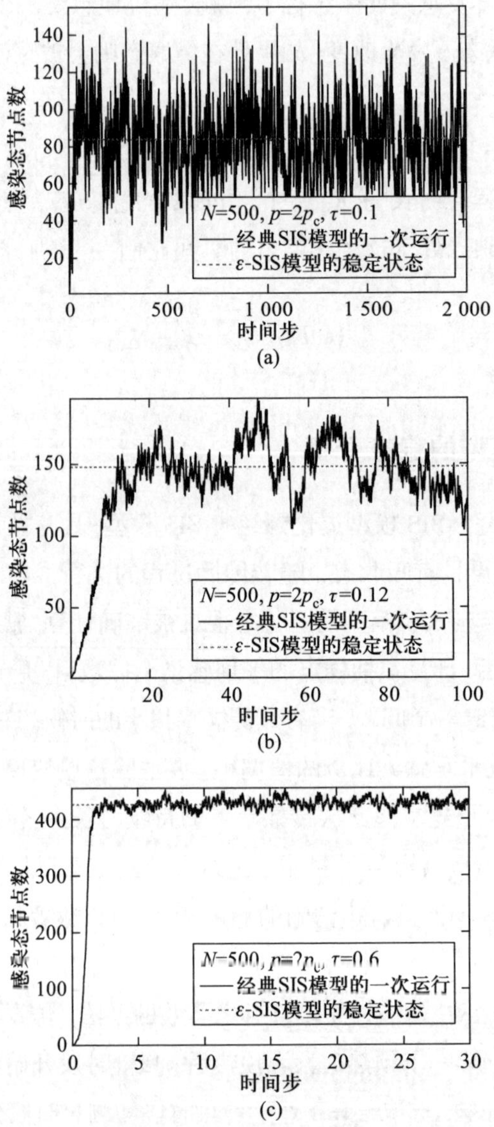

图 3.2 ER 随机图中, 经典 SIS 模型的亚稳定状态 (实线) 和 ε-SIS 模型的稳定状态 (点线) 的对比 ($\varepsilon = 10^{-3}$)

3.4 异质平均场方程

在第 2 章中已介绍, 在同质网络 (例如 ER 随机网络和 WS 小世界网络) 中, 基于平均场估计方法, 当网络的规模 $N \to \infty$ 的时候, 忽略不同节点之间的度相关性, 可以得到关于 SIS 模型的传播动力学方程:

$$\frac{\mathrm{d}\rho_I(t)}{\mathrm{d}t} = -\mu\rho_I(t) + \beta\langle k\rangle[1-\rho_I(t)]\rho_I(t), \tag{3.9}$$

其中, $\rho_I(t)$ 为 t 时刻的感染密度, $\langle k\rangle$ 为网络的平均度。令方程 (3.9) 等于零, 有效传播率 $\tau = \dfrac{\beta}{\mu}$, 可以得到传播稳态的感染密度

$$\rho_I = \begin{cases} 0, & \tau < \tau_c \\ \dfrac{\tau-\tau_c}{\tau}, & \tau > \tau_c \end{cases} \tag{3.10}$$

其中, 传播临界值为 $\tau_c = \dfrac{1}{\langle k\rangle}$。

与同质网络不同, 异质网络 (例如 BA 无标度网络) 中, 节点度的差异性很大, 如果用式 (3.9) 来表示传播动力学方程, 则会引起较大的偏差。Pastor-Satorras 和 Vespignani 提出了异质平均场 (Hetergeneous mean-field approximation, HMF) 估计方法 [10], 对流行病的网络传播研究具有里程碑式的意义。他们认为度大的个体具有很强的统计重要性, 因此, 网络中度分布的强烈波动不可以被忽略。他们将度为 k 的个体的感染概率定义为相对密度 $\rho_k(t)$, 网络中感染态节点的比例用符号 ρ_I 表示, 异质网络上 SIS 传播的动态平均场方程可以写为

$$\frac{\mathrm{d}\rho_k(t)}{\mathrm{d}t} = -\mu\rho_k(t) + \beta k[1-\rho_k(t)]\Theta(\rho_I(t)), \tag{3.11}$$

其中, $\Theta(\rho_I(t))$ 表示任意一条连边与感染态个体相连的概率。根据异质平均场方

程, 可以估计出 SIS 模型的亚稳态感染比例。在本书中, 我们将基于异质平均场方程的 SIS 模型传播估计简称为异质平均场估计。

3.5 异质平均场估计的传播临界值与亚稳态分析

3.5.1 异质平均场估计的传播临界值

流行病传播的过程中, 平均感染态个体比例会随着有效传播率的变化而呈现相变现象: 当有效传播率小于传播临界值 (相变点) 的时候, 流行病的传播呈现幂律衰减, 并很快消亡, 因此网络平均感染比例非常小或者等于 0; 当有效传播率大于传播临界值的时候, 流行病将在网络中持续地扩散传播。我们用 τ_c^{HMF} 表示异质平均场估计的传播临界值, 用 $\rho_{I\infty}$ 表示亚稳态时网络中感染个体的比例。$\rho_{I\infty}=\lim\limits_{t\to\infty}\rho_I(t)$ 是关于有效传播率 τ 的函数, 因此, $\Theta\left(\rho_I(t)\right)$ 也同样是关于 τ 的函数, 记为 $\Theta\left(\tau\right)$。在计算亚稳态感染个体比例的时候, 需要令 $\mathrm{d}\rho_k(t)/\mathrm{d}t=0$, 当 $t\to\infty$ 时, 相对密度可以表示为

$$\rho_k(\tau)=\frac{\tau k\Theta(\tau)}{1+k\tau\Theta(\tau)}, \tag{3.12}$$

这里 $\tau=\dfrac{\beta}{\mu}$ 是有效传播率, $\Theta(\tau)$ 的计算式为

$$\Theta(\tau)=\frac{1}{\langle k\rangle}\sum_{k=1}^{N-1}kP(k)\rho_k(\tau), \tag{3.13}$$

显而易见地, 如果 $\tau=0$, 那么 $\Theta(0)=0$。将式 (3.12) 代入式 (3.13) , 可以推导出 $\Theta(\tau)$ 的表达式:

$$\Theta(\tau)=\frac{\tau\Theta(\tau)}{\langle k\rangle}\sum_{k=1}^{N-1}\frac{k^2P(k)}{1+k\tau\Theta(\tau)}. \tag{3.14}$$

容易看出, 式 (3.14) 具有一个平凡解 $\Theta(\tau)=0$。如果 $\Theta(\tau)$ 存在一个非平凡解

$\Theta(\tau) > 0$, 式 (3.14) 一定满足如下条件:

$$\frac{\langle k\rangle}{\tau} = \sum_{k=1}^{N-1} \frac{k^2 P(k)}{1 + k\tau\Theta(\tau)}. \tag{3.15}$$

根据泰勒展开式

$$\frac{1}{1 + k\tau\Theta(\tau)} = \sum_{j=0}^{\infty} (-1)^j (k\tau\Theta(\tau))^j,$$

可以对式 (3.15) 进行扩展推导, 对于所有 k 值, 只要满足 $k\tau\Theta(\tau) < 1$, 就可以得到

$$\begin{aligned}\frac{\langle k\rangle}{\tau} &= \sum_{j=0}^{\infty} (-1)^j \left\{\sum_{k=1}^{N-1} P(k) k^{j+2}\right\} \tau^j \Theta^j(\tau) \\ &= \sum_{j=0}^{\infty} (-1)^j \langle k^{j+2}\rangle \tau^j \Theta^j(\tau).\end{aligned}$$

当 $\Theta(\tau) < 1/(k_{\max}\tau)$ 时, 上式序列收敛。因为 $\tau = 0$ 时, $\Theta(0) = 0$, 根据传播临界值的定义, 非平凡解 $\Theta(\tau) > 0$ 仅在 $\tau > \tau_c^{\text{HMF}} \geqslant 0$ 时发生。当 $\Theta(\tau)$ 足够小, 满足 $\Theta(\tau) < 1/(k_{\max}\tau)$ 且 $\Theta(\tau) > 0$ 时, 可以将上述展开式保留到一阶形式

$$\frac{\langle k\rangle}{\tau} = \langle k^2\rangle - \tau\Theta(\tau)\langle k^3\rangle + O(\Theta(\tau)^2), \tag{3.16}$$

这里 $\tau\Theta(\tau)\langle k^3\rangle > 0$。因此, 当 $\tau > \tau_c^{\text{HMF}}$ 且 $\Theta(\tau)$ 足够小, 可以忽略二阶项 $O(\Theta(\tau)^2)$ 的时候, 根据式 (3.16) 可以得到

$$\frac{\langle k\rangle}{\tau} < \langle k^2\rangle.$$

这表明, 只要 τ 满足 $\tau > \tau_c^{\text{HMF}}$, 不等式 $\tau > \frac{\langle k\rangle}{\langle k^2\rangle}$ 就成立。所以, 异质平均场估计的传播临界值是

$$\tau_c^{\text{HMF}} = \frac{\langle k\rangle}{\langle k^2\rangle}.$$

这个结果与文献 [5] 中的传播临界值一致。对于规则网络 (所有节点都具有相同的度 r), $\langle k^2\rangle = \langle k\rangle^2 = r^2$, 且网络的最大特征值 $\lambda_1 = r$, 其异质平均场估计的传播临界值为 $\tau_c^{\text{HMF}} = \dfrac{1}{r} = \dfrac{1}{\lambda_1}$, 这与下面介绍的 N-纠缠平均场估计的传播临界值表达式完全相同。

3.5.2 异质平均场估计的亚稳态分析

我们在 3.2 节介绍确切 2^N 态马尔可夫链的时候, 介绍过传播过程存在一种吸收态, 它是在传播足够长时间后, 一定会出现的最终的稳定状态。但是, 流行病传播暴发后, 在到达最终稳定状态以前, 会有较长的一段时间处于一种相对稳定的状态, 即网络中感染个体的比例不变, 这种相对稳定的状态我们称之为亚稳态。亚稳态能够更加客观地反应出流行病传播的暴发程度, 因此, 亚稳态传播分析是流行病传播研究的重点问题。下面分析异质平均场估计的亚稳态。

由式 (3.12) 和式 (3.13) , 可以获得一系列非线性方程:

$$\begin{cases} \dfrac{\tau \sum\limits_{k=1}^{N-1} kP(k)\rho_k}{\langle k\rangle + \tau \sum\limits_{k=1}^{N-1} kP(k)\rho_k} - \rho_1 = 0, \\ \dfrac{2\tau \sum\limits_{k=1}^{N-1} kP(k)\rho_k}{\langle k\rangle + 2\tau \sum\limits_{k=1}^{N-1} kP(k)\rho_k} - \rho_2 = 0, \\ \cdots\cdots\cdots\cdots \\ \dfrac{(N-1)\tau \sum\limits_{k=1}^{N-1} kP(k)\rho_k}{\langle k\rangle + (N-1)\tau \sum\limits_{k=1}^{N-1} kP(k)\rho_k} - \rho_{N-1} = 0. \end{cases} \tag{3.17}$$

根据这些非线性方程, 可以计算相对密度 $\rho_1, \rho_2, \cdots, \rho_{N-1}$, 然后根据

$$\rho_{I\infty}(\tau) = \sum_{k=1}^{N-1} P(k)\rho_k(\tau), \tag{3.18}$$

就可以求解得到当有效传播率为 τ 时的亚稳态感染个体比例 $\rho_{I\infty}(\tau)$, 这里的 $P(k)$ 可以是任意异质度分布函数。Pastor-Sattorras 和 Vespignani 在文献 [10] 中给出了具有幂律度分布 $P(k) \sim k^{-2-\gamma}$ 的网络中亚稳态感染个体比例: 当截断度 $k_c \to \infty$、网络规模 $N \to \infty$ 时, 如果 $0 < \gamma < 1$, 亚稳态感染比例为 $\rho_{I\infty}(\tau) \sim$

$\tau^{1/(1-\gamma)}$; 如果 $\gamma=1$, 即在幂律指数为 -3 的 BA 无标度网络中, 亚稳态感染比例为 $\rho_{I\infty}(\tau)\sim \mathrm{e}^{-1/m\tau}$, 这里 m 是 BA 网络生成过程中一个新节点与网络中已有节点建立连边的数目。

3.6 N-纠缠平均场方程

异质平均场估计方法将具有相同度的节点看作一类节点, 分别计算每一类节点被感染的比例。本节将介绍另一种平均场估计方法——N-纠缠平均场估计方法[1], 通过观察每个个体的状态变化情况来实现。我们用 $\mathrm{Prob}[X_i(t)=1]$ 和 $\mathrm{Prob}[X_i(t)=0]$ 分别表示个体 i 在时刻 t 处在感染态和健康态的概率。因为一个节点仅可能处于这两种状态之一, 因此, $\mathrm{Prob}[X_i(t)=0]+\mathrm{Prob}[X_i(t)=1]=1$。假设康复和感染是相互独立的泊松过程, 整个传播过程是马尔可夫过程。如果直接应用马尔可夫过程的性质, 可以将任意个体 i 两个状态相互转移的连续马尔可夫概率生成矩阵 $\boldsymbol{Q}_i(t)$ 表示为

$$\boldsymbol{Q}_i(t)=\begin{bmatrix} -q_{1;i} & q_{1;i} \\ q_{2;i} & -q_{2;i} \end{bmatrix},$$

其中, $q_{2;i}-\mu$, $q_{1;i}(t)=\beta\sum_{j=1}^{N}a_{ij}1_{\{X_j(t)=1\}}$。但是, 马尔可夫过程要求状态转移矩阵的每个元素都不可以是随机变量, 而在 $\boldsymbol{Q}_i(t)$ 中, 矩阵元素 $q_{1;i}(t)=\beta\sum_{j=1}^{N}a_{ij}1_{\{X_j(t)=1\}}$ 是随机变量。采用平均场估计方法 [1] 将 $q_{1;i}(t)$ 用 $E[q_{1;i}]=\beta\sum_{j=1}^{N}a_{ij}\mathrm{Prob}[X_j(t)=1]$ 表示, 状态转移矩阵可以转化为

$$\boldsymbol{Q}_i(t)=\begin{bmatrix} -E[q_{1;i}] & E[q_{1;i}] \\ \mu & -\mu \end{bmatrix}.$$

根据马尔可夫过程的性质 [6], 令 $v_i(t)$ =Prob$[X_i(t)=1]$, 则 Prob$[X_i(t)=0]=1-v_i(t)$, 可以得到所有个体的感染概率变化的微分方程:

$$\begin{cases} \dfrac{\mathrm{d}v_1(t)}{\mathrm{d}t}=\beta\sum\limits_{j=1}^{N}a_{1j}v_j(t)-v_1(t)(\beta\sum\limits_{j=1}^{N}a_{1j}v_j(t)+\mu), \\ \dfrac{\mathrm{d}v_2(t)}{\mathrm{d}t}=\beta\sum\limits_{j=1}^{N}a_{2j}v_j(t)-v_2(t)(\beta\sum\limits_{j=1}^{N}a_{2j}v_j(t)+\mu), \\ \cdots\cdots\cdots\cdots \\ \dfrac{\mathrm{d}v_N(t)}{\mathrm{d}t}=\beta\sum\limits_{j=1}^{N}a_{Nj}v_j(t)-v_N(t)(\beta\sum\limits_{j=1}^{N}a_{Nj}v_j(t)+\mu). \end{cases}$$

如果将每个个体被感染概率 $v_i(t)$ 写成向量形式 $\boldsymbol{V}(t)=[v_1(t)\ v_2(t)\ \cdots\ v_N(t)]^{\mathrm{T}}$, 可以得到 N-纠缠平均场方程

$$\frac{\mathrm{d}\boldsymbol{V}(t)}{\mathrm{d}t}=\beta\boldsymbol{A}\boldsymbol{V}(t)-\mathrm{diag}(v_i(t))(\beta\boldsymbol{A}\boldsymbol{V}(t)+\mu\boldsymbol{u}), \tag{3.19}$$

其中, $\mathrm{diag}(v_i(t))$ 是以 $v_1(t), v_2(t), \cdots, v_N(t)$ 为对角元素的对角阵, $\boldsymbol{u}$ 是所有元素都为 1 的向量。在网络 G 中, 平均感染节点数目 $\langle I(t)\rangle=\boldsymbol{u}^{\mathrm{T}}\boldsymbol{V}(t)$。同样地, 根据 N-纠缠平均场方程, 可以估计出 SIS 模型的亚稳态感染比例。在本书中, 我们将基于 N-纠缠平均场方程的 SIS 模型传播估计简称为 N-纠缠平均场估计。

3.7 N-纠缠平均场估计的传播临界值与亚稳态分析

3.7.1 N-纠缠平均场估计的传播临界值

采用 N-纠缠平均场估计方法分析流行病传播时, SIS 模型的一阶传播临界值为 $\tau_c^{(1)}=\dfrac{1}{\lambda_1}$, 这里 λ_1 是网络邻接矩阵的最大特征值, 具体推导过程 [8] 如下。

引理 3.7.1 用 $\boldsymbol{x}_1$ 表示网络邻接矩阵 $\boldsymbol{A}$ 的最大特征向量。网络必定存在一个传播临界值 $\tau_c^{(1)}=\dfrac{1}{\lambda_1}>0$: 当有效传播率 $\tau<\tau_c^{(1)}$ 时, 仅存在平凡解 $\boldsymbol{V}_\infty=\boldsymbol{0}$;

当有效传播率 $\tau > \tau_c^{(1)}$ 时, 还存在另一个非零解 $\boldsymbol{V}_\infty$。当 $\tau = \tau_c^{(1)} + \epsilon$, 稳态时的感染概率向量为 $\boldsymbol{V}_\infty = \epsilon \boldsymbol{x}_1$, 其中, ϵ 是任意小常数。

证明: 根据 $\boldsymbol{V}(t) = \mathrm{diag}(v_i(t))\boldsymbol{u}$, 可以将式 (3.19) 写为

$$\frac{\mathrm{d}\boldsymbol{V}(t)}{\mathrm{d}t} = (\beta \mathrm{diag}(1 - v_i(t))\boldsymbol{A} - \mu \boldsymbol{E})\boldsymbol{V}(t), \tag{3.20}$$

这里 $\boldsymbol{E}$ 是单位矩阵。从而得到亚稳态时感染概率向量表达式

$$\boldsymbol{V}_\infty = \tau \mathrm{diag}(1 - v_{i\infty})\boldsymbol{A}\boldsymbol{V}_\infty, \tag{3.21}$$

其中, $v_{i\infty} < 1$。将等式两端同时乘以 $(\boldsymbol{V}_\infty^\alpha)^{\mathrm{T}} = \boldsymbol{V}_\infty^{\mathrm{T}} \mathrm{diag}(v_{i\infty}^{\alpha-1}) = [v_{1\infty}^\alpha v_{2\infty}^\alpha \cdots v_{N\infty}^\alpha]$, 可以得到

$$(\boldsymbol{V}_\infty^\alpha)^{\mathrm{T}}\boldsymbol{V}_\infty = \sum_{j=1}^{N} v_{j\infty}^{\alpha+1} = \tau((\boldsymbol{V}_\infty^\alpha)^{\mathrm{T}}\boldsymbol{A}\boldsymbol{V}_\infty - (\boldsymbol{V}_\infty^{\alpha+1})^{\mathrm{T}}\boldsymbol{A}\boldsymbol{V}_\infty), \tag{3.22}$$

进一步地, 将所有 α 对应的式 (3.22) 的值取和, 得到

$$\sum_{\alpha=m}^{\infty} (\boldsymbol{V}_\infty^\alpha)^{\mathrm{T}}\boldsymbol{V}_\infty = \sum_{j=1}^{N} \frac{v_{j\infty}^{m+1}}{1 - v_{j\infty}} = \tau(\boldsymbol{V}_\infty^m)^{\mathrm{T}}\boldsymbol{A}\boldsymbol{V}_\infty. \tag{3.23}$$

可以将上式简化地写为

$$\frac{1}{\tau}\frac{\boldsymbol{V}_\infty}{\boldsymbol{1} - \boldsymbol{V}_\infty} = \boldsymbol{A}\boldsymbol{V}_\infty, \tag{3.24}$$

其中, $\left(\dfrac{\boldsymbol{V}_\infty}{\boldsymbol{1} - \boldsymbol{V}_\infty}\right)^{\mathrm{T}} = \left[\dfrac{v_{1\infty}}{1 - v_{1\infty}} \dfrac{v_{2\infty}}{1 - v_{2\infty}} \cdots \dfrac{v_{N\infty}}{1 - v_{N\infty}}\right]$。如果在式 (3.24) 两端同时乘以 $(\boldsymbol{V}_\infty^m)^{\mathrm{T}}$ 就可以得到式 (3.23)。如果将式 (3.24) 中的元素 $\dfrac{v_{i\infty}}{1 - v_{i\infty}}$ 用泰勒表达式 $\sum\limits_{\alpha=1}^{\infty} v_{i\infty}^\alpha$ 代替, 就可以得到亚稳态方程:

$$\frac{1}{\tau}\boldsymbol{V}_\infty + \frac{1}{\tau}\sum_{\alpha-2}^{\infty} \boldsymbol{V}_\infty^\alpha = \boldsymbol{A}\boldsymbol{V}_\infty. \tag{3.25}$$

令 $\boldsymbol{V}_\infty = \epsilon \boldsymbol{x}$, 这里每个元素 $0 < x_i < 1$。因此, 式 (3.25) 可以写为

$$\boldsymbol{A}\boldsymbol{x} = \frac{1}{\tau}\boldsymbol{x} + \frac{\epsilon}{\tau}\boldsymbol{x}^2 + O(\epsilon^2), \tag{3.26}$$

当 ϵ 是足够小的正数时, 亚稳态方程可以写为

$$\boldsymbol{A}\boldsymbol{x} = \frac{1}{\tau}\boldsymbol{x}, \tag{3.27}$$

因为 $\boldsymbol{A}$ 是一个非负矩阵, 根据 Perron-Frobenius 定理, $\boldsymbol{A}$ 具有一个正的最大特征值 λ_1, 并伴随着一个元素全为正的向量, 且 $\boldsymbol{A}$ 仅有一个特征向量的所有元素都是非负值。因此, 如果 $\frac{1}{\tau} = \lambda_1 > 0$, 那么 $\boldsymbol{x}$ 就是邻接矩阵 $\boldsymbol{A}$ 的最大特征向量 $\boldsymbol{x}_1$, 即 $\boldsymbol{x} = \boldsymbol{x}_1$; 如果 $\tau < \frac{1}{\lambda_1}$, 那么 $\frac{1}{\tau}$ 不是 $\boldsymbol{A}$ 的特征值, 唯一解为 $\boldsymbol{x} = \boldsymbol{0}$, 则 $\boldsymbol{V}_\infty = \boldsymbol{0}$。证明完毕。 ■

引理 3.7.1 说明了 N-纠缠平均场估计的传播临界值 $\tau_c^{(1)} < \tau_c$ 是实际传播临界值 τ_c 的下确界。此外, 文献 [9] 根据 N-纠缠平均场估计派生出了更为准确的二阶传播临界估计值 $\tau_c^{(2)} \geqslant \tau_c^{(1)}$, 表达式更为复杂, 感兴趣的读者可以参阅相关文献。

3.7.2 N-纠缠平均场估计的亚稳态分析

N-纠缠平均场估计的亚稳态可以从式 (3.19) 获得。令 $t \to \infty$, $\lim\limits_{t\to\infty} \frac{\mathrm{d}v_j(t)}{\mathrm{d}t} = 0$, 可以得到

$$\beta \boldsymbol{A}\boldsymbol{V}(t) - \mathrm{diag}(v_i(t))(\beta \boldsymbol{A}\boldsymbol{V}(t) + \mu \boldsymbol{u}) = 0. \tag{3.28}$$

可以将上式写成针对单个个体 i 的非线性方程

$$v_{i\infty} = \frac{\beta \sum\limits_{j=1}^{N} a_{ij} v_{j\infty}}{\beta \sum\limits_{j=1}^{N} a_{ij} v_{j\infty} + \mu} = 1 - \frac{1}{1 + \tau \sum\limits_{j=1}^{N} a_{ij} v_{j\infty}}, \tag{3.29}$$

然后, 利用式 (3.29) 计算亚稳态的感染节点比例 $\rho_{I\infty}(\tau)$。举例来说, 在完全图中, 当有效传播率大于传播临界值, 且 $t \to \infty$, $v_{i\infty} = \rho_{I\infty}$ 时, 可以将式 (3.29) 感染个体的比例表示为

$$\rho_{I\infty} = 1 - \frac{1}{1 + \tau(N-1)\rho_{I\infty}},$$

或写成

$$\rho_{I\infty} = 1 - \frac{1}{(N-1)\tau}, \tag{3.30}$$

这个结果和异质平均场估计得到的结果一致。

3.7.3 N-纠缠平均场估计的亚稳态个体感染概率

可以将 N-纠缠平均场估计的亚稳态的感染概率用洛朗级数 [6, 7] 表示为

$$v_{i\infty}(\tau) = 1 + \sum_{m=1}^{\infty} \eta_m(i)\,\tau^{-m}, \tag{3.31}$$

其中, 系数

$$\begin{aligned}
\eta_1(i) &= -\frac{1}{k_i}, \\
\eta_2(i) &= \frac{1}{k_i^2}\left(1 - \sum_{j=1}^{N}\frac{a_{ij}}{k_j}\right),
\end{aligned} \tag{3.32}$$

当 $m \geqslant 2$ 时, 系数服从递归性

$$\eta_{m+1}(i) = -\frac{1}{k_i}\eta_m(i)\left(1 - \sum_{j=1}^{N}\frac{a_{ij}}{k_j}\right) - \frac{1}{k_i}\sum_{k=2}^{m}\eta_{m+1-k}(i)\sum_{j=1}^{N}a_{ij}\eta_k(j),$$

可以通过计算系数然后代入式 (3.31) 来计算在亚稳态时, 网络中每个个体的感染概率 $v_{i\infty}(\tau)$ 以及网络感染节点的比例 $\rho_{I\infty}(\tau)$。

3.8 平均场估计的比较

本节将以 ε-SIS 模型为参考, 比较异质平均场估计和 N-纠缠平均场估计与 SIS 模型的逼近程度。除了给出平均场估计的稳态渐近分析, 我们还将讨论网络拓扑结构对平均场估计的准确性影响。对比在不同的网络模型下, 平均场估计对 SIS 模型的逼近程度, 从而发现平均场估计的适用范围。

3.8.1 平均场估计的稳态渐近分析与比较

如果 τ 足够大, 具有 k_j 个邻居的个体 j 的感染状态 $v_{j\infty} = \lim\limits_{t\to\infty}\mathrm{Prob}[X_j(t)=1]$ 独立于这 k_j 个邻居的感染状态, 因为这些邻居有很大概率处于感染态。因此, 个

体 j 的感染状态不再与邻居的感染状态相关,但是可以很好地被两种连续马尔可夫过程来描述,这包括具有速率 β 的感染过程和具有速率 μ 的康复过程。我们可以将个体 j 的感染状态写为 $v_{j\infty}=\dfrac{\beta k_j}{\mu+\beta k_j}=\dfrac{1}{1+\dfrac{1}{\tau k_j}}=\dfrac{1}{1+\dfrac{\chi}{k_j}}$,其中,$\chi=\dfrac{1}{\tau}$。当 τ 取较大数值时,$v_{j\infty}$ 对 χ 的导数等价于 $\chi\to 0$ 的情况:

$$\left.\frac{\mathrm{d}v_{j\infty}(\chi)}{\mathrm{d}\chi}\right|_{\chi=0}=-\frac{1}{k_j}.$$

因此,平均稳态感染概率可以表示为 $\rho_{I\infty}(\chi)=\dfrac{1}{N}\sum\limits_{j=1}^{N}v_{j\infty}(\chi)$,并且有一个在 $\chi=0$ 处的导数为

$$\left.\frac{\mathrm{d}\rho_{I\infty}}{\mathrm{d}\chi}\right|_{\chi=0}=-\frac{1}{N}\sum_{j=1}^{N}\frac{1}{k_j}=-\left\langle\frac{1}{k}\right\rangle.$$

这与文献 [11] 中关于 N-纠缠平均场估计的计算结果完全一致。

对于异质平均场估计,可以将式 (3.12) 代入式 (3.18),利用 $\chi=\dfrac{1}{\tau}$ 进行变形推导得到

$$\rho_{I\infty;\mathrm{HMF}}(\chi)=\sum_{k=1}^{N-1}\frac{P(k)}{1+\dfrac{\chi}{k\Theta(\chi^{-1})}}.\tag{3.33}$$

对式 (3.33) 求导,其中,$\lim\limits_{\chi\to 0}\Theta(\chi^{-1})=1$,可以得到

$$\left.\frac{\mathrm{d}\rho_{I\infty;\mathrm{HMF}}(\chi)}{\mathrm{d}\chi}\right|_{\chi=0}=-\lim_{\chi\to 0}\sum_{k=1}^{N-1}\frac{P(k)}{\left(1+\frac{\chi}{k\Theta(\chi^{-1})}\right)^2}\frac{1}{k}\left(\frac{1}{\Theta(\chi^{-1})}-\frac{\chi}{\Theta^2(\chi^{-1})}\frac{d\Theta(\chi^{-1})}{d\chi}\right),\tag{3.34}$$

对式 (3.15) 中的自洽关系

$$\langle k\rangle=\sum_{k=1}^{N-1}\frac{k^2P(k)}{\chi+k\Theta(\chi^{-1})}$$

求导,可以得到

$$0=\sum_{k=1}^{N-1}\frac{k^2P(k)}{(\chi+k\Theta(\chi^{-1}))^2}\left(1+k\frac{\mathrm{d}\Theta(\chi^{-1})}{\mathrm{d}\chi}\right),$$

经过进一步推导, 可以将上式写为

$$\frac{\mathrm{d}\Theta(\chi^{-1})}{\mathrm{d}\chi}=-\frac{\displaystyle\sum_{k=1}^{N-1}\frac{k^2P(k)}{(\chi+k\Theta(\chi^{-1}))^2}}{\displaystyle\sum_{k=1}^{N-1}\frac{k^3P(k)}{(\chi+k\Theta(\chi^{-1}))^2}},$$

从而得到 $\left.\frac{\mathrm{d}\Theta(\chi^{-1})}{\mathrm{d}\chi}\right|_{\chi=0}=-\frac{1}{\displaystyle\sum_{k=1}^{N-1}kP(k)}=-\frac{1}{\langle k\rangle}$。将这个有限值 $\left.\frac{\mathrm{d}\Theta(\chi^{-1})}{\mathrm{d}\chi}\right|_{\chi=0}$ 代入式 (3.34), 得到

$$\left.\frac{\mathrm{d}\rho_{I\infty;\mathrm{HMF}}(\chi)}{\mathrm{d}\chi}\right|_{\chi=0}=-\sum_{k=1}^{N-1}\frac{P(k)}{k}=-\left\langle\frac{1}{k}\right\rangle. \tag{3.35}$$

以上推导说明, 在 τ 取值较大的区域, 两种平均场估计都可以求解准确的 $\lim\limits_{\chi\to0}\rho_{I\infty}(\chi)$ 及其导数 $\left.\frac{\mathrm{d}\rho_{I\infty}(\chi)}{\mathrm{d}\chi}\right|_{\chi=0}$ 的值。

3.8.2 平均场估计的亚稳态和传播临界值比较

本节将在不同的网络模型中以 ε-SIS 模型作为参考系, 比较 N-纠缠平均场估计和异质平均场估计对 SIS 模型的逼近程度。设 $\varepsilon=10^{-3}$, 选择比较的网络模型包括: 完全二分图、完全图、网格图、链图、ER 随机网络、BA 无标度网络和 WS 小世界网络。我们将计算网络中的稳态感染节点的比例 $\rho_{I\infty}(\tau)$, 观察它随有效传播率 τ 的增长的变化情况。

3.8.2.1 完全二分图上的平均场估计比较

这里考虑的完全二分图 K_{M_1,M_2}, 包括两个独立子集, 每个子集分别有 $M_1=N/4$ 个节点和 $M_2=3N/4$ 个节点。在网络规模分别为 $N=10, 20, 40, 80, 160$ 和 320 的完全二分图中, 通过计算不同的有效传播率 τ 时的节点感染比例 $\rho_{I\infty}(\tau)$, 发现完全二分图采用 N-纠缠平均场估计和异质平均场估计的传播临界值都比较接近 ε-SIS 模型 ($\varepsilon=10^{-3}$) 的传播临界值。但相比之下, 在完全二分图 K_{M_1,M_2} 中, N-纠缠平均场估计的传播临界值 $\tau_c^{(1)}$ 比异质平均场估计的传播临界值 τ_c^{HMF} 更加接近 SIS 的传播临界值 τ_c (见图 3.3)。

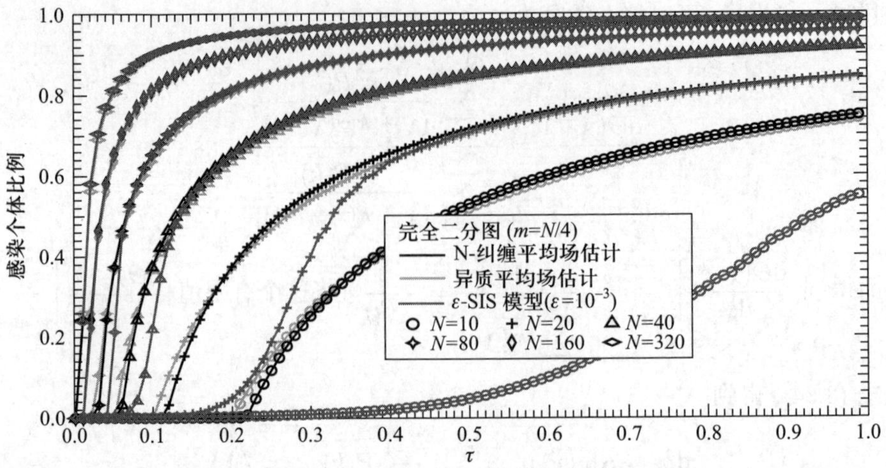

图 3.3 完全二分图中 SIS 传播亚稳态感染个体比例 $\rho_{I\infty}$ 随有效传播率 τ 变化的比较

将图 3.3 放大后得到图 3.4, 可以发现 3 个现象: (1) N-纠缠平均场估计得到的亚稳态感染个体比例总是 ε-SIS 模型得到的亚稳态感染个体比例的上界。(2) 随着网络规模的增大, N-纠缠平均场估计越来越逼近 ε-SIS 模型。不难发现, 当网络规模 $N=320$ 时, N-纠缠平均场估计和 ε-SIS 模型得到的亚稳态感染个体比例几乎完全重合。(3) 当有效传播率 τ 为某些值的时候, 异质平均场估计得到的亚稳态感染个体比例会比 ε-SIS 模型的亚稳态感染个体比例更低。因此, 异质平均场估计的亚稳态感染个体比例并不是 SIS 模型的亚稳态感染个体比例的上确界。

3.8.2.2 完全图上的平均场估计比较

根据完全图的拓扑特性, 容易计算出异质平均场估计的传播临界值为 $\tau_c^{\mathrm{HMF}}=\dfrac{\langle k\rangle}{\langle k^2\rangle}=\dfrac{N-1}{N(N-1)^2/N}=\dfrac{1}{N-1}$。同时, 由于完全图中 $\lambda_1=N-1$, N-纠缠平均场估计的传播临界值可以表示为 $\tau_c^{(1)}=\dfrac{1}{\lambda_1}=\dfrac{1}{N-1}$。可见, 完全图中 N-纠缠平均场估计和异质平均场估计具有相同的传播临界值。根据第 3.4 节和 3.7 节中的介绍, 还可以得到在完全图中, N-纠缠平均场估计和异质平均场估计的稳态感染比例方程是完全相同的。针对不同的有效传播率 τ, N-纠缠平均场估计和异质平均场估计都能够很好地逼近 ε-SIS 模型 (见图 3.5)。

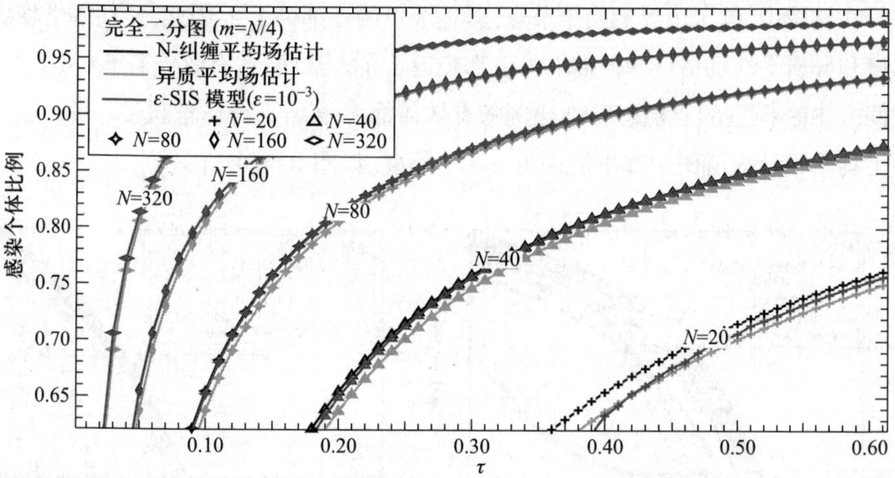

图 3.4　放大的完全二分图中 SIS 传播亚稳态感染个体比例 $\rho_{I\infty}$ 随有效传播率 τ 变化的比较

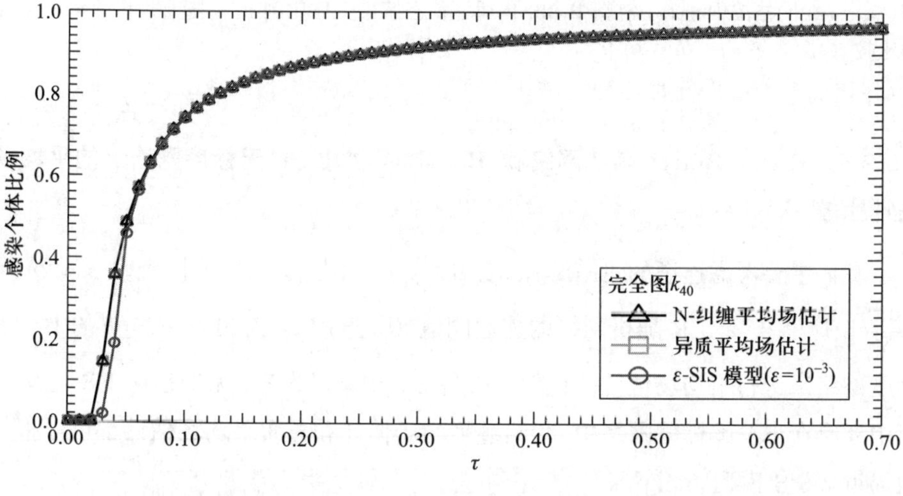

图 3.5　完全图中 SIS 传播亚稳态感染个体比例 $\rho_{I\infty}$ 随有效传播率 τ 变化的比较

3.8.2.3　网格图和链图上的平均场估计比较

在网格图和链图中, N-纠缠平均场估计和异质平均场估计都不能很好地逼近 ε-SIS 模型。图 3.6 (a) 中有一个有趣的现象: 无论网络规模大小, ε-SIS 模型的传播临界值总是 0.5, 这和网格图上渗流模型中相变点的关键参数概率 p 相同, 但是我们目前还不能够找出产生这一现象的具体原因。

在链图中, 除了边界的两个节点, 其他节点的度都等于 2, 因此, N-纠缠平均场估计和异质平均场估计的传播临界值都趋近于 0.5。然而, 在有效传播率 $0 < \tau < 1$ 区间, ε-SIS 模型的亚稳态感染比例随有效传播率 τ 增长得非常缓慢。可见这两种平均场估计在链图中都不能逼近 ε-SIS 模型, 如图 3.6(b) 所示。

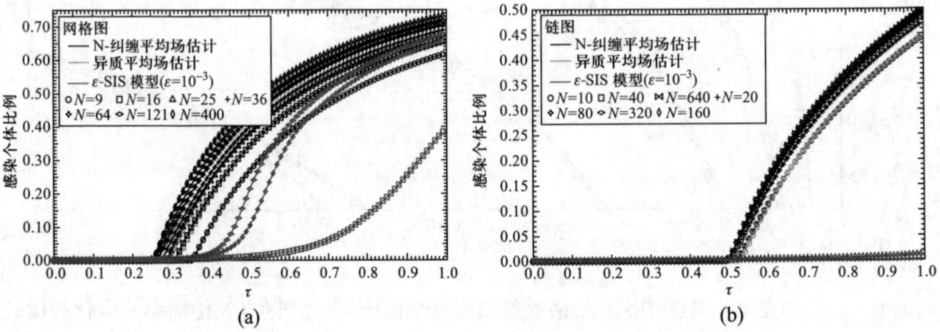

图 3.6　(a) 网格图中和 (b) 链图中 SIS 传播亚稳态感染个体比例 $\rho_{I\infty}$ 随有效传播率 τ 变化的比较

3.8.2.4　Erdös-Rényi 随机网络和 Bárabasi-Albert 无标度网络上的平均场估计比较

我们主要考虑连通的 Erdös-Rényi (ER) 随机网络。选取连接概率 $p = 2p_c \approx \dfrac{2\ln N}{N}$, 这里 p_c 是 ER 随机网络的连通阈值 [6]。选取 $N = 1000, m = 4$ 的 BA 无标度网络来进行平均场估计的比较。从图 3.7 中不难发现, 无论是在 ER 随机网络中还是在 BA 无标度网络中, N-纠缠平均场估计和异质平均场估计都可以很好地逼近 ε-SIS 模型。

3.8.2.5　Watts-Strogatz 小世界网络上的平均场估计比较

我们考虑的 Watts-Strogatz 小世界网络中, 每个节点都与 6 个邻近节点相连, 随机重连概率 p 取 0.1 和 1。通过比较发现, 在 WS 小世界网络中, N-纠缠平均场估计和异质平均场估计得到的稳态感染比例和传播临界值彼此之间很接近, 但与 ε-SIS 模型仿真结果有一定差距, 并不能完美地逼近 SIS 模型 (见图 3.8)。从传播临界值的角度看, 在小世界网络中无论网络规模 N 和概率 p 取何值, $\tau_c^{(1)} = \dfrac{1}{\lambda_1}$

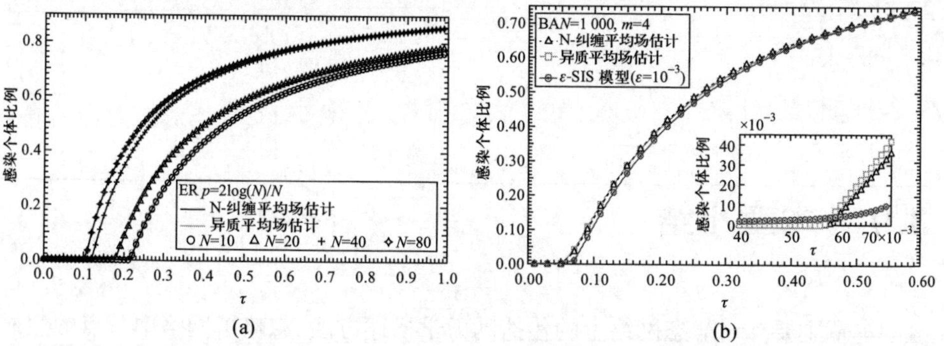

图 3.7 (a) ER 随机网络中和 (b) BA 无标度网络中 SIS 传播亚稳态感染个体比例 $\rho_{I\infty}$ 随有效传播率 τ 变化的比较

和 $\tau_c^{\mathrm{HMF}} = \dfrac{\langle k\rangle}{\langle k^2\rangle}$ 都非常接近。我们可以这样理解：在小世界网络中，每个个体都具有相似的度，满足 $\langle k^2\rangle = \langle k\rangle^2$，所以，$\tau_c^{\mathrm{HMF}} = \dfrac{\langle k\rangle}{\langle k^2\rangle} = \dfrac{1}{\langle k\rangle}$。同时，网络中的平均度 $\langle k\rangle$ 等于网络中的最大度 $k_{\max}$，最大特征值 λ_1 的范围为 $\langle k\rangle \leqslant \lambda_1 \leqslant k_{\max}$。因此，在小世界网络中，N-纠缠平均场估计的传播临界值 $\tau_c^{(1)} = \dfrac{1}{\langle k\rangle}$ 等于异质平均场估计的传播临界值 τ_c^{HMF}。

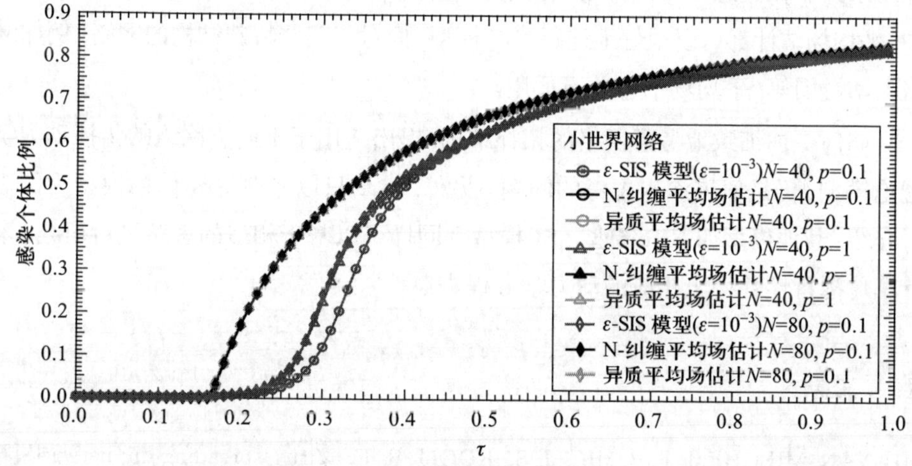

图 3.8 WS 小世界网络中 SIS 传播亚稳态感染个体比例 $\rho_{I\infty}$ 随有效传播率 τ 变化的比较

3.9 本章小结

本章主要探讨静态网络上的传播动力学描述方法，忽略了网络中节点的生灭过程，即仅考虑规模不变的网络上的传播动力学。我们介绍了确切 2^N 态马尔可夫链模型、ε-SIS 仿真模型和 SIS 平均场估计这 3 种不同的传播动力学刻画模型，对计算得到的亚稳态感染比例和传播临界值进行了探讨，揭示了网络上的传播暴发条件和适用范围与网络拓扑结构之间的关系。这些模型都存在各自的优势和不足：确切 2^N 态马尔可夫链仅适用于极小规模网络的感染比例的计算，但计算结果为确切解；仿真模拟方法适用于模拟传播过程，可以给出感染比例和传播临界值的数值解，但无法给出定量的解析解；平均场估计方法可以从理论上给出传播临界值和亚稳态感染比例的近似解析解，但需要指出的是，平均场的假设使得估计结果并非在任意网络都接近确切解。从本章结果可以看出，在大多数网络模型中，平均场估计都可以很好地逼近 SIS 模型，但对于某些特殊结构的网络，例如网格图和链图等，平均场估计并不适用。

如何更加细致地考虑网络的拓扑结构，提出适用于不同类网络的传播动力学理论模型，仍是值得深入思考的问题。另外，本章只以经典 SIS 传播模型为例进行介绍，其他模型如 SIR 模型、SI 模型等同样可以基于相似的思路进行研究，来计算传播特性并得出相应的动力学方程。

参考文献

[1] VAN MIEGHEM P, OMIC J S, KOOIJ R E. Virus spreading in networks[J]. IEEE/ACM Transaction on Networking, 2009, 17(1): 1-14.

[2] HILL A L, RAND D G, NOWAK M A, et al. Emotions as infectious diseases in a large social network: the SISa model[J]. Proceedings of the Royal Society B, 2010, 277: 3827-3835.

[3] HINRICHSEN H. Non-equilibrium critical phenomena and phase transitions into absorbing states[J]. Advances in Physics, 2000, 49(7): 815-958.

[4] LI C, VAN DE BOVENKAMP R, VAN MIEGHEM P. Susceptible-infected-susceptible model: A comparison of N-intertwined and heterogeneous mean-field approximations[J]. Physical Review E, 2012, 86(2): 026116.

[5] BOGUÑÁ M, PASTOR-SATORRAS R. Epidemic spreading in correlated complex networks[J]. Physical Review E, 2002, 66: 047104.

[6] VAN MIEGHEM P. Performance Analysis of Communications Systems and Networks[M]. Cambridge: Cambridge University Press, 2006.

[7] QU B, LI C, VAN MIEGHEM P, et al. Ranking of nodal infection probability in susceptible-infected-susceptible epidemic[J]. Scientific Reports, 2017, 7:9233.

[8] VAN MIEGHEM P. Performance Analysis of Complex Networks and Systems[M]. Cambridge: Cambridge University Press, 2014.

[9] CATOR E, VAN MIEGHEM P. Second-order mean-field susceptible-infected-susceptible epidemic threshold[J]. Physical Review E, 2012, 85(5): 056111.

[10] PASTOR-SATORRAS R, VESPIGNANI A. Epidemic dynamics and endemic states in complex networks[J]. Physical Review E, 2001, 63: 066117.

[11] VAN MIEGHEM P. The viral conductance of network[J]. Computer Communications, 2012, 35(12): 1494-1509.

第 4 章 抑制复杂网络流行病暴发的控制方法

4.1 问题的引出

免疫接种是现代医学用于抑制流行病暴发的一种重要手段。1780 年, Edward Jenner 发现接种牛痘可以有效地抑制天花的蔓延, 首次提出了接种疫苗可以抵抗病毒感染的想法, 预防疾病学跨出了第一步。那么如何选择需要免疫接种的个体呢? 最简单的方法是随机免疫策略, 但这种免疫策略需要免疫 96% 的个体才能够达到整个群体免疫的效果, 代价巨大。熟人免疫是在难以获得社会网络结构时一种较为理想的免疫策略, 基于 “朋友有更多的朋友” 的社会学现象, 随机地免疫某一个体的一个邻居, 只需要免疫 30% 的个体就可以实现群体免疫的效果。除了免疫接种, 切断传播途径也是抑制流行病暴发的一种有效方法。在本章中, 我们用移除节点的方法模拟免疫接种策略, 用移除连边的方法模拟切断传播途径策略。

通常, 衡量一个控制流行病传播暴发策略的效果有两种方法: 一种是评估控制策略对亚稳态感染比例的改变情况, 感染比例降低得越多说明策略越有效; 另一种是对比控制策略对传播临界值的改变情况, 传播临界值提高得越多, 说明采取相应策略后流行病越不容易暴发。第 4.2 节中, 我们主要基于第二种衡量方法, 即判断免疫哪些个体 (移除节点) 或断开哪些连接关系 (移除连边), 可以最大程度地提高网络传播临界值。首先证明了移除节点或连边来最大化传播临界值是NP-难问题, 这就需要设计移除连边或节点的启发式算法来尽可能地提高传播临界值。其次从理论上分析了和传播临界值相关的参量, 例如网络谱半径变化的上下界、子网络中的封闭通路数目以及网络的同配性, 并且找到了一些可以用于启发式算法的控制策略。通过比较发现, 网络最大特征向量相关的控制策略可以最大程度地提高传播临界值。第 4.3 节将控制流行病传播的策略从无向网络扩展到有向网络, 给出了有向网络的有向性定义, 并介绍了两种可以调节网络有向性的算法, 分析了网络的有向性和同配性对有向网络的传播临界值和亚稳态感染比例的影响, 并推荐了可以提高传播临界值的控制策略。

4.2 无向网络的流行病控制方法设计

4.2.1 最大化传播临界值的 NP-难分析

多项式时间非确定性问题 (Nondeterministic polynomial time problem, NP 问题) 是指很难 (或者不能够) 在多项式时间内找到解的问题。这说明 NP 问题的解决时间具有不确定性, 但如果给出 NP 问题的一个答案, 答案的正确性可以在多项式时间内被验证。如果所有同一类的 NP 问题都可以在多项式时间内约化为一个特别的问题, 且这个问题一旦被解决, 所有 NP 问题都可以被解决, 则这个问题被称为 NP-难问题 (NP-hard problem) , 是一类比 NP 问题更难解决 (具有更高的时间复杂度) 的问题。如果一个问题同时是 NP 问题和 NP-难问题, 则这个问题被称为 NP-完全问题 (NP-complete problem)。证明一个问题是 NP-难问题, 只需要找到一个与该问题等价的问题, 且这个等价的问题是 NP-难的。我们在本章的分析中选择的等价问题是具有代表性的 NP-完全问题。

4.2.1.1 移除连边最大化传播临界值的 NP-难分析

我们在第 3 章介绍 N-纠缠平均场估计知道, 网络传播临界值 τ_c 的下界是

$\tau^{(1)}=\dfrac{1}{\lambda_1}$, 因此, 最大化地提高传播临界值等同于最小化网络谱半径。对于通过移除连边来最大化传播临界值的问题, 即最小化网络谱半径问题描述如下。

问题 4.2.1 (移除连边最小化谱半径问题) 给定一个具有 N 个节点和 L 条连边的网络 $G(\mathcal{N},\mathcal{L})$, 谱半径用 $\lambda_1(G)$ 表示, m 是一个小于 L 的整数。当从网络 G 中移除 m 条连边, 剩余网络 G_m 具有 $L-m$ 条连边。如果任意移除 m 条连边, 移除哪 m 条连边可以使 G_m 具有最小的谱半径?

证明移除连边最小化谱半径问题是 NP-难问题需要下面的引理。定义一个从节点 n_0 开始到节点 n_h 结束的具有 h 个连边的链图, 链图中的每个节点 n_i 和每条连边 $n_i\sim n_j$ 都依次出现且只出现一次, 该链图表示为 $P_h=n_0\sim n_1\sim n_2\sim\ldots\sim n_{h-1}\sim n_h$。

引理 4.2.1 在所有具有 N 个节点和 $N-1$ 条连边的网络中, 链图具有最小谱半径。

证明: 一个具有 N 个节点和 $N-1$ 条连边的网络一定是树状图, 链图是树状图的一个特例。具有 N 个节点的链图 P_{N-1} 的谱半径为 $\lambda_1(P_{N-1})=2\cos\left(\dfrac{\pi}{N+1}\right)$ [1], 因此, 链图的谱半径严格小于 2, 这是具有最小谱半径的连通图。除此之外还需要考虑非连通图情况。假设非连通图有两个连通子图 A_1 和 A_2, A_1 有 δ 个节点, A_2 有 $N-\delta$ 个节点。现在, A_1 至少包含 $\delta-1$ 条连边, A_2 至少包含 $N-\delta-1$ 条连边, 否则就不连通, 此种情况下整个网络至少包含 $N-2$ 条连边。因此, 连通子图 A_1 或 A_2 中至少含有更多的一条边, 使得网络中存在一个环。一个包含环的图不再是树状图, 因此一定含有比链图更大的谱半径。这个证明也同样适用于多个连通子图的情况。证明完毕。 ■

我们要证明移除连边最小化谱半径问题 (问题 4.2.1) 是 NP-难, 采用的等价问题是 NP-完全的哈密顿路径问题 (Hamilton path problem, 问题 4.2.2) , 并在定理 4.2.1 中给出了证明。

问题 4.2.2 (哈密顿路径问题) 在一个具有 N 个节点和 L 条连边的图 $G(\mathcal{N},\mathcal{L})$ 中, 一条哈密顿路径是指可以通过且仅一次通过所有节点的路径。哈密顿路径问题是判断图 G 中是否存在这样一条哈密顿路径。

定理 4.2.1 *移除连边最小化谱半径问题是 NP-难的。*

证明: 如果移除连边最小化谱半径问题可以在多项式时间内解决, 那么, NP-完全的哈密顿路径问题同样可以解决。假设从具有 $L = N - 1 + m$ 条连边的图 G 中移除 m 条连边, 可以得到一个有 $N-1$ 条连边的图 G_m。

根据引理 4.2.1, 在有 $N-1$ 条连边的网络中, 链图具有最小的谱半径 $\lambda_1(P_{N-1}) = 2\cos\left(\dfrac{\pi}{N+1}\right)$。在有 N 个节点的网络中, 哈密顿路径是一条具有 $N-1$ 条连边的路径。如果解决了连边移除最小化谱半径问题, 就可以得到 $\lambda_1(P_{N-1}) = 2\cos\left(\dfrac{\pi}{N+1}\right)$, 那么就已经发现了哈密顿路径。如果 $\lambda_1 > 2\cos\left(\dfrac{\pi}{N+1}\right)$, 说明原网络 G 是不包含哈密顿路径的。因此, 移除连边最小化谱半径问题至少和哈密顿路径问题一样难解。证明完毕。 ■

图 4.1 ~ 图 4.3 说明了移除连边最小化谱半径问题的 NP-完全性 [2]。这个网络包含 $N = 10$ 个节点, 移除 $m = 3$ 条连边, 单步最优算法并不能最小化谱半径。单步最优算法第一步移除可以使 $\lambda_1(\boldsymbol{A}) - \lambda_1(\boldsymbol{A}_1) = y_1$ 最大的这条连边; 第二步, 移除可以使 $\lambda_1(\boldsymbol{A}_1) - \lambda_1(\boldsymbol{A}_2) = y_2$ 最大的一条连边; 第三步, 移除可以使 $\lambda_1(\boldsymbol{A}_2) - \lambda_1(\boldsymbol{A}_3) = y_3$ 最大的连边。最小化谱半径方法是同时移除 $m = 3$ 条连边使得 $\lambda_1(\boldsymbol{A}) - \lambda_1(\boldsymbol{A}_3) = y^*$ 最大化。因此, $y_1 + y_2 + y_3 \leqslant y^*$。

进一步地, 以 10^6 个具有 $N = 10$ 个节点且连边密度为 $p = \dfrac{2\ln N}{N}$ 的 ER 随机网络作为实例, 来比较单步最优算法和最小化谱半径方法。在 63185 (6.3%) 个实例中, 两种方法选出的 3 条连边完全不重合; 在 332262 (33.2%) 个实例中, 两种方法选出的 3 条连边有一条边重合; 在 97944 (9.8%) 个实例中, 两种方法选出的 3 条连边有两条边重合; 剩余的 506609 (50.7%) 个实例中, 两种方法选出的 3 条连边完全重合。这里需要指出的是, 最小化谱半径方法选出的 3 条连边可能并不唯一, 换而言之, 可能选出 3 条不同的连边, 但都能够达到最小化谱半径的目的。

4.2.1.2 移除节点最大化传播临界值的 NP-难分析

移除节点最大化传播临界值, 即最小化网络谱半径问题, 看起来比通过移除

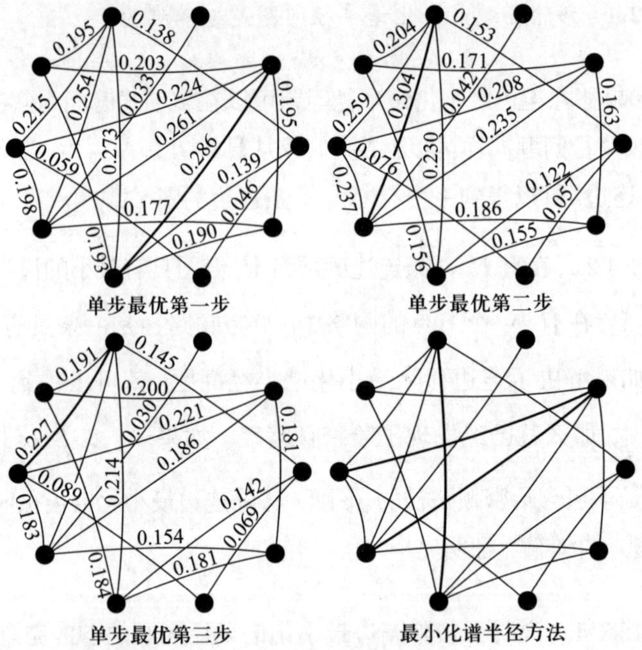

图 4.1 以 $N = 10$ 个节点的网络为例, 单步最优算法和最小化谱半径方法选出的 3 条连边完全不重合, 连边上的数字是移除这条连边 l 引起的谱半径的改变 $\lambda_1(\boldsymbol{A}) - \lambda_1(\boldsymbol{A}\backslash\{l\})$

连边最小化谱半径容易一些。参考网络谱半径的取值边界

$$\frac{2L}{N}\sqrt{1+\frac{Var[k]}{\langle k\rangle^2}} \leqslant \lambda_1 \leqslant \min\left\{\sqrt{\frac{2L(N-1)}{N}}, k_{\max}\right\}, \tag{4.1}$$

直觉上, 当移除度最大的节点, 可以最大程度地减小谱半径 $\lambda_1(\boldsymbol{A})$, 因为移除了最多的连边。但实际情况并非如此。可以从线图的角度来理解这个问题, 线图 $l(G)$ 是网络 G 的一种转换形式, 将网络 G 中的连边看作节点, 如果网络 G 中两条连边与同一个节点相连, 那么线图中的节点间存在连边。因为网络 G 与其线图 $l(G)$ 存在一一对应的关系, 因此, 移除 $l(G)$ 中的连边等同于移除 G 中的节点。由于移除连边最小化谱半径是 NP-难问题 (定理 4.2.1), 那么移除节点最小化谱半径问题同理也是 NP-难问题。在给出具体的 NP-完全性证明之前, 先对问题进行定义。

问题 4.2.3 (移除节点最小化谱半径问题) 给定一个具有 N 个节点和 L 条连边的网络 $G(\mathcal{N},\mathcal{L})$, 谱半径用 $\lambda_1(G)$ 来表示, n 是一个小于 N 的正整数。从网

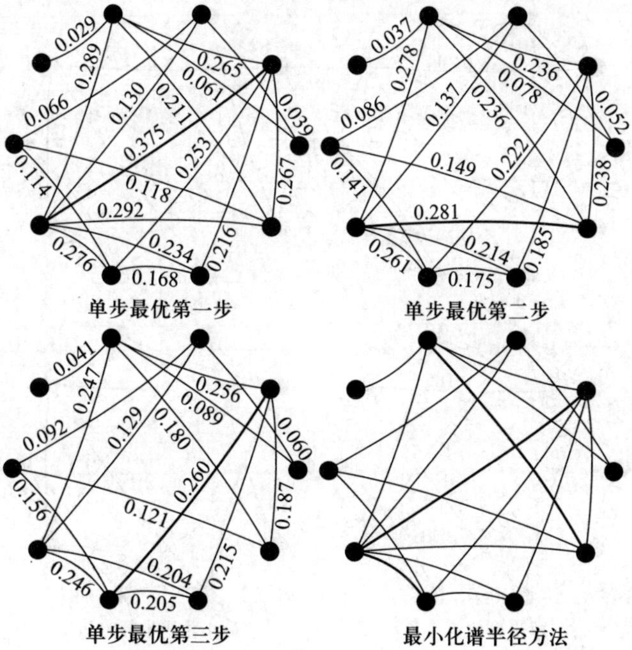

图 4.2 以 $N = 10$ 个节点的网络为例, 单步最优算法和最小化谱半径方法选出的 3 条连边中有一条边重合

络 G 中移除 n 个节点, 剩余网络 G_n 具有 $N - n$ 个节点。如果任意移除 n 个节点, 移除哪 n 个节点可以使 G_n 具有最小的谱半径?

同样, 证明移除节点最小化谱半径问题 (问题 4.2.3) NP-难需要找到一个等价的 NP-难问题, 这里采用 NP-完全的独立集问题 (Indcpendcnt set problem, 问题 4.2.4)。

问题 4.2.4 (独立集问题) 给定一个具有 N 个节点和 L 条连边的网络 $G(\mathcal{N}, \mathcal{L})$, 和一个正整数 $\gamma \leqslant N$, 网络是否存在一个子集 $\mathcal{N}' \subseteq \mathcal{N}$, 使得 $|\mathcal{N}'| \geqslant \gamma$ 且 $\mathcal{N}'$ 中任意两个节点都不会被 $\mathcal{L}$ 中的连边所连接?

下面通过将移除节点最小化谱半径问题转化为独立集问题, 来证明该问题是 NP-难的。

定理 4.2.2 移除节点最小化谱半径问题是 NP-难的。

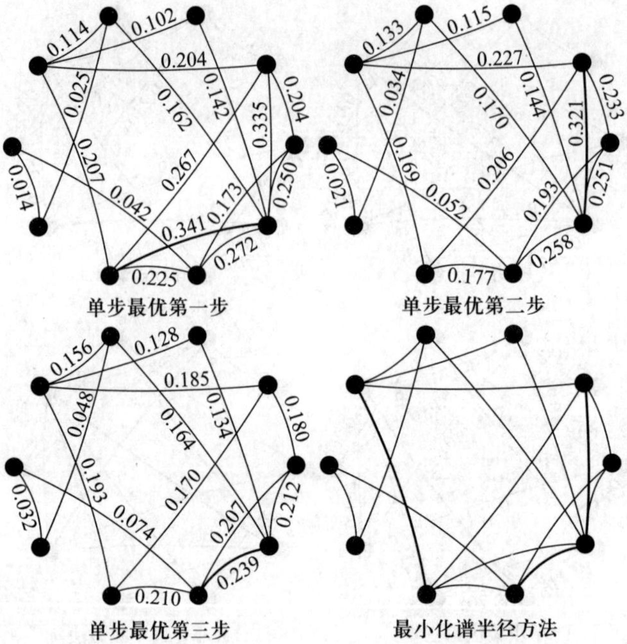

图 4.3 以 $N = 10$ 个节点的网络为例, 单步最优算法和最小化谱半径方法选出的 3 条连边中有两条边重合

证明: 网络中最小的谱半径在网络中不存在任何连边时出现, $\lambda_1(G) = 0$。移除独立子集以外的节点, 将会产生一些互不相连的节点集合。因此, 为了解决独立集合问题, 从网络 G 中移除 $n = N - \gamma$ 个节点就可以使得移除节点后的图 G_n 的谱半径最小。如果得到 $\lambda_1(G_n) = 0$, 那么 G_n 是一个包含 γ 个节点的独立子集。如果得到 $\lambda_1(G_n) > 0$, 那么不存在至少包含 γ 个节点的独立子集。证明完毕。■

4.2.2 移除连边提高传播临界值

本节将通过理论分析, 研究移除连边对最大特征值的上下界、封闭通路以及同配性的影响, 进而找到与最大特征值变化密切相关的节点中心性指标, 来设计移除连边最大化传播临界值的启发式算法。

4.2.2.1 理论分析

本节对移除连边减小谱半径问题进行分析, 并设计通过移除连边来最大化传播临界值的启发式算法。

1. 谱半径的变化 $\lambda_1(\boldsymbol{A})-\lambda_1(\boldsymbol{A}_m)$

用 $\boldsymbol{A}_m$ 和 $\boldsymbol{w}_1$ 分别表示从 G 中移除 m 条连边后的网络 G_m 的邻接矩阵和最大特征向量。通过归一化方程 $\boldsymbol{x}_1^{\mathrm{T}}\boldsymbol{x}_1=1$ 和 $\boldsymbol{w}_1^{\mathrm{T}}\boldsymbol{w}_1=1$, 可以将瑞利关系 (Rayleigh relations) 写为

$$\lambda_1(\boldsymbol{A})=\boldsymbol{x}_1^{\mathrm{T}}\boldsymbol{A}\boldsymbol{x}_1,$$

$$\lambda_1(\boldsymbol{A}_m)=\boldsymbol{w}_1^{\mathrm{T}}\boldsymbol{A}_m\boldsymbol{w}_1,$$

如果将上式写成包含特征向量元素的形式, 则

$$\begin{aligned}\lambda_1(\boldsymbol{A})=\boldsymbol{x}_1^{\mathrm{T}}\boldsymbol{A}\boldsymbol{x}_1&=\sum_{i=1}^{N}\sum_{j=1}^{N}a_{ij}(\boldsymbol{x}_1)_i(\boldsymbol{x}_1)_j=2\sum_{i=1}^{N}\sum_{j=i+1}^{N}a_{ij}(\boldsymbol{x}_1)_i(\boldsymbol{x}_1)_j \\ &=2\sum_{l=(i\sim j)\in\mathcal{L}}(\boldsymbol{x}_1)_i(\boldsymbol{x}_1)_j=2\sum_{l=1}^{L}(\boldsymbol{x}_1)_{l^+}(\boldsymbol{x}_1)_{l^-},\end{aligned} \tag{4.2}$$

这里的连边 l 连接节点 l^+ 和 l^-, 说明谱半径 $\lambda_1(\boldsymbol{A})$ 可以表示为网络 G 中所有连边所属两个节点的相应最大特征向量元素的乘积的总和。

接下来通过引理 4.2.2 可以得到, 当从网络 G 中移除 m 条连边得到 $G_m=G\backslash\mathcal{M}_m$ ($\mathcal{M}_m$ 是 m 条连边构成的集合) 时, 谱半径变化 $\lambda_1(\boldsymbol{A})-\lambda_1(\boldsymbol{A}_m)$ 的上下界。

引理 4.2.2 对于任意一个网络 G 和移除 m 条连边后的网络 G_m, 下式总是成立的:

$$2\sum_{l\in\mathcal{M}_m}(\boldsymbol{w}_1)_{l^+}(\boldsymbol{w}_1)_{l^-}\leqslant\lambda_1(\boldsymbol{A})-\lambda_1(\boldsymbol{A}_m)\leqslant 2\sum_{l\in\mathcal{M}_m}(\boldsymbol{x}_1)_{l^+}(\boldsymbol{x}_1)_{l^-}, \tag{4.3}$$

其中, $\boldsymbol{x}_1$ 和 $\boldsymbol{w}_1$ 是邻接矩阵 $\boldsymbol{A}$ 和 $\boldsymbol{A}_m$ 的最大特征向量, 分别对应最大特征值 $\lambda_1(\boldsymbol{A})$ 和 $\lambda_1(\boldsymbol{A}_m)$。

证明: 邻接矩阵 $\boldsymbol{A}$ 和 $\boldsymbol{A}_m$ 之间的关系表示为 $\boldsymbol{A}_m=\boldsymbol{A}-\sum\limits_{l\in\mathcal{M}_m}\hat{\boldsymbol{A}}_{l^+l^-}$, 当给定 $\boldsymbol{x}_1^{\mathrm{T}}\boldsymbol{x}_1=1$ 时, 瑞利关系服从

$$\lambda_1(\boldsymbol{A})=\boldsymbol{x}_1^{\mathrm{T}}\boldsymbol{A}\boldsymbol{x}_1=\boldsymbol{x}_1^{\mathrm{T}}\left(\boldsymbol{A}_m+\sum_{l\in\mathcal{M}_m}\hat{\boldsymbol{A}}_{l^+l^-}\right)\boldsymbol{x}_1$$

$$
\begin{aligned}
&= \boldsymbol{x}_1^{\mathrm{T}}\boldsymbol{A}_m\boldsymbol{x}_1 + \sum_{l\in\mathcal{M}_m}\boldsymbol{x}_1^{\mathrm{T}}\hat{\boldsymbol{A}}_{l+l-}\boldsymbol{x}_1\\
&= \boldsymbol{x}_1^{\mathrm{T}}\boldsymbol{A}_m\boldsymbol{x}_1 + 2\sum_{l\in\mathcal{M}_m}(\boldsymbol{x}_1)_{l^+}(\boldsymbol{x}_1)_{l^-}.
\end{aligned}
$$

瑞利关系指出, 任意归一化的向量 $\boldsymbol{w}$ (即 $\boldsymbol{w}^{\mathrm{T}}\boldsymbol{w}=1$) 都满足 $\boldsymbol{w}^{\mathrm{T}}\boldsymbol{A}\boldsymbol{w}\leqslant\lambda_1(\boldsymbol{A})$, 当且仅当 $\boldsymbol{w}$ 等于 $\boldsymbol{A}$ 的最大特征向量 $\boldsymbol{x}_1$ 时等号成立。因为 $\boldsymbol{x}_1$ 不是 $\boldsymbol{A}_m$ 的最大特征向量, 因此, $\boldsymbol{x}_1^{\mathrm{T}}\boldsymbol{A}_m\boldsymbol{x}_1\leqslant\lambda_1(\boldsymbol{A}_m)$, 可以进一步得到

$$
\lambda_1(\boldsymbol{A}) = \boldsymbol{x}_1^{\mathrm{T}}\boldsymbol{A}_m\boldsymbol{x}_1 + 2\sum_{l\in\mathcal{M}_m}(\boldsymbol{x}_1)_{l^+}(\boldsymbol{x}_1)_{l^-} \leqslant \lambda_1(\boldsymbol{A}_m) + 2\sum_{l\in\mathcal{M}_m}(\boldsymbol{x}_1)_{l^+}(\boldsymbol{x}_1)_{l^-}.
$$

式 (4.3) 的上界可以从上式中得到。现在, 从 $\boldsymbol{A}_m$ 的视角重复上述分析过程可得

$$
\begin{aligned}
\lambda_1(\boldsymbol{A}_m) = \boldsymbol{w}_1^{\mathrm{T}}\boldsymbol{A}_m\boldsymbol{w}_1 &= \boldsymbol{w}_1^{\mathrm{T}}\left(\boldsymbol{A} - \sum_{l\in\mathcal{M}_m}\hat{\boldsymbol{A}}_{l+l-}\right)\boldsymbol{w}_1\\
&= \boldsymbol{w}_1^{\mathrm{T}}\boldsymbol{A}\boldsymbol{w}_1 - 2\sum_{l\in\mathcal{M}_m}(\boldsymbol{w}_1)_{l^+}(\boldsymbol{w}_1)_{l^-}.
\end{aligned}
$$

再次利用瑞利关系, 可以得到式 (4.3) 的下界。证明完毕。 ■

对于连通网络 G 和 G_m, 最大特征值满足 $\lambda_1(\boldsymbol{A})-\lambda_1(\boldsymbol{A}_m)>0$。引理 4.2.2 说明, 当移除 m 条连边使得 $2\sum_{l\in\mathcal{M}_m}(\boldsymbol{x}_1)_{l^+}(\boldsymbol{x}_1)_{l^-}$ 达到最大值时, 式 (4.3) 的上界也会达到最大值, 从而能够使谱半径的变化 $\lambda_1(\boldsymbol{A})-\lambda_1(\boldsymbol{A}_m)$ 最大。然而, 这些移除的连边, 并不一定会使下界 $2\sum_{l\in\mathcal{M}_m}(\boldsymbol{w}_1)_{l^+}(\boldsymbol{w}_1)_{l^-}$ 达到最大值。因此, 可以尝试采用贪婪式算法, 依次移除具有最大 $(\boldsymbol{x}_1)_{l^+}(\boldsymbol{x}_1)_{l^-}$ 的连边 l 来减小最大特征值, 但这不能确保达到全局最优。实际上, 在第 4.2.1.1 节中证明移除连边最大化谱半径问题是 NP-难的时, 也已经强调了这一点。

2. 子网络中的封闭通路

连通网络 G 的邻接矩阵为 $\boldsymbol{A}$, 满足 $\boldsymbol{A}=\sum_{i=1}\lambda_i\boldsymbol{x}_i\boldsymbol{x}_i^{\mathrm{T}}$。当 $i\neq j$, $\boldsymbol{x}_i^{\mathrm{T}}\boldsymbol{x}_j=0$, 并且对于任意 i, 存在 $\boldsymbol{x}_i^{\mathrm{T}}\boldsymbol{x}_i=1$ 时, 可以得到

$$
\boldsymbol{A}^h = \sum_{i=1}^{n}\lambda_i^h\boldsymbol{x}_i\boldsymbol{x}_i^{\mathrm{T}},
$$

其中, $\lambda_1>|\lambda_i|$, $i=2,3,\cdots,N$。当 $h\to\infty$ 时, 上式中最重要的一项是 $\lambda_1^h\boldsymbol{x}_1\boldsymbol{x}_1^{\mathrm{T}}$。

网络 G 中任意两个节点 u 和 v, 都存在

$$\lim_{h\to\infty}\frac{(\boldsymbol{A}^h)_{uv}}{\lambda_1^h(\boldsymbol{x}_1)_u(\boldsymbol{x}_1)_v}=\lim_{h\to\infty}\frac{\sum\limits_{i=1}^{n}\lambda_i^h(\boldsymbol{x}_i)_u(\boldsymbol{x}_i)_v}{\lambda_1^h(\boldsymbol{x}_1)_u(\boldsymbol{x}_1)_v}=1+\sum_{i=2}^{n}\frac{(\boldsymbol{x}_i)_u(\boldsymbol{x}_i)_v}{(\boldsymbol{x}_1)_u(\boldsymbol{x}_1)_v}\left(\frac{\lambda_i}{\lambda_1}\right)^h=1.$$

鉴于上述情况, 对于大数值的 h, 可以得到以下近似关系:

$$(\boldsymbol{A}^h)_{uv}\approx\lambda_1^h(\boldsymbol{x}_1)_u(\boldsymbol{x}_1)_v.$$

即, 网络 G 中具有大的 h 跳的闭环通路的总数目可以用最大特征值 λ_1 的函数来表示:

$$\sum_{u\in V(G)}(\boldsymbol{A}^h)_{uu}\simeq\sum_{u\in V(G)}\lambda_1^h(\boldsymbol{x}_1)_u(\boldsymbol{x}_1)_u=\lambda_1^h\sum_{u\in V(G)}(\boldsymbol{x}_1)_u^2=\lambda_1^h.$$

因此, 这启发我们可以通过移除具有最大特征向量的最大元素 $(\boldsymbol{x}_1)_u$ 所对应的节点 u, 或者移除具有最大特征向量的最大元素的乘积 $(\boldsymbol{x}_1)_u(\boldsymbol{x}_1)_v$ 所对应的连边 $u\sim v$, 来设计通过移除节点或连边来最大化传播临界值的算法。

3. 网络同配性及最大特征值 λ_1 的下界

网络邻接矩阵最大特征值的下界 [3] 可以表示为 $\lambda_1\geqslant\dfrac{N_3}{N_2}$, 这里 N_h 是具有 h 跳通路的总数目。下界 $\dfrac{N_3}{N_2}$ 可以表示为

$$\frac{N_3}{N_2}=\frac{\sum\limits_{i=1}^{N}k_i^3-\sum\limits_{i\sim j}(k_i-k_j)^2}{\sum\limits_{i=1}^{N}k_i^2},$$

与网络的同配性系数 ρ_D 具有完美的线性关系。现在来分析移除一条连边对 $\dfrac{N_3}{N_2}$ 的影响。将网络 G 和移除一条连边 $l=i\sim j$ 的网络 $G\backslash\{l_{ij}\}$ 中具有 h 跳的通路分别用 N_h 和 N_h' 表示, 可以得到 3 跳通路数目的减小值为

$$\begin{aligned}\varDelta_3&=N_3-N_3'\\&=k_i^3+k_j^3-(k_i-1)^3-(k_j-1)^3-(k_i-k_j)^2\end{aligned}$$

$$- \sum_{l \in \mathcal{N}(i), l \neq j} (k_l - k_i)^2 - (k_l - k_i + 1)$$
$$- \sum_{l \in \mathcal{N}(j), l \neq i} (k_l - k_j)^2 - (k_l - k_j + 1)^2,$$

其中, k_i 是网络 G 中节点 i 的度, $\mathcal{N}(i)$ 是节点 i 的邻居集合。进一步地, Δ_3 可以简化为

$$\begin{aligned}\Delta_3 &= 2 - 3(k_i + k_j) + 3(k_i^2 + k_j^2) - (k_i - k_j)^2 + \sum_{l \in \mathcal{N}(i), l \neq j} (2k_l - 2k_i + 1) \\ &\quad + \sum_{l \in \mathcal{N}(j), l \neq i} (2k_l - 2k_j + 1) \\ &= 2(k_i^2 + k_j^2) + 2k_i k_j + 2 - 3(k_i + k_j) + (k_i + k_j - 2) - 2k_i(k_i - 1) \\ &\quad - 2k_j(k_j - 1) + \sum_{l \in \mathcal{N}(i), l \neq j} 2k_l + \sum_{l \in \mathcal{N}(j), l \neq i} 2k_l \\ &= 2k_i k_j + \sum_{l \in \mathcal{N}(i), l \neq j} 2k_l + \sum_{l \in \mathcal{N}(j), l \neq i} 2k_l \\ &= 2k_i k_j + 2(s_i + s_j) - 2(k_i + k_j),\end{aligned}$$

其中, $s_i = \sum_{l \in \mathcal{N}(i)} k_l$ 是节点 i 的所有邻居的度的和。

相似地, 两跳通路数目的减小值可以表示为

$$\Delta_2 = N_2 - N_2' = 2(k_i + k_j - 1).$$

因此, $\dfrac{N_3}{N_2}$ 的变化与 s_i 和 k_i 有关, 可以通过移除具有最大 $s_i s_j$、$s_i + s_j$、$k_i k_j$ 或 $k_i + k_j$ 的连边 $i \sim j$, 或移除具有最大 s_i 或 k_i 的节点, 来设计通过移除连边或节点最大化传播临界值的启发式算法。

4.2.2.2　移除连边最大化传播临界值的策略

本小节将比较各种启发式策略的效果。第一种策略是第 4.2.2.1 节讨论的移除具有最大的最大特征向量元素乘积的连边 $l = i \sim j$, 这种方法用符号 $\mathscr{S} = (x_1)_i (x_1)_j$ 表示, 下文简化表示为 $\mathscr{S} = x_i x_j$。在第 4.2.2.1 节, 我们也发现移除使 $\mathscr{S} = \dfrac{N_3}{N_2}$ 或者同配性 $\mathscr{S} = \rho_D$ 减小最多的连边, 谱半径有可能会降低最多。第

二种策略 $\mathscr{S}=\dfrac{N_3}{N_2}$ 是移除使 $\dfrac{N_3-\Delta_3}{N_2-\Delta_2}$ 最小化的连边。第三种策略是 $\mathscr{S}=k_ik_j$ 和 $\mathscr{S}=k_i+k_j$, 移除连边两个端点的度乘积或和最大的连边 $l=i\sim j$; 以及策略 $\mathscr{S}=s_is_j$ 和 $\mathscr{S}=s_i+s_j$, 移除具有最大邻居度和的乘积或和的连边 $l=i\sim j$。第四种策略是连边介数中心性策略 $\mathscr{S}=b_{ij}$, 移除具有最大连边介数中心性的连边 $l=i\sim j$。

将连边移除策略 $\mathscr{S}$ 的性能指标定义为 $\Xi_{\mathscr{S}}$:

$$\Xi_{\mathscr{S}}=\left(\lambda_1\left(\boldsymbol{A}\right)-\lambda_1\left(\boldsymbol{A}_1\right)\right)_{\text{optimal}}-\left(\lambda_1\left(\boldsymbol{A}\right)-\lambda_1\left(\boldsymbol{A}_1\right)\right)_{\text{Strategy }\mathscr{S}}.$$

1. 移除 $m=1$ 条连边的情况

以上策略的比较结果见图 4.4, 可以很容易看出策略 $\mathscr{S}=x_ix_j$ 比其他策略更优。策略 $\mathscr{S}=k_i+k_j$ 和 $\mathscr{S}=k_ik_j$ 的性能差异很小, 同样, 策略 $\mathscr{S}=s_i+s_j$ 和 $\mathscr{S}=s_is_j$ 也很接近。在这两种情况下, 乘积的策略都略优于取和的策略 (但是这个差异很小)。在图 4.4 的内图中, 我们还对比了另外两个策略: 基于同配性的策略和基于连边介数中心性的策略, 但这两种策略明显不如其他策略有效。

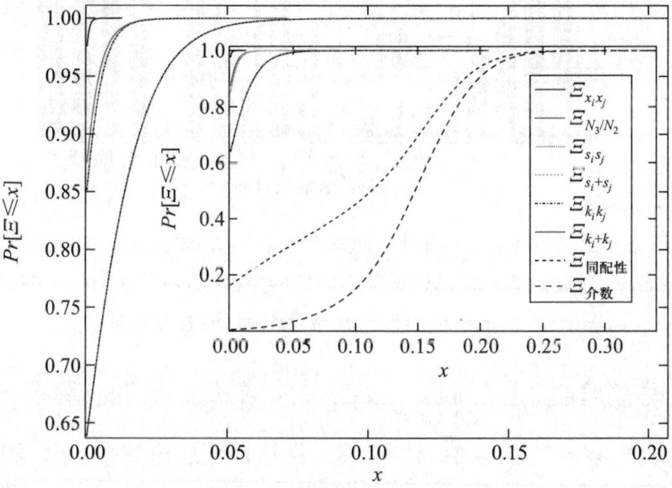

图 4.4　在 10^6 个具有 $N=20$ 个节点和连接密度为 $p=2\ln N/N$ 的 ER 随机图实例中, 各种策略的比较

除了以上策略, 还有一种策略是将 G 分成两个不相连的子网络 G_1 和 G_2。然而这种策略有时并不能有效地减小谱半径。如图 4.5 所示, 移除两个子网络间

的连边 l_3 并不能最大程度地降低谱半径 λ_1。因此, 不再进一步讨论这种方法。

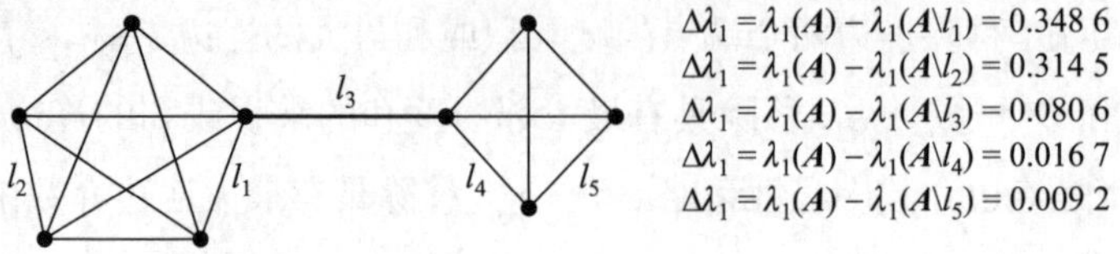

图 4.5　移除一条连边引起的谱半径改变 $\Delta\lambda_1$

2. 移除 $m > 1$ 条连边的情况

在 10^4 个具有 $N = 10$ 个节点和 $L = 20$ 条连边的 ER 随机网络中, 根据不同策略的贪婪式算法逐条移除 m 条连边, 将这种贪婪式算法和整体移除 m 条连边的最优算法进行比较, 结果见图 4.6。

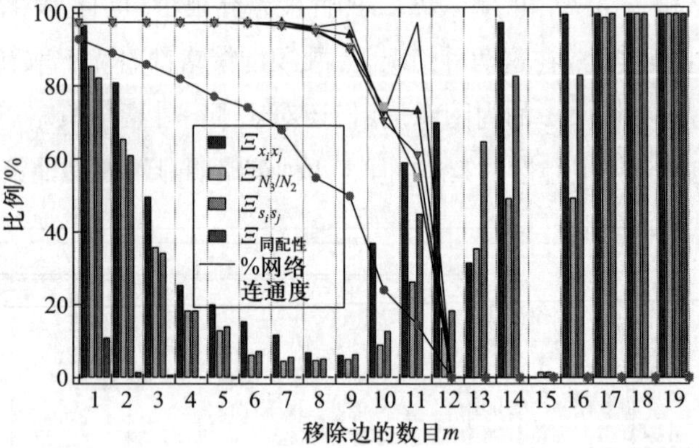

图 4.6　4 种策略和全局最优算法对谱半径最小化有效作用率的比较。图中曲线表示网络在采用 4 种策略移除 m 条连边后网络的连通节点的比例; 柱状图表示在 10^4 个网络中, 4 种策略的贪婪式算法和全局最优算法能够选出相同的 m 条移除连边的网络比例

图 4.6 说明策略 $\mathscr{S} = \max\limits_{1\leqslant(i,j)\leqslant N} (\boldsymbol{x}_1)_i (\boldsymbol{x}_1)_j$ 在大多数情况 (除了 $m = 13$ 的情况) 都优于算法 $\mathscr{S} = N_3/N_2$ 和 $\mathscr{S} = s_is_j$; 且从移除连边数目 $m > 10$ 开始, 网络的连通度急剧下降。

图 4.7 展示了这 4 种策略随着移除连边数目 m 的增加对应谱半径的降低情况。很明显, 采用同配性策略的性能远低于其他 3 种策略 $\mathscr{S} = x_ix_j$、$\mathscr{S} = N_3/N_2$ 和 $\mathscr{S} = s_is_j$。这里采取的贪婪式策略 (除了全局最优策略) 都仅仅使当前步的连边移除最大程度地减小谱半径。

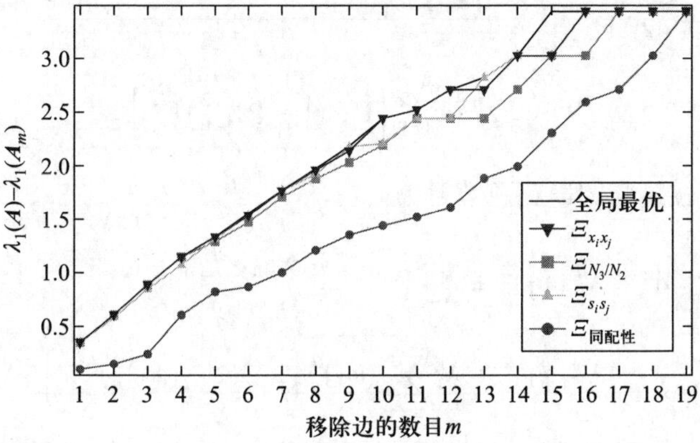

图 4.7 在具有 $N = 10$ 个节点和 $L = 20$ 条连边的 ER 网络实例中, 采用 4 种策略来最大程度地增加谱半径的变化量 $\lambda_1(\boldsymbol{A}) - \lambda_1(\boldsymbol{A}_m)$。曲线展现了变化量 $\lambda_1(\boldsymbol{A}) - \lambda_1(\boldsymbol{A}_m)$ 随连边移除数目 m 的变化情况

4.2.3 移除节点提高传播临界值

4.2.3.1 移除节点最大程度地提高传播临界值

前文已经给出网络谱半径与大的 h 跳闭环通路总数目的关系为 $\sum\limits_{u\in V(G)}(\boldsymbol{A}^h)_{uu} \simeq \lambda_1^h$。为了找到移除哪个节点可以最大程度地提高传播临界值, 即最大程度地减小谱半径 λ_1, 可以试图解决与其相当的问题: 移除哪个节点 u 可以降低网络中具有大跳数封闭通路的数目?

在第 4.2.2.1 节中已经介绍从节点 u 开始的 h 跳的封闭通路数目等于 $(\boldsymbol{A}^h)_{uu} \approx \lambda_1^h(\boldsymbol{x}_1)_u^2$。从网络 G 中移除节点 u, 从节点 u 开始的封闭通路会被破坏, 同时从其他节点 v 开始的且经过节点 u 的封闭通路也会被破坏, 这都将导致封闭通路的数目降低。

引理 4.2.3 *移除节点 u 后, 具有 h 跳的封闭通路被破坏的数目为*

$$W \simeq \lambda_1^h\left[1-(1-(\boldsymbol{x}_1)_u^2)^h\right] \tag{4.4}$$

证明: 移除节点 u, 一定会破坏从节点 u 开始的 h 跳的封闭通路, 数目为 $\lambda_1^h(\boldsymbol{x}_1)_u^2$ (详见第 4.2.2.1 节); 同时也会破坏从其他节点 v 开始的通过节点 u 的封

闭通路, 数目为 [2]

$$W^v \simeq \lambda_1^h (\boldsymbol{x}_1)_v^2 \left[1-(1-(\boldsymbol{x}_1)_u^2)^{h-1}\right],$$

因此, 破坏的 h 跳封闭通路总数目为

$$\begin{aligned} W &\simeq \lambda_1^h (\boldsymbol{x}_1)_u^2 + \sum_{v\neq u} W^v \\ &= \lambda_1^h (\boldsymbol{x}_1)_u^2 + \lambda_1^h \sum_{v\neq u} (\boldsymbol{x}_1)_v^2 \left[1-(1-(\boldsymbol{x}_1)_u^2)^{h-1}\right] \\ &= \lambda_1^h \left[(\boldsymbol{x}_1)_u^2 + (1-(\boldsymbol{x}_1)_u^2)\left[1-(1-(\boldsymbol{x}_1)_u^2)^{h-1}\right]\right] \\ &= \lambda_1^h \left[1-(1-(\boldsymbol{x}_1)_u^2)^h\right]. \end{aligned}$$

从式 (4.4) 中不难发现, 具有 h 跳的封闭通路被破坏的数目 W 会随 $(\boldsymbol{x}_1)_u$ 增大。因此, 我们的结论是, 移除最大特征向量中最大元素所对应的节点, 将会破坏最多条封闭通路; 换而言之, 可以最大程度地降低谱半径, 提高网络的传播临界值。

4.2.3.2 移除节点对最大特征值界限的影响

定理 4.2.3 对于任意一个网络 G 和通过移除 n 个节点后相应的网络 $G_n(\mathcal{N}) = G\backslash\mathcal{N}_n$ ($\mathcal{N}_n$ 是 n 个节点构成的点集), 谱半径满足如下关系 [5]:

$$\left(1-2\sum_{v\in\mathcal{N}_n}(\boldsymbol{x}_1)_v^2\right)\lambda_1(\boldsymbol{A})+\sum_{j\in\mathcal{N}_n}\sum_{i\in\mathcal{N}_n}a_{ij}(\boldsymbol{x}_1)_i(\boldsymbol{x}_1)_j \leqslant \lambda_1(\boldsymbol{A}_n(\mathcal{N})) \leqslant \lambda_1(\boldsymbol{A}) \quad (4.5)$$

这里 $\boldsymbol{x}_1$ 是最大特征向量。特别地, 如果 $n=1$, 那么

$$\left(1-2(\boldsymbol{x}_1)_v^2\right)\lambda_1(\boldsymbol{A}) \leqslant \lambda_1(\boldsymbol{A}_1(\mathcal{N})) \leqslant \lambda_1(\boldsymbol{A}) \quad (4.6)$$

证明: 从网络 G 中移除一个节点 v, 可以得到一个 $(N-1)\times(N-1)$ 的矩阵

$$\boldsymbol{A}_1(\mathcal{N})=\begin{bmatrix} a_{11} & \cdots & a_{1(v-1)} & a_{1(v+1)} & \cdots & a_{1N} \\ \vdots & & \vdots & \vdots & & \vdots \\ a_{(v-1)1} & \cdots & a_{(v-1)(v-1)} & a_{(v-1)(v+1)} & \cdots & a_{(v-1)N} \\ a_{(v+1)1} & \cdots & a_{(v+1)(v-1)} & a_{(v+1)(v+1)} & \cdots & a_{(v+1)N} \\ \vdots & & \vdots & \vdots & & \vdots \\ a_{N1} & \cdots & a_{N(v-1)} & a_{N(v+1)} & \cdots & a_{NN} \end{bmatrix}.$$

将 $\boldsymbol{A}_1(\mathcal{N})$ 写成 $N\times N$ 的矩阵

$$\widetilde{\boldsymbol{A}_1}(\mathcal{N})=\begin{bmatrix} a_{11} & \cdots & a_{1(v-1)} & 0 & a_{1(v+1)} & \cdots & a_{1N} \\ \vdots & & \vdots & \vdots & \vdots & & \vdots \\ a_{(v-1)1} & \cdots & a_{(v-1)(v-1)} & 0 & a_{(v-1)(v+1)} & \cdots & a_{(v-1)N} \\ 0 & \cdots & 0 & 0 & 0 & \cdots & 0 \\ a_{(v+1)1} & \cdots & a_{(v+1)(v-1)} & 0 & a_{(v+1)(v+1)} & \cdots & a_{(v+1)N} \\ \vdots & & \vdots & \vdots & \vdots & & \vdots \\ a_{N1} & \cdots & a_{N(v-1)} & 0 & a_{N(v+1)} & \cdots & a_{NN} \end{bmatrix},$$

虽然形式不同, 但 $\widetilde{\boldsymbol{A}_1}(\mathcal{N})$ 与 $\boldsymbol{A}_1(\mathcal{N})$ 有相同的最大特征值。实际上, $\widetilde{\boldsymbol{A}_1}(\mathcal{N})$ 的特征值包含 $\boldsymbol{A}_1(\mathcal{N})$ 的所有特征值和一个零特征值。在接下来的推导中用 $\widetilde{\boldsymbol{A}_1}(\mathcal{N})$ 替代 $\boldsymbol{A}_1(\mathcal{N})$, 确保矩阵的大小为 $N\times N$。最大特征值 $\lambda_1(\boldsymbol{A}_n(\mathcal{N}))$ 对应的向量 $\boldsymbol{w}_1$ 也被扩展为具有 N 个元素的向量, 向量中对应移除节点的元素为 0。

瑞利关系说明对于任意归一化向量 $\boldsymbol{x}$ (满足 $\boldsymbol{x}^{\mathrm{T}}\boldsymbol{x}=1$) , $\boldsymbol{x}^{\mathrm{T}}\boldsymbol{A}\boldsymbol{x}\leqslant\lambda_1(\boldsymbol{A})$ 总成立, 当且仅当 $\boldsymbol{x}=\boldsymbol{x}_1$ 时等号成立。由于 $\boldsymbol{x}_1$ 是 $\boldsymbol{A}$ 的最大特征向量, 但未必是 $\widetilde{\boldsymbol{A}_1}(\mathcal{N})$ 的特征向量, 因此, 可以得到 $\lambda_1(\widetilde{\boldsymbol{A}_1}(\mathcal{N}))\geqslant\boldsymbol{x}_1^{T}(\widetilde{\boldsymbol{A}_1}(\mathcal{N}))\boldsymbol{x}_1$, 这里

$$\boldsymbol{x}_1^{\mathrm{T}}(\widetilde{\boldsymbol{A}_1}(\mathcal{N}))\boldsymbol{x}_1=\boldsymbol{x}_1^{\mathrm{T}}\boldsymbol{A}\boldsymbol{x}_1-\boldsymbol{x}_1^{\mathrm{T}}(\boldsymbol{A}-\widetilde{\boldsymbol{A}_1}(\mathcal{N}))\boldsymbol{x}_1=\lambda_1(\boldsymbol{A})-\boldsymbol{x}_1^{\mathrm{T}}(\boldsymbol{A}-\widetilde{\boldsymbol{A}_1}(\mathcal{N}))\boldsymbol{x}_1, \quad (4.7)$$

将式中的 $\boldsymbol{x}_1^{\mathrm{T}}(\boldsymbol{A}-\widetilde{\boldsymbol{A}_1}(\mathcal{N}))\boldsymbol{x}_1$ 写为

$$\boldsymbol{A}-\widetilde{\boldsymbol{A}_1}(\mathcal{N})=\boldsymbol{a}_v\cdot\boldsymbol{e}_v^{\mathrm{T}}+\boldsymbol{e}_v\cdot\boldsymbol{a}_v^{\mathrm{T}},$$

其中, $\boldsymbol{a}_v$ 是一个列向量 $[a_{v1}, a_{v2}, \cdots, a_{vN}]^{\mathrm{T}}$, $\boldsymbol{e}_v$ 是第 v 个元素为 1 且其他元素都为 0 的列向量 $[0, 0, \cdots, 1, \cdots, 0]^{\mathrm{T}}$。因此,

$$\begin{aligned}\boldsymbol{x}_1^{\mathrm{T}}(\boldsymbol{A} - \widetilde{\boldsymbol{A}}_1(\mathcal{N}))\boldsymbol{x}_1 &= \boldsymbol{x}_1^{\mathrm{T}}(\boldsymbol{a}_v \cdot \boldsymbol{e}_v^{\mathrm{T}} + \boldsymbol{e}_v \cdot \boldsymbol{a}_v^{\mathrm{T}})\boldsymbol{x}_1 \\ &= \boldsymbol{x}_1^{\mathrm{T}}\boldsymbol{a}_v\boldsymbol{e}_v^{\mathrm{T}}\boldsymbol{x}_1 + \boldsymbol{x}_1^{\mathrm{T}}\boldsymbol{e}_v\boldsymbol{a}_v^{\mathrm{T}}\boldsymbol{x}_1 = 2(\boldsymbol{x}_1)_v \sum_{i=1}^{N}(\boldsymbol{x}_1)_i\boldsymbol{a}_{iv}.\end{aligned}$$

因为向量 $\boldsymbol{x}_1$ 的第 v 个元素的特征值服从

$$\sum_{i=1}^{N}(\boldsymbol{x}_1)_i\boldsymbol{a}_{iv} = \lambda_1(\boldsymbol{A})(\boldsymbol{x}_1)_v,$$

可以得到

$$\boldsymbol{x}_1^{\mathrm{T}}(\boldsymbol{A} - \widetilde{\boldsymbol{A}}_1(\mathcal{N}))\boldsymbol{x}_1 = 2(\boldsymbol{x}_1)_v^2\lambda_1(\boldsymbol{A}). \tag{4.8}$$

将其代入式 (4.7), 可以得到式 (4.6) 的下界。

接下来从 $\widetilde{\boldsymbol{A}}_1(\mathcal{N})$ 的角度重复上述过程。因为 $\boldsymbol{w}_1$ 是 $\widetilde{\boldsymbol{A}}_1(\mathcal{N})$ 的最大特征向量, 但未必是 $\boldsymbol{A}$ 的特征向量, 所以 $\lambda_1(\boldsymbol{A}) \geqslant \boldsymbol{w}_1^{\mathrm{T}}\boldsymbol{A}\boldsymbol{w}_1$, 与之前分析相似, 很容易得到

$$\begin{aligned}\lambda_1(\boldsymbol{A}) &\geqslant \boldsymbol{w}_1^{\mathrm{T}}\widetilde{\boldsymbol{A}}_1(\mathcal{N})\boldsymbol{w}_1 + \boldsymbol{w}_1^{\mathrm{T}}\left(\boldsymbol{A} - \widetilde{\boldsymbol{A}}_1(\mathcal{N})\right)\boldsymbol{w}_1 \\ &= \lambda_1(\widetilde{\boldsymbol{A}}_1(\mathcal{N})) + \boldsymbol{w}_1^{\mathrm{T}}\left(\boldsymbol{A} - \widetilde{\boldsymbol{A}}_1(\mathcal{N})\right)\boldsymbol{w}_1 \\ &= \lambda_1(\widetilde{\boldsymbol{A}}_1(\mathcal{N})) + 2\lambda_1(\widetilde{\boldsymbol{A}}_1(\mathcal{N}))(\boldsymbol{w}_1)_v^2\end{aligned} \tag{4.9}$$

由于 $\sum_{i=1}^{N}(\boldsymbol{w}_1)_i\boldsymbol{a}_{iv} = \lambda_1(\widetilde{\boldsymbol{A}}_1(\mathcal{N}))(\boldsymbol{w}_1)_v$ 且 $\widetilde{\boldsymbol{A}}_1(\mathcal{N})$ 中 $\boldsymbol{a}_v = \boldsymbol{0}$, 所以 $(\boldsymbol{w}_1)_v = \boldsymbol{0}$, 使得式 (4.6) 的上界得证。

接下来证明在移除 n 个节点的情况下最大特征值的上下界。将式 (4.7) 扩展为

$$\boldsymbol{x}_1^{\mathrm{T}}(\boldsymbol{A} - \boldsymbol{A}_n(\mathcal{N}))\boldsymbol{x}_1 = \boldsymbol{x}_1^{\mathrm{T}}\left(\sum_{v\in\mathcal{N}_n}\boldsymbol{a}_v \cdot \boldsymbol{e}_v^{\mathrm{T}} + \sum_{v\in\mathcal{N}_n}\boldsymbol{e}_v \cdot \boldsymbol{a}_v^{\mathrm{T}} - \sum_{j\in\mathcal{N}_n}\sum_{i\in\mathcal{N}_n}a_{ij}\boldsymbol{e}_i\boldsymbol{e}_j^{\mathrm{T}}\right)\boldsymbol{x}_1,$$

得到

$$\begin{aligned}\lambda_1(\boldsymbol{A}_n(\mathcal{N})) &\geqslant \lambda_1(\boldsymbol{A}) - \boldsymbol{x}_1^{\mathrm{T}}(\boldsymbol{A} - \boldsymbol{A}_n(\mathcal{N}))\boldsymbol{x}_1 \\ &= \lambda_1(\boldsymbol{A}) - 2\lambda_1(\boldsymbol{A})\sum_{v\in\mathcal{N}_n}(\boldsymbol{x}_1)_v^2 + \sum_{j\in\mathcal{N}_n}\sum_{i\in\mathcal{N}_n}a_{ij}(\boldsymbol{x}_1)_i(\boldsymbol{x}_1)_j.\end{aligned} \tag{4.10}$$

相似地, 从 $\boldsymbol{A}_n(\mathcal{N})$ 的角度出发重复上述过程, 不等式 (4.9) 也可以被扩展为移除 n 个节点的情况。根据 $\lambda_1(\boldsymbol{A}) \geqslant \boldsymbol{w}_1^{\mathrm{T}}\boldsymbol{A}\boldsymbol{w}_1$, 得到

$$\begin{aligned}\lambda_1(\boldsymbol{A}) &\geqslant \lambda_1(\boldsymbol{A}_n(\mathcal{N})) - \boldsymbol{w}_1^{\mathrm{T}}(\boldsymbol{A}_n(\mathcal{N}) - \boldsymbol{A})\boldsymbol{w}_1 \\ &= \lambda_1(\boldsymbol{A}_n(\mathcal{N})) + 2\lambda_1(\boldsymbol{A}_n(\mathcal{N})) \sum_{v\in\mathcal{N}_n} (\boldsymbol{w}_1)_v^2 - \sum_{j\in\mathcal{N}_n}\sum_{i\in\mathcal{N}_n} a_{ij}(\boldsymbol{w}_1)_i(\boldsymbol{w}_1)_j.\end{aligned}$$

由于 $(\boldsymbol{w}_1)_i = 0$, 如果 $i \in \mathcal{N}_n$, 则

$$\lambda_1(\boldsymbol{A}) \geqslant \lambda_1(\boldsymbol{A}_n(\mathcal{N})). \tag{4.11}$$

根据不等式 (4.10) 和不等式 (4.11) , 可以得到 $\lambda_1\left(\boldsymbol{A}_n(\mathcal{N})\right)$ 的上下界。证明完毕。

■

定理 4.2.3 说明移除一个或多个节点后, 网络谱半径的减小程度和邻接矩阵最大特征向量的相应元素大小有很强的相关性。根据定理 4.2.3, 可以得到最大特征向量的元素的下界为

$$(\boldsymbol{x}_1)_v \geqslant \sqrt{\frac{\lambda_1(\boldsymbol{A}) - \lambda_1\left(\boldsymbol{A}_1(\mathcal{N})\right)}{2\lambda_1(\boldsymbol{A})}}. \tag{4.12}$$

我们发现基于特征向量的单个节点移除策略, 即移除最大特征向量中最大元素对应的节点, 可以最大程度地减小网络的谱半径, 这与第 4.2.3.1 节中得到的结论相同。

4.3 有向网络的流行病控制方法设计

本节将着重分析有向网络上影响流行病传播的因素, 进而提出有向网络流行病的控制方法。

4.3.1 有向网络的生成方法

在有向网络中, 节点间的连边存在两种类型, 一种是双向连边, 一种是单向

连边。如果节点 i 连接节点 j 并指向节点 j (表示为 $i \to j$), 且节点 j 也连接节点 i 并指向节点 i (表示为 $j \to i$), 那么节点 i 和节点 j 间存在一个双向连边; 如果仅有 $i \to j$ 存在, 或仅有 $j \to i$ 存在, 则节点 i 和节点 j 间存在一条单向连边。将有向网络的有向性 (directionality) [6] 定义为 $\xi = L_{unidirectional}/L_{arcs}$, 其中, $L_{unidirectional}$ 是单向连边的数目, $L_{arcs} = \sum\limits_{i}\sum\limits_{j} a_{ij} = \boldsymbol{u}^{\mathrm{T}}\boldsymbol{A}\boldsymbol{u}$ 是所有边的数目 (即邻接矩阵中非零元素的数目, 这里单向边的边数计为 1, 双向边的边数计为 2) , 也可以写为 $L_{arcs} = L_{unidirectional} + 2L_{bidirectional}$。用 $G^{(\xi)}$ 来表示有向性为 ξ 的有向网络, 当 $\xi = 0$ 时, 网络为无向网络 $G^{(\xi=0)}$; 当 $\xi = 1$ 时, 有向网络 $G^{(\xi=1)}$ 中仅含有单向连边。

本节将介绍两种生成给定有向性 ξ 的有向网络的方法, 分别是保护入度和出度的重连方法 (In-degree and out-degree preserving reviewing algorithm, IOPRA) 和连边重置方法 (Link resetting algorithm, LRA)。两种方法的区别是 IOPRA 方法保证了网络中入度和出度相等, 而 LRA 方法生成的网络中节点的入度和出度可以不相等。IOPRA 方法是受到无向网络中保护度的重连方法的启发得到的。下面将依次介绍保护度的重连方法、IOPRA 方法和 LRA 方法。

1. 保护度的重连方法

保护度的重连方法 [3] 是一种在保证网络中节点度不变的基础上调节网络拓扑特性的方法。这种方法可以单调地改变无向网络的同配性。(1) 保护度的同配重连: 随机选取两条连边及其 4 个端点, 将这两条连边删除并重新连接这 4 个节点, 使两个度最大的节点相连, 两个度最小的节点相连。如果任何重连的连边在原网络中存在, 则不改变这对连边原有的连接方式, 并重新随机选取一对连边进行上述操作。(2) 保护度的异配重连: 随机选取两条连边及其 4 个端点, 将这两条连边删除并重新连接这 4 个节点, 使度最大的节点和度最小的节点相连, 剩下的两个节点相连。如果任何重连的连边在原网络中存在, 则不改变这对连边原有的连接方式, 并重新随机选取一对连边进行上述操作。

2. IOPRA 方法

保护入度和出度的重连方法可以用来改变有向网络的有向性, 具体方法为: (1) 随机选取两条单向连边及其 4 个端点, 并重连这 4 个节点; (2) 重连时, 单向连边的头端仅可以和另一条单向连边的头端交换连边, 如果产生和原网络重合的边, 则放弃本次重连; (3) 计算重连后网络的有向性 ξ, 如果与目标网络有向性的差值增大, 则放弃本次重连; (4) 重复上述步骤 (1)~(3) 直到生成目标网络。图 4.8 是 IOPRA 方法的示意图。

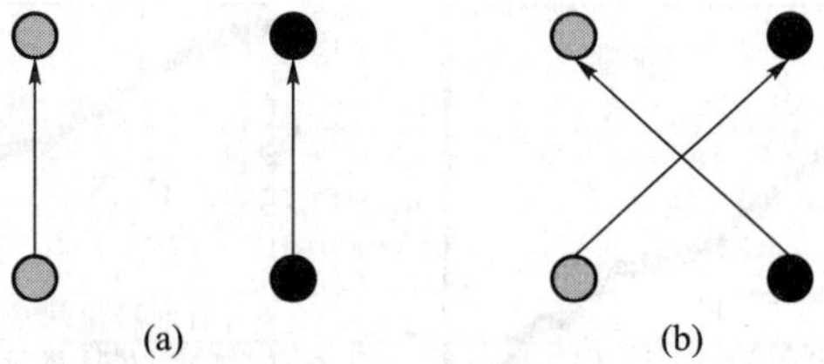

图 4.8 IOPRA 方法示意图

IOPRA 方法可以在不改变节点的入度和出度的条件下, 改变网络的有向性 ξ, 并且可以使原网络的连边随机化。如果原网络是一个随机网络, 例如 ER 随机网络或者 BA 无标度网络, 原网络中的连边是随机放置的, IOPRA 方法仅改变网络的有向性 ξ。如果采用 IOPRA 方法改变一个非随机网络 (例如网格图) 的有向性, 那么 IOPRA 方法不仅改变了有向性 ξ, 还会使网络中的连边被更加随机地放置。另外, 如果原网络 G 是双向网络, 那么 IOPRA 方法产生的有向网络 $G^{(\xi)}$ 的入度和出度具有完全相同的度分布。需要说明的是, 在 IOPRA 方法用于 ER 随机网络或者 BA 无标度网络得到的有向网络中, 入度和入度的相关性系数、入度和出度的相关性系数、出度和出度的相关性系数都相等, 因此, 这里不做区分, 统称为度相关性系数 (即同配性系数)。

3. LRA 方法

连边重置方法是另外一种改变网络有向性 ξ 的方法, 具体描述如下: 从原双向网络 G 中随机选取 ξ 比例的双向连边, 随机选取这些双向连边中的一条单向边, 并随机重新放置在网络中没有连边的节点对中。当 LRA 方法应用在 ER 随机网络中, 得到的网络的入度和出度的度分布均为与原网络 G 相同的二项分布, 但是入度和出度值会有所改变。当 LRA 方法被用在具有幂律度分布的网络中时, 网络的度分布会被破坏, 向二项分布趋近。

4.3.2 有向性对传播临界值的影响

有向网络的邻接矩阵是非对称实矩阵。根据 Perron-Frobenius 定理 [7, 8], 有

向网络的谱半径 λ_1 仍然是实数。因此, 引理 3.7.1 仍然适用于有向网络, 有向网络上的传播临界值的下界仍然是 $\frac{1}{\lambda_1}$。

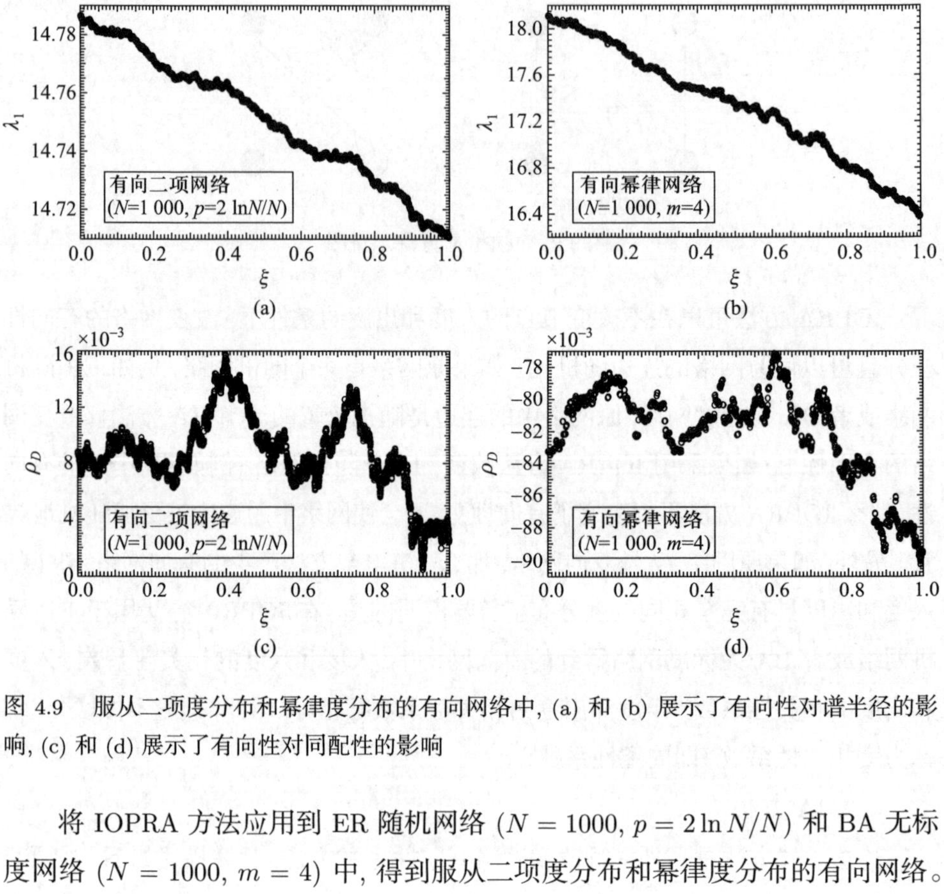

图 4.9　服从二项度分布和幂律度分布的有向网络中, (a) 和 (b) 展示了有向性对谱半径的影响, (c) 和 (d) 展示了有向性对同配性的影响

将 IOPRA 方法应用到 ER 随机网络 ($N = 1000$, $p = 2\ln N/N$) 和 BA 无标度网络 ($N = 1000$, $m = 4$) 中, 得到服从二项度分布和幂律度分布的有向网络。图 4.9 展示了有向性 ξ 对网络谱半径 λ_1 和网络同配性 ρ_D 的影响。可以发现, 除了一些微小的抖动, 谱半径 λ_1 随着有向性 ξ 线性减小, 而网络同配性 ρ_D 受有向性的影响较小, 仅在 $\rho_D = 0$ 附近轻微波动。在大规模网络 (例如 $N = 10^4$ 或 10^5) 上, 这种现象仍然存在。还有一个有趣的现象: 谱半径 λ_1 的微小抖动都出现在网络同配性出现波动时。这种现象比较容易理解, 因为网络的谱半径会随着网络同配性的增加而增加。图 4.10 给出了一个由于同配性 ρ_D 增加, 使得谱半径 λ_1 随有向性 ξ 增加而增加的例子。

这里还采用 LRA 方法, 以步长为 0.1 生成有向性 $\xi \in [0,1]$ 的有向网络。所

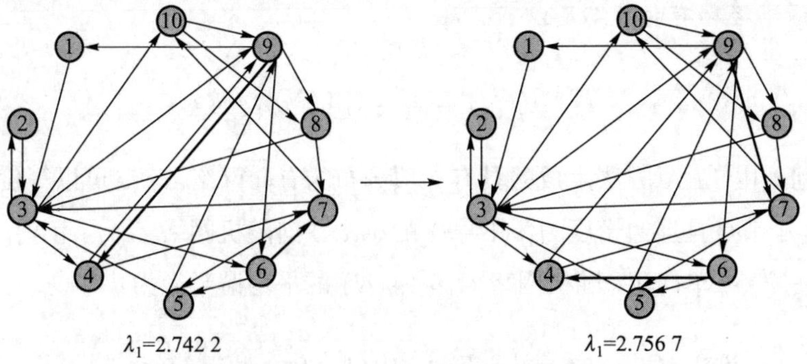

图 4.10 同配性对谱半径随有向性变化的影响实例。$\rho_D(G_1) = -0.6190$, $\xi(G_1) = 0.8333$, $\rho_D(G_2) = -0.5714$, $\xi(G_2) = 0.9167$

有 LRA 方法生成的具有二项分布的有向网络的同配性 ρ_D 同样都近似为 0。图 4.11 展示了在连边密度 $p = 2\ln N/N$ 和 $p = 0.05$ 的具有二项分布的有向网络中, 谱半径 λ_1 随有向性 ξ 的变化情况。可以发现, 谱半径 λ_1 反比于有向性 ξ, 斜率为 -1, 且这个线性关系与网络中连边密度 p 的大小无关。这个发现可以由命题 4.3.1 来解释。

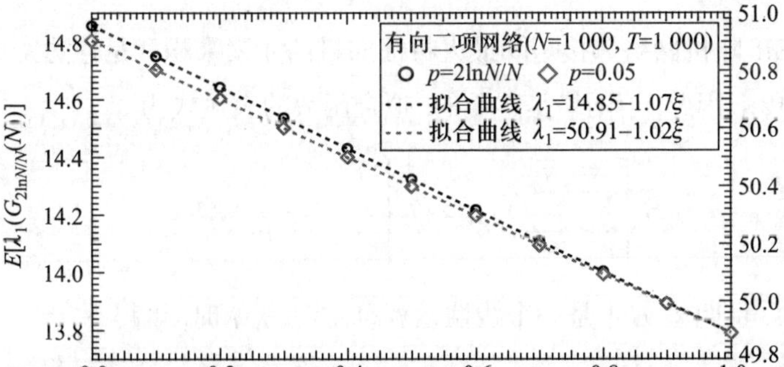

图 4.11 具有二项分布的有向网络中, 谱半径随有向性的变化情况 (10^3 次仿真的平均结果)

命题 4.3.1 假设用 $G^{(\xi=0)} = G_p(N)$ 表示具有 N 个节点的连通的 ER 随机网络, 用 $G^{(\xi)}$ 表示由 LRA 方法生成的具有二项分布的有向网络, 用 ξ 表示网络的有向性。如果有向网络 $G^{(\xi)}$ 的入度分布和出度分布与 $G_p(N)$ 的度分布相同,

则平均谱半径和有向性满足以下关系:

$$E[\lambda_1(G^{(\xi)})] \simeq E[\lambda_1(G_p(N))] - \xi \tag{4.13}$$

论证: 由 LRA 方法生成的具有二项分布的有向网络 $G^{(\xi)}$, 可以等价为一个具有 N 个节点且连边密度为 $p(1-\xi)$ 的 ER 双向随机网络 $G_{p(1-\xi)}(N)$, 并随机加入 $2p\xi\binom{N}{2}$ 条单向边。随机网络 $G_{p(1-\xi)}(N)$ 的平均谱半径为

$$E[\lambda_1(G_{p(1-\xi)}(N))] = (N-2)p(1-\xi) + 1 + O\left(\frac{1}{\sqrt{N}}\right).$$

如果用 $\boldsymbol{x}_1$ 表示随机网络 $G_{p(1-\xi)}(N)$ 的邻接矩阵 $\boldsymbol{A}$ 的最大特征向量, 用 C 表示在 ER 网络中加入一条单向连边后得到的网络, 那么, 这条单向连边的加入使得谱半径增加为

$$\lambda_1(C) \simeq \lambda_1(\boldsymbol{A}) + (\boldsymbol{x}_1)_i(\boldsymbol{x}_1)_j.$$

如果邻接矩阵 $\boldsymbol{A}$ 是不可约的, 那么这个增加是严格的。因此, 在随机网络中增加 m 条单向连边, 谱半径的增加值可以通过下式得到

$$E[\lambda_1(C) - \lambda_1(\boldsymbol{A})] \simeq mE[(\boldsymbol{x}_1)_i(\boldsymbol{x}_1)_j].$$

我们发现, ER 随机网络邻接矩阵最大特征向量的元素乘积和是连边密度 p 的函数 (见图 4.12)。因此, 当网络是连通的, 拟合函数的表达式为

$$E\left[\sum_{j=1}^{N}\sum_{i=1}^{N}(\boldsymbol{x}_1)_i(\boldsymbol{x}_1)_j\right] = N - \frac{1}{p} + O(1),$$

由 $\boldsymbol{x}_1^{\mathrm{T}}\boldsymbol{x}_1 - 1$, 且期望 $E[\cdot]$ 是一个线性运算符, 当 $i \neq j$ 时, 可得

$$E\left[(\boldsymbol{x}_1)_i(\boldsymbol{x}_1)_j\right] = \frac{N - \dfrac{1}{p} - 1}{N(N-1)} + O\left(\frac{1}{N^2}\right). \tag{4.14}$$

因此, LRA 方法产生的具有二项分布的有向网络, 和具有 N 个节点连边密度为 p 的 ER 网络具有相同的 $E\left[(\boldsymbol{x}_1)_i(\boldsymbol{x}_1)_j\right]$。通过向网络 $G_{p(1-\xi)}(N)$ 中增加 $m = 2p\xi\binom{N}{2}$ 条单向连边, 可以得到有向网络的平均谱半径约等于

$$E[\lambda_1(G^{(\xi)})] \simeq E[\lambda_1(G_{p(1-\xi)}(N))] + 2\left(N(N-1)/2\right)p\xi E\left[(\boldsymbol{x}_1)_i(\boldsymbol{x}_1)_j\right].$$

将其代入式 (4.14)，可得

$$E[\lambda_1(G^{(\xi)})] \simeq (N-2)p + 1 - \xi + O(\frac{1}{\sqrt{N}}).$$

则式 (4.13) 成立。证明完毕。 ■

Juhász [9] 曾指出，在具有 N 个节点连边密度为 p 的有向随机网络中，当 N 很大时，谱半径 $\lambda_1(G^{(\xi=1)})$ 几乎确定是 Np。而且，在网络规模 N 很大的 ER 随机网络中，谱半径 $E[\lambda_1(G^{(\xi=0)})] \to Np+1$ (见 [1])。这两个早期的研究结果与命题 4.3.1 中的结果一致，并为谱半径 λ_1 和有向性 ξ 之间的比例系数是 -1 提供了理论支持。

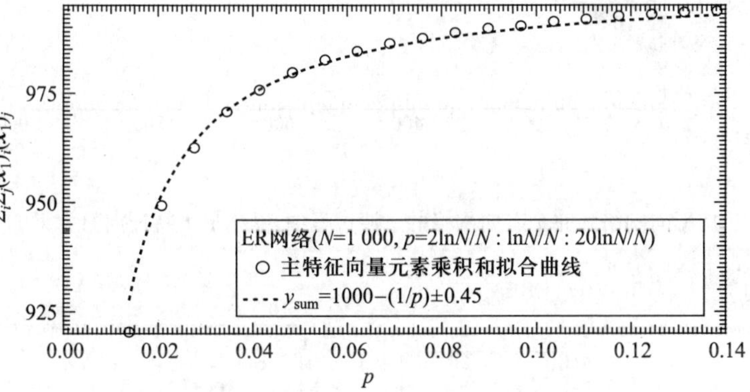

图 4.12 ER 随机网络中最大特征向量的元素乘积和与连边密度 p 的关系 ($N=1000$)

4.3.3 有向性对个体感染概率的影响

1987 年，Bonacich [10] 首次提出将最大特征向量看作中心性指标并用来衡量节点的影响力。在第 4.2 节的无向网络中，我们也发现，可以利用最大特征向量来选取将移除的连边或节点达到最小化谱半径的目的。此外，最大特征向量中的元素与无向网络中的个体感染概率成正比关系。这里将进一步分析有向网络中最大特征向量的作用。

计算有向性 $\xi \in [0,1]$ 的有向网络的最大特征向量，并将其元素从小到大排序 (所有元素的值是 10^3 次仿真的平均值)，由此得到图 4.13。我们发现，在服从二项度分布的有向网络中, 当有向性 $\xi \to 1$ 时, 最大特征向量 $\boldsymbol{x}_1 \to \dfrac{\boldsymbol{u}}{\sqrt{N}}$。此外, 无论是在服从二项度分布的有向网络中, 还是在服从幂律度分布的有向网络中, 最大特征向量元素的方差会随着有向性 ξ 的增大而线性减小 (见图 4.14)。这说明, 有向性 ξ 越大, 每个个体具有更加相似的感染概率。

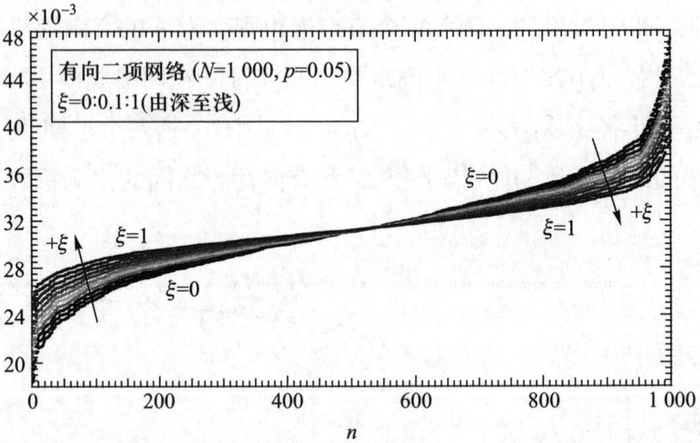

图 4.13　从无向网络到完全有向网络的过渡过程中, 网络最大特征向量元素的分布情况

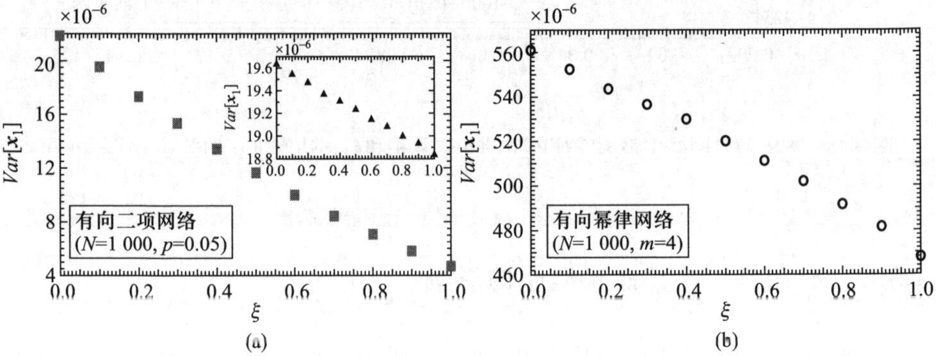

图 4.14　最大特征向量元素的方差随有向性的改变。(a) 服从二项度分布的有向网络 (方块记号表示由 LRA 方法生成, 三角记号表示由 IOPRA 生成), (b) 服从幂律度分布的有向网络 (图中为 10^3 次仿真实验的结果)

当网络有向性相同的时候, LRA 方法产生的有向网络比 IOPRA 方法产生的有向网络具有更小的方差 $Var[\boldsymbol{x}_1]$。根据 $\boldsymbol{A}\boldsymbol{x}_1 = \lambda_1 \boldsymbol{x}_1$, 相比于 IOPRA 方法, 在有向性相同的情况下, LRA 方法产生的有向网络中不同个体对谱半径的贡献更

为接近。网络具有大的度方差 $Var[k]$ 和大的同配性 ρ_D 都会引起大的最大特征向量元素方差 $Var[\boldsymbol{x}_1]$ [11]。此外, 有向性 ξ 是影响 $Var[\boldsymbol{x}_1]$ 的另一个因素, 大的有向性 ξ 会导致一个小的最大特征向量元素方差 $Var[\boldsymbol{x}_1]$。

4.3.4 同配性对有向网络流行病传播的影响

第 4.3.2 节分析了同配性 ρ_D 在 0 附近的有向网络, 谱半径 λ_1 如何随着有向性 ξ 变化。这里着重考虑网络同配性 $\rho_D \neq 0$ 的有向网络, 谱半径 λ_1 如何随着有向性 ξ 变化。此外, 也关注 ρ_D 的改变如何影响谱半径 λ_1 和有向性 ξ 之间的关系。这里采用两种方法来研究这个问题。

1. 方法 1

首先, 在 ER 随机网络 (或 BA 无标度网络) 上进行保护度的重连, 来获得一系列具有不同同配性的双向网络, 这些双向网络的 ρ_D 值分布在 -0.8 到 0.8 之间 (或 -0.3 到 0.3 之间), 以步长 0.1 取值。然后, 采用 IOPRA 方法改变每个双向网络的有向性 ξ, ξ 取值在 0 到 1 之间。需要注意的是: 由于 IOPRA 方法可以随机化网络连边的位置, 因此, 如果原始网络的同配性系数为非零值, IOPRA 会生成同配性更趋于零值的网络。实验结果如图 4.15 所示, 仿真次数并不影响所得到的结果, 这与 "几乎肯定的性能" (almost sure behavior) [12] 一致。

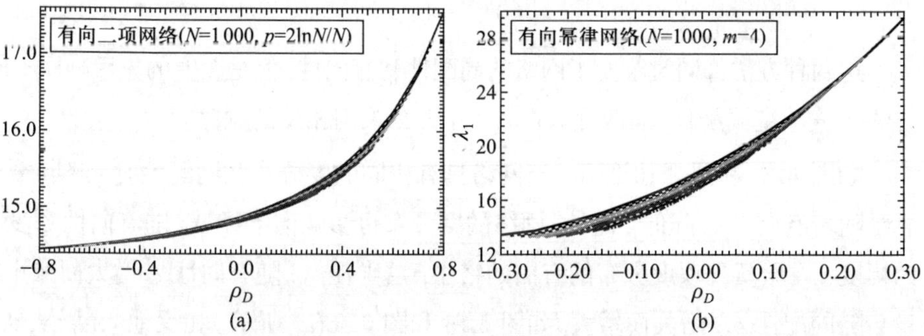

图 4.15 有向网络中, 当网络有向性 ξ 以步长 0.1 从 0 取到 1, 网络同配性对谱半径的影响。从最上面的灰色线到最下面的线, 有向性不断增加。(a) 具有二项度分布的有向网络, (b) 具有幂律度分布的有向网络

2. 方法 2

首先, 生成 ER 随机网络 (或 BA 无标度网络) $G^{(\xi=0)}$, 网络有向性为 $\xi=0$。然后, 应用 IOPRA 方法生成服从二项度分布的有向网络 (或服从幂律度分布的有向网络) $G^{(\xi=1)}$, 有向性 $\xi=1$。之后, 再分别用保护度的重连方法和 IOPRA 方法改变 ER 随机网络 (或 BA 无标度网络) $G^{(\xi=0)}$ 和服从二项度分布的有向网络 (或服从幂律度分布的有向网络) $G^{(\xi=1)}$ 的同配性, 但不改变有向性 ξ。注意, IOPRA 方法不仅可以用来改变网络的有向性, 还可以用来改变网络的同配性。图 4.16 展示了网络 $G^{(\xi=0)}$ 和 $G^{(\xi=1)}$ 的谱半径和同配性的关系。

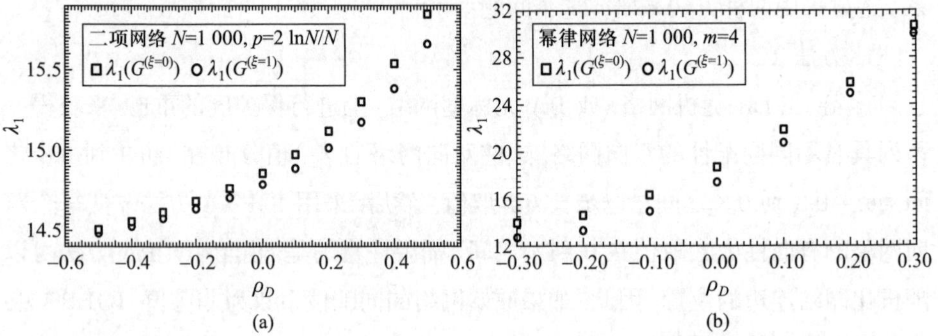

图 4.16 网络谱半径和同配性之间的关系。(a) 具有二项度分布的有向网络, (b) 具有幂律度分布的有向网络

这两种方法都同时改变了网络的同配性和有向性, 但是改变的先后顺序不同: 方法 1 先改变同配性, 后改变有向性; 方法 2 采用相反的顺序。

如图 4.15 和图 4.16 所示, 当网络具有相同的度分布和同配性时, 谱半径 λ_1 总是随着有向性 ξ 降低。此外, 网络的度分布也影响谱半径 λ_1 随有向性 ξ 变化的幅度。在服从二项度分布的有向网络中, 谱半径 λ_1 随有向性 ξ 增大而减小的量会随同配性 ρ_D 增大而增大, 如图 4.15 和图 4.16(a) 所示。相反地, 在服从幂律度分布的有向网络中, 谱半径 λ_1 随有向性 ξ 增大而减小的量会随同配性 ρ_D 的增大而减小, 如图 4.15(b) 和图 4.16(b)所示。当网络同配性 $\rho_D=0$ 时, 在服从幂律度分布的有向网络中谱半径的减小量, 比在服从二项度分布的有向网络中谱半径的减小量大。许多实际网络是服从幂律度分布的有向网络, 在这类网络中, 可以通过控制网络的有向性 ξ 来大范围地调节谱半径 λ_1, 实现流行病传播的免疫控制。

当网络同配性是一个定值的时候, 谱半径 λ_1 会随着有向性 ξ 的增大而降低。换而言之, 有向网络的有向性 ξ 越大, 流行病传播的临界值越大, 流行病越不容易形成暴发式传播。因此, 为了保护网络不受流行病传播的影响, 在保护网络的度分布和同配性不变的条件下, 提高网络的有向性是一个值得推荐的策略。

4.4 本章小结

本章第 4.2 节以基于节点和连边移除的流行病控制方法为切入点, 具体研究了如何采用连边移除和节点移除的方法, 最大程度地提高流行病的传播临界值。无论是节点的度、节点对应的特征向量元素值, 还是邻居节点的度和, 都体现了节点在网络中的某种连接属性特征, 而这些特征都可以从不同角度或者不同程度来影响网络上的流行病传播。虽然本节给出了这个 NP-难问题的启发式算法, 但是面对现有的大量的节点中心性指标, 是否可以综合不同算法, 找到更优的算法呢? 这是值得进一步探究的问题。本章第 4.3 节从有向网络的有向性着手, 分析有向网络某一类拓扑特性对传播临界值的影响。但这只是管中窥豹, 实际网络远比静态网络更加复杂, 网络拓扑结构包括了更多的时效特性、多层特性等, 因此, 如何刻画这些网络特性, 并且发现这些网络特性如何影响传播是值得引起重视的。针对抑制流行病传播暴发的控制, 本章只是探讨了如何提高传播临界值, 而刻画流行病传播的指标还有很多, 例如亚稳态个体感染比例、传播最大范围、传播阻抗等, 实际上可以针对不同的目标设计出不同的流行病传播控制策略, 或者系统地设计出针对多目标的综合流行病控制方案, 这些都值得进一步探索。

参考文献

[1] VAN MIEGHEM P. Graph Spectra for Complex Networks[M]. Cambridge: Cambridge University Press, 2011.

[2] VAN MIEGHEM P, STEVANOVIC D, KUIPERS F A, et al. Decreasing the spectral radius of a graph by link removals[J]. Physical Review E, 2011, 84(1): 016101.

[3] VAN MIEGHEM P, WANG H, GE X, et al. Influence of assortativity and degree-preserving rewiring on the spectra of networks[J]. The European Physical Journal B, 2010, 76: 643-652.

[4] STEVANOVIĆ D. The largest eigenvalue of nonregular graphs[J]. Journal of Combinatorial Theory Series B, 2004, 91(1): 143-146.

[5] LI C, WANG H, VAN MIEGHEM P. Bounds for the spectral radius of a graph when nodes are removed[J]. Linear Algebra and its Applications, 2012, 437: 319-323.

[6] LI C, WANG H, VAN MIEGHEM P. Epidemic threshold in directed networks[J]. Physical Review E, 2013, 88(6): 062802.

[7] PERRON O. Zur theorie der matrices[J]. Mathematische Annalen, 1907, 64(2): 248-263.

[8] FROBENIUS G. Üeber matrizen aus nicht negativen elementen[J]. Sitzungsberichte der Königlich Preussischen Akademie der Wissenschaften, 1912, 456-477.

[9] JUHÁSZ F. On the characteristic values of non-symmetric block random matrices[J]. Journal of Theoretical Probability, 1990, 3: 199-205.

[10] BONACICH P F. Power and centrality: A family of measures[J]. American Journal of Sociology, 1987, 92: 1170-1182.

[11] LI C, WANG H, VAN MIEGHEM P. Degree and Principal Eigenvectors in Complex Networks[C]. Networking 2012, 2012, 7289: 149-160.

[12] VAN MIEGHEM P, HOOGHIEMSTRA G, VAN DER HOFSTAD R W. Stochastic Model for the Number of Traversed Routers in Internet[C]. Proceedings of Passive and Active Measurement (PAM), RIPE NCC, Amsterdam, The Netherlands, 2001.

第 5 章 节点异质化的动态网络模型传播临界值与免疫策略分析

5.1 问题的引出

本书前述章节中的模型分析都基于两个重要的假设: 其一, 网络结构是静态的, 也就是说, 网络节点 (个体) 之间的连边一旦建立后就不再改变; 其二, 不考虑现实存在的个体差异性因素, 例如不同个体间的传染能力和易感程度的差异。这些去繁就简的假设条件使得早期研究复杂网络病毒传播理论的学者们能够集中注意力去分析网络 (静态) 结构复杂性的各种影响, 同时也是复杂网络实证研究的学者们通过观察实际数据的现象规律建立抽象模型的过程中常常采取的简化手段 [1-4]。人们在探索复杂网络传播模型诸多变化奥妙的十余年里, 也在不断尝试如何不受这两个假设的约束 [5-15]。本章在综合考虑这两个假设条件因素时, 也分别从两个角度展开探讨。在第 5.2 节, 网络节点被赋予个体的差异属性, 体现在每个节点的传染能力服从某一统计分布函数, 而个体之间的连边则采取最简单的随机游走式的碰撞来建立, 目的是为了考察异质节点在随机动态网络上的传播临界值。第 5.3 节则可视为第 5.2 节繁简角度的对偶化探究, 这里将节点的个体差异性通过其活跃程度来刻画, 构建相比静态网络更具一般性的时变动态网络模型, 而个体的传染能力则退化为单一同质的情形, 由此可以分类求解节点传染能力与连边时变结构对传播临界属性的解析影响。凡此种种的其他组合, 有兴趣的读者可以自行继续探讨。

5.2 节点传染性异质的随机动态网络传播临界值

5.2.1 模型描述

考虑网络节点 (个体) 在一个有界平面内以均匀速率做随机运动, 当健康 (易感) 个体与感染个体发生碰撞时, 视为发生一次可能导致病毒传播的接触。假设在一个边长为 L_S 的遵循周期性边界条件的正方形区域内存在 N 个个体, 每个个体具有相同的移动速度 v。因此在每个离散的时间步内, 个体移动轨迹可以计算如下:

$$\begin{cases} x_j(l+1) = x_j(l) + v\ \cos\theta_j(l), \\ y_j(l+1) = y_j(l) + v\ \sin\theta_j(l), \\ \theta_j(l+1) = \xi_j(l). \end{cases} \tag{5.1}$$

其中, $x_j(l)$、$y_j(l)$ 为 l 时间步第 j 个个体在平面上的 x 轴坐标值和 y 轴坐标值, $\theta_j(l)$ 为个体 j 的运动方向角, $\xi_j(l)$ 是在 $[0, 2\pi]$ 上均匀分布的随机变量。在每个时间步, 每个个体沿着其先前的运动方向移动, 当与其他个体相遇 (发生碰撞) 时, 在该时间步结束后改变方向, 假设相遇的个体各自沿着与其之前运动方向相反的方向移动。读者不妨回顾在 Erdös 和 Rényi 提出的随机图模型 [16] 里, 每一对节点是否相连取决于预先设定的连接概率, 网络中的连边是固定不变的。在本节的模型里, 随机游走的个体之间相遇 (发生碰撞) 是随机的, 一次相遇构成了网络中个体之间瞬时相连的连边。因此, 本节的模型实际上是 ER 随机图模型的时变动态版本。

考虑经典的 SIS 传播过程。网络个体分为两类状态: 易感状态 S 和感染状态 I。当感染个体 u 与易感个体 w 相遇 (即发生碰撞), 我们定义疾病传染概率, 即

感染个体 u 与易感个体 w 相遇时的实际传染概率 β_{uw} 为

$$\beta_{uw} = i_u s_w, \tag{5.2}$$

其中, i_u 是感染个体 u 的传染能力, s_w 是易感个体 w 的易感性。令感染个体的传染能力 i_u 和易感个体的易感性 s_w 分别服从概率分布函数 $p(i)$ 和 $p(s)$。不失一般性, 假设每个感染个体经过 t 个时间步后, 以概率 1 康复回到易感的 S 状态。因此, 离散 SIS 传播过程中的个体状态转移变化如图 5.1 所示。

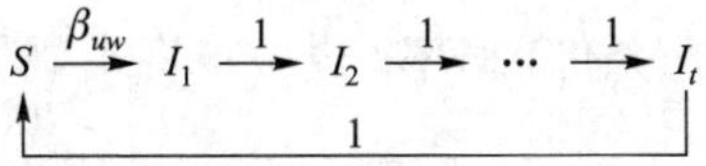

图 5.1　离散 SIS 传播过程中的个体状态转移变化图

图 5.1 中 $I_1, I_2, \cdots, I_t$ 分别表示在 $1, 2, \cdots, t$ 个时间步被感染的感染个体, 个体状态之间转换箭头上的 β_{uw} 和 1 表示在相应时间步里发生个体状态变化的概率。

5.2.2　临界值分析

如果将 S 视为 I_0, 上面这个从 S 到 I_t 的转移过程可以视为从 I_0 到 I_t 的 $t+1$ 个时间步的状态变化。令 $\rho_s^0, \rho_s^1, \cdots, \rho_s^t$ 分别表示在时间步 $0, 1, \cdots, t$ 时, 具有易感性 s 的感染个体密度。具有易感性 s 的感染个体密度在各个状态之间随时间变化的率方程可以写为

$$\begin{cases} \dot{\rho}_s^0 = \rho_s^t - s\bar{n}_{coll}\rho_s^0\Theta \\ \dot{\rho}_s^1 = s\bar{n}_{coll}\rho_s^0\Theta - \rho_s^1 \\ \dot{\rho}_s^2 = \rho_s^1 - \rho_s^2 \\ \cdots\cdots\cdots\cdots \\ \dot{\rho}_s^t = \rho_s^{t-1} - \rho_s^t, \end{cases} \tag{5.3}$$

其中, $\bar{n}_{coll}$ 为每个个体在单位时间步与其他个体的平均相遇 (碰撞/接触) 次数。

令 Θ 为所有感染个体的平均有效传染能力, 即

$$\Theta = \sum_i i\rho_i p(i), \tag{5.4}$$

其中, ρ_i 是传染能力 i 的感染个体密度, $p(i)$ 是传染能力 i 的概率分布函数。令 ρ_s 为易感性 s 的感染个体密度, 则 ρ_s 和 ρ_i 存在如下关系:

$$\rho_i Np(i) = \sum_s p(i|s)\rho_s Np(s), \tag{5.5}$$

其中, N 是网络节点 (个体) 总数, $p(i|s)$ 是从易感性 s 的个体中随机选择一个个体恰好具有传染能力 i 的 (条件) 概率。进一步将式 (5.5) 写为

$$\rho_i p(i) = \sum_s p(i,s)\rho_s, \tag{5.6}$$

其中, $p(i,s)$ 是个体具有传染能力 i 和易感性 s 的联合概率分布函数。将式 (5.6) 代入式 (5.4) , 则

$$\Theta = \sum_i \sum_s i\rho_s p(i,s). \tag{5.7}$$

由于 $\rho_s = \sum_{l=1}^{t} \rho_s^l$, $\rho_s^0 = 1 - \rho_s$, 令式 (5.3) 右边等于 0, 则可以求解得到各式的平衡点。

因此,

$$\frac{\rho_s}{t} = \rho_s^1 = \cdots = \rho_s^t = s\bar{n}_{coll}(1-\rho_s)\Theta, \tag{5.8}$$

可以进一步得到

$$\rho_s = \frac{st\bar{n}_{coll}\Theta}{1 + st\bar{n}_{coll}\Theta}. \tag{5.9}$$

将式 (5.9) 代入式 (5.7) , 得到如下关于 Θ 的自洽方程:

$$\Theta = \sum_i \sum_s ip(i,s)\frac{st\bar{n}_{coll}\Theta}{1 + st\bar{n}_{coll}\Theta} \triangleq f(\Theta). \tag{5.10}$$

由于上式存在一个非平凡解 $\Theta \neq 0$ 的条件等价于 $\left.\frac{\partial f}{\partial \Theta}\right|_{\Theta=0} \geqslant 1$, 直接计算可得

$$\left.\frac{\partial f}{\partial \Theta}\right|_{\Theta=0} = t\bar{n}_{coll}\sum_i \sum_s i \times s \times p(i,s). \tag{5.11}$$

令 $\tau_c = \sum_i \sum_s i \times s \times p(i, s)$, 它是网络中所有个体的易感性与传染能力乘积的均值, 也可以写成

$$\tau_c = \langle is \rangle = \frac{1}{N} \sum_{u=1}^{N} i_u s_u. \tag{5.12}$$

因此, 当如下不等式成立时, 流行病会在网络中扩散:

$$\tau_c \geqslant 1/t\bar{n}_{coll}. \tag{5.13}$$

需要强调的是, 流行病扩散的临界条件式 (5.13) 不能简单视为是 $\tau_c \geqslant 1/\langle k \rangle$ [3, 17, 18] 从静态网络到动态异质网络的直接推论, 它更多反映了 τ_c 与个体异质程度等相关因素的复杂关系, 下面通过数值仿真进一步分析。

5.2.3 数值仿真

在本节的各数值仿真示例中, 设置仿真参数为: 个体总数 $N = 200$, 边长 $L_S = 50$ (L_S 为满足周期边界条件的正方形区域的边长), 个体运动速度 $v = 1$, 个体半径 $r = 1$, 感染周期 $t = 100$单位时间步。初始时所有个体都随机分布在所规定的平面区域内, 初始感染个体比例 $f = 10\%$。个体在一个感染周期内的平均碰撞次数 $t\bar{n}_{coll} \doteq 31.12$ (在 10^5 个仿真时间步平均计算得到)。个体的异质程度通过易感性与传染能力的概率分布函数来表征刻画。需要强调的是, 虽然在临界值分析时我们并没有明确个体易感性与传染能力之间是否存在相关性, 但在数值仿真过程中, 明确了个体易感性 s 和传染能力 i 的概率分布函数是独立无关的, 以便重点考察高斯分布和幂律分布这两类分布函数的异质程度所带来的影响。

1. s, i 服从相同的幂律分布

令 s 和 i 服从相同的幂律分布函数 $p(x) \sim x^{-\gamma}$, 其中, $x \in (0, 1]$, 幂律指数 $\gamma > 0$, 数值仿真结果如图 5.2 所示。从图 5.2(a) 可以发现, 稳态时感染个体所占的比例存在一个临界幂律指数 $\gamma_c = 2.63$: 当 $\gamma < \gamma_c$ 时, 全部个体最终都不处于感染状态, 疾病不会流行; 当 $\gamma > \gamma_c$ 时, 流行病毒会伴随个体移动而传播扩散, 整个网络最终保持一定数量的感染个体。在超过临界幂律指数后, 随着 γ 增大, 感染个体的比例递增, 即流行病在动态网络中的传播范围更广。需要说明的是, 幂

律分布的幂律指数越大, 相应的 s 和 i 分布越均匀。因此, 节点异质程度的加强不会有利于疫情的扩散。通过式 (5.13) 计算不同幂律指数 γ 的概率分布函数对应的传播临界阈值 τ_c, 如图 5.2(b) 所示, 由 $\tau_c = 1/t\bar{n}_{coll} \doteq 0.032$ 的交叉点计算得到 $\gamma = 2.55$, 与图 5.2(a) 中数值仿真得到的幂律指数临界值 2.63 很接近。

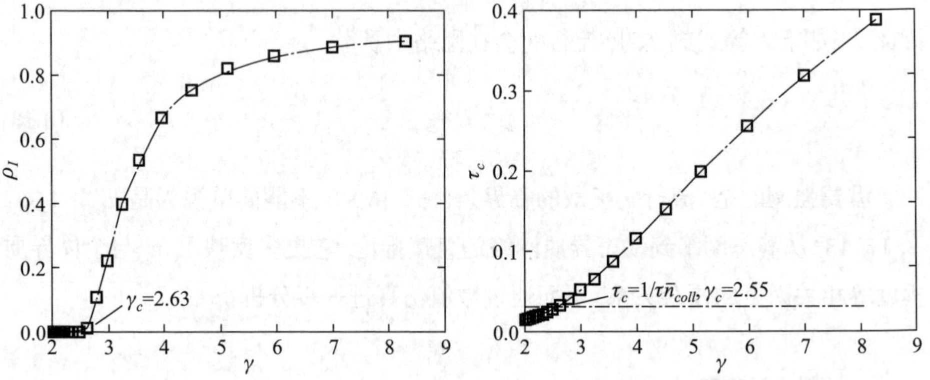

(a)　　(b)

图 5.2　数值仿真达到稳态时, (a) 感染个体比例 ρ_I 随幂律指数 γ 变化的曲线, (b) 传播临界值 τ_c 随幂律指数 γ 变化的曲线。每个数据点 (图中正方形) 由 10 次数值仿真的平均值得到, 每次仿真取 1000 时间步中的后 800 步

为了观察个体密度 $\rho = N/L_S^2$ 的影响, 固定个体数量 $N = 200$, 通过改变 L_S 来调整得到 ρ 的变化关系, 如图 5.3 所示, 平均碰撞次数 $\bar{n}_{coll}$ 与密度 ρ 呈现正相关。此外, 针对给定的易感性 s 和传染能力 i 的概率分布, 也可以根据式 (5.12) 来计算得到临界个体密度 ρ_c 的理论值, 如图 5.4 所示, 它是幂律指数 γ 的减函数, 并且与数值仿真得到的临界密度非常吻合。

2. s, i 服从相同的高斯分布

令 s 和 i 服从相同的高斯分布函数 $p(x) \sim N(\mu, \delta^2) = \dfrac{1}{\delta\sqrt{2\pi}}\mathrm{e}^{-\frac{(x-\mu)^2}{2\delta^2}}$, $0 \leqslant x \leqslant 1$。方差 δ^2 刻画了高斯分布函数数值距离均值的差异程度, 方差越大则异质程度越大。设定均值 $\mu = 0.5$, 然后变化 δ^2。如图 5.5 所示, 整个网络在稳态时感染个体所占的比例是方差 δ^2 的减函数, 因此, 个体差异服从高斯分布时与服从幂律分布的情形一样, 节点异质程度的加强不会有利于疫情的扩散。

3. s, i 服从不同的概率分布函数

当 s, i 服从不同类型的概率分布时, 不失一般性, 这里考虑两种情形。情形 I:

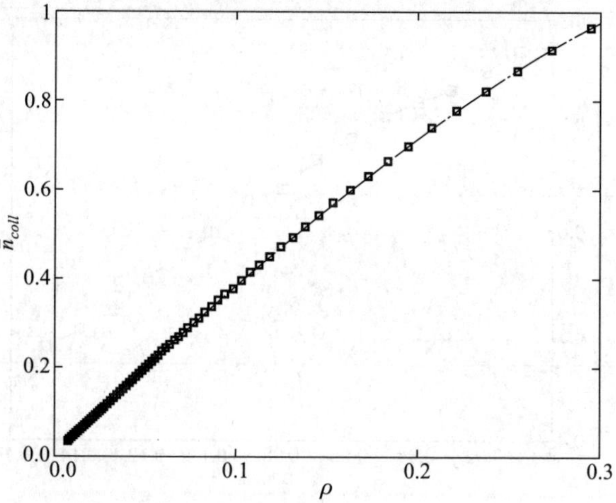

图 5.3 平均碰撞次数 $\bar{n}_{coll}$ 随个体密度 ρ 变化的曲线。每个数据点 (图中正方形) 由 10 次数值仿真的平均值得到, 每次仿真取 10000 时间步

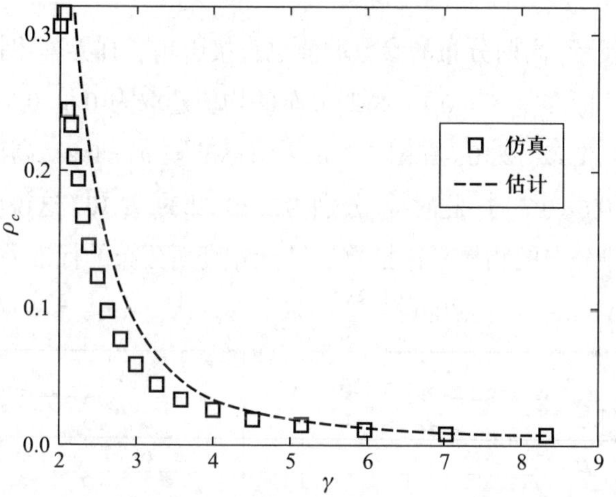

图 5.4 个体密度临界值 ρ_c 随幂律指数 γ 变化的曲线。每个数据点 (图中正方形) 由 10 次数值仿真的平均值得到, 每次仿真取 1000 时间步中的后 800 步。虚线由式 (5.13) 计算传播临界理论值时相应的平均碰撞次数 $\bar{n}_{coll}$ 估计得到

个体易感性 s 服从幂律分布 $p(s) \sim s^{-\gamma}$, 传染能力 i 服从高斯分布 $p(i) \sim N(\mu, \delta^2)$; 情形 Ⅱ: 个体易感性 s 服从高斯分布 $p(s) \sim N(\mu, \delta^2)$, 传染能力 i 服从幂律分布 $p(i) \sim i^{-\gamma}$ 。实际上, 这两种情形的结论没有区别, 并且, 当各个概率分布函数选取相同的参数值时, 这两种情形的平均相遇次数等参数都是相同的。

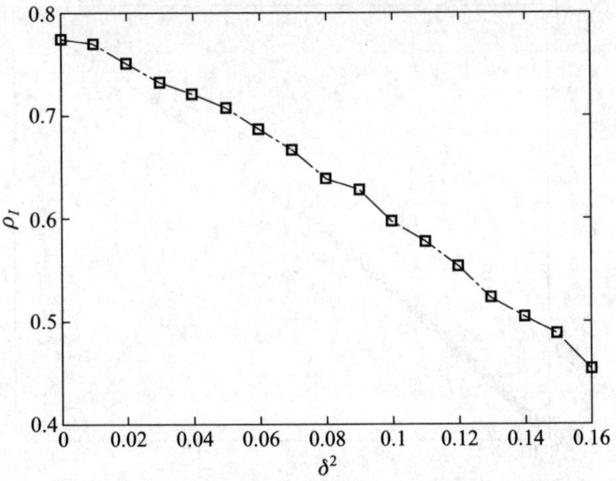

图 5.5　感染个体比例 ρ_I 随高斯分布 $p(x) \sim N(0.5, \delta^2)$ 的方差 δ^2 变化的曲线。每个数据点 (图中正方形) 由 10 次数值仿真的平均值得到, 每次仿真取 10000 时间步

如图 5.6 所示, 高斯分布的参数取值也直接影响了临界幂律指数 γ_c 的大小。在图 5.6(a) 中 (标准差 $\delta = 0.1$), 高斯分布的均值选取为 0.3、0.5、0.7 时, 相应的 γ_c 分别为 2.63、2.22、2.10。在图 5.6(b) 中 (标准差 $\delta = 0.2$), 高斯分布的均值同样选取为 0.3、0.5、0.7 时, 此时 γ_c 分别为 2.80、2.39、2.16。这说明高斯分布的均值 μ 越大, 幂律分布的临界幂律指数 γ_c 越小; 高斯分布的标准差 δ 越大, 幂律分

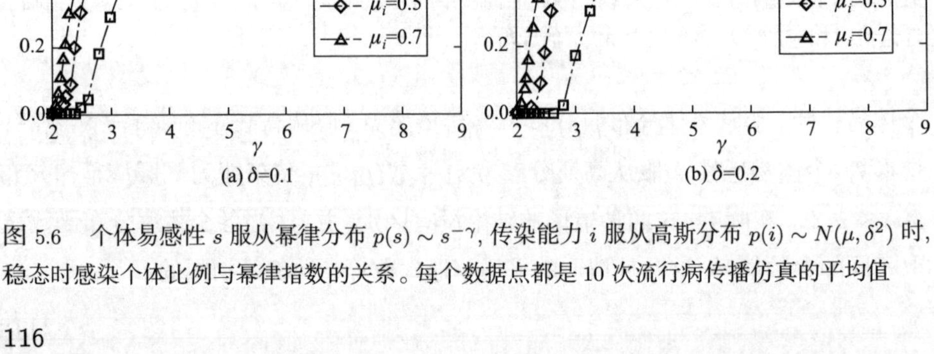

图 5.6　个体易感性 s 服从幂律分布 $p(s) \sim s^{-\gamma}$, 传染能力 i 服从高斯分布 $p(i) \sim N(\mu, \delta^2)$ 时, 稳态时感染个体比例与幂律指数的关系。每个数据点都是 10 次流行病传播仿真的平均值

布的临界幂律指数 γ_c 越大。在均值相同的情况下, 标准差为 0.2 时的幂律临界值比标准差为 0.1 时的幂律临界值大。如图 5.7 所示, 两种不同情形的高斯分布仿真结果表明, 均值 μ 增大而 γ_c 减小, 标准差 δ 增大而 γ_c 增大, 充分验证了个体差异的异质程度能够抑制疫情的扩散。

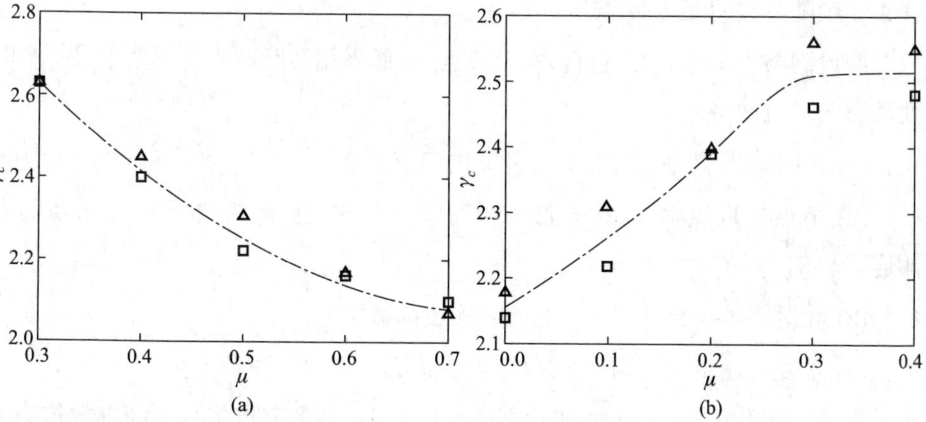

图 5.7　个体临界幂律指数 γ_c 与传染能力 i 的高斯分布 $p(i) \sim N(\mu, \delta^2)$ 的参数 μ, δ 的关系。(a) γ_c 与高斯分布 $N(\mu, 0.1^2)$ 中均值 μ 的关系图; (b) γ_c 与高斯分布 $N(0.5, \delta^2)$ 中标准差 δ 的关系图。其中方块对应情形 I, 三角对应情形 II。虚线为数据点的拟合曲线, 每个数据点都是 10 次流行病传播仿真的平均值

5.3　节点活跃性异质的时变动态网络传播临界值

5.3.1　模型描述

随时间变化而连接结构也变化的网络里, 节点间的相互作用是快速变化的, 并且这种相互作用的持续时间往往具有不同的时间尺度, 这一类型的动态网络统称为时变网络。网络节点 (个体) 之间的连边受节点活跃程度的影响并随着时间变化而变化, 节点的活跃程度由其活跃势能来决定。假设任意一个节点 j 的活跃

势能 $a_j \in [\epsilon, 1]$, 简化起见, 不妨令常数 ϵ 为一个很小的正实数, 比如, 令 $\epsilon = 0.01$。每个节点的活跃势能决定了在给定的一段时期即特征时间窗 Δt 内, 这个节点与其他节点发生社会交互产生的参与率, 即该节点参与的交互连边占所有交互连边的比例。注意到不同节点活跃性的差异化, 因此在一段时间里, 不同节点之间的交互连边随着时间变化而动态变化。

假设网络 $G = \{N, L\}$ 包含 N 个节点, 下面采用活跃性驱动模型生成一个时变动态的随机网络 [19]:

(1) 在时刻 t, 网络 G 由 N 个孤立的节点组成;

(2) 节点 j 以概率 $a_j\Delta t$ 被激活后产生 m 条连边, 随机选择 m 个节点与之相连;

(3) 在时刻 $t + \Delta t$, 网络 G 的所有连边都被移除;

(4) 重复上述步骤直到整个网络演化结束。

那么, 假设在这样一个时变动态随机网络上, 每个节点都具有同等的传染强度。传染强度定义为感染节点单位时间最多可以感染的易感邻居数量。考虑 SIS 传播过程, 病毒在整个时变动态网络上的传染过程概述如下:

(1) 在时刻 t, 网络 G 由 N 个孤立的节点组成;

(2) 节点 j 以概率 $a_j\Delta t$ 被激活后产生 m 条连边, 随机选择 m 个节点与之相连; 被感染节点以 β 概率最多感染 Q 个易感邻居, 并以 μ 概率自动恢复到易感状态;

(3) 在时刻 $t + \Delta t$, 网络 G 的所有连边都被移除;

(4) 重复上述步骤直到所设定的演化时间结束。

其中, 令每个节点的传染强度为 Q, 节点 j 的活跃势能 a_j 相互独立并且服从相同的分布函数 $F(a)$。由于本节所采用的演化模型都是离散时间的, 选取 $\Delta t = 1$。

5.3.2 临界值分析

将网络中的节点根据其活跃势能分组。在时刻 t 具有活跃势能 a 的节点组成的小组中, 令感染节点在该小组的密度为 $\rho_{I,a}^t$, 则 $\rho_{I,a}^t = \dfrac{I_a^t}{N_a}$, I_a^t 为该小组的感染节点数, N_a 为该小组的节点数。因此, 在时刻 $t + \Delta t$, 该小组的感染节点密度

可以写为

$$\rho_{I,a}^{t+\Delta t} = -\mu\Delta t\rho_{I,a}^t + \rho_{I,a}^t + m\beta(1-\rho_{I,a}^t)a\Delta t\int\frac{\min\{Q,1+m\langle a\rangle\}}{1+m\langle a\rangle}\mathrm{d}a'\frac{I_{a'}^t}{N}$$
$$+m\beta(1-\rho_{I,a}^t)\int\frac{\min\{Q,m(1+\langle a\rangle)\}}{m(1+\langle a\rangle)}\mathrm{d}a'\frac{I_{a'}^t}{N}a'\Delta t. \tag{5.14}$$

在式 (5.14) 右侧各项中, 第一项是 t 时刻活跃势能为 a 的小组中恢复为易感节点的感染节点密度, 第二项是 t 时刻该小组中感染节点的密度, 第三项是该小组中被其他活跃的感染节点感染的活跃的易感节点密度, 第四项是该小组中易感节点 (无论是否活跃) 被活跃的感染节点所感染的密度。在等式中, 活跃的感染节点最多随机选择 Q 个易感邻居接触并感染, $\langle a\rangle = \int aF(a)\mathrm{d}a$, $1+m\langle a\rangle$ 为所有非活跃节点的瞬时平均度再加上 1①, $m(1+\langle a\rangle)$ 为所有活跃节点的瞬时平均度。

令

$$\Psi = \frac{m\times\min\{Q,1+m\langle a\rangle\}}{1+m\langle a\rangle},\quad \Omega = \frac{m\times\min\{Q,m(1+\langle a\rangle)\}}{m(1+\langle a\rangle)}, \tag{5.15}$$

并且, $\rho_I^t = \int\rho_{I,a}^t\mathrm{d}a$, $\theta^t = \int a\rho_{I,a}^t\mathrm{d}a$。忽略 $\rho_I^{t+\Delta t}$ 和 $\theta^{t+\Delta t}$ 的高阶项, 可以得到

$$\begin{cases}\rho_I^{t+\Delta t} = \int\rho_{I,a}^{t+\Delta t}\mathrm{d}a \simeq -\Delta t\mu\rho_I^t + \rho_I^t + \Delta t\Psi\beta\langle a\rangle\rho_I^t + \Delta t\Omega\beta\theta^t,\\ \theta^{t+\Delta t} = \int a\rho_{I,a}^{t+\Delta t}\mathrm{d}a \simeq -\Delta t\mu\theta^t + \theta^t + \Delta t\Psi\beta\langle a^2\rangle\rho_I^t + \Delta t\Omega\beta\langle a\rangle\theta^t,\end{cases} \tag{5.16}$$

其中, $\langle a^2\rangle = \int a^2F(a)\mathrm{d}a$。当 $\Delta t\to 0$ 时, 计算式 (5.16) 的导数, 可以得到

$$\begin{cases}\dfrac{\mathrm{d}\rho_I}{\mathrm{d}t} = -\mu\rho_I + \Psi\beta\langle a\rangle\rho_I + \Omega\beta\theta,\\ \dfrac{\mathrm{d}\theta}{\mathrm{d}t} = -\mu\theta + \Psi\beta\langle a^2\rangle\rho_I + \Omega\beta\langle a\rangle\theta.\end{cases} \tag{5.17}$$

因此, 感染节点的有效传播率为 $\xi = \dfrac{\beta}{\mu}$。线性化微分方程组 (5.17) 后得到的 Jacobian 矩阵为

$$\boldsymbol{J} = \begin{bmatrix}-\mu+\Psi\beta\langle a\rangle & \Omega\beta\\ \Psi\beta\langle a^2\rangle & -\mu+\Omega\beta\langle a\rangle\end{bmatrix}, \tag{5.18}$$

① 这里加 1 是为了与 Q 比较, 因为 $Q\geqslant 1$, 而通常 $m\langle a\rangle < 1$。

其特征值为

$$\tau_{(1,2)}=\frac{(\Psi\beta\langle a\rangle+\Omega\beta\langle a\rangle-2\mu)\pm\beta\sqrt{(\Psi-\Omega)^2\langle a\rangle^2+4\Psi\Omega\langle a^2\rangle}}{2}. \tag{5.19}$$

当最大特征值大于零时, 可以得到疾病 (地方病) 流行的条件:

$$\xi>\xi_c=\frac{1}{\dfrac{1}{2}(\Psi'+\Omega)\langle a\rangle+\dfrac{1}{2}\sqrt{(\Psi-\Omega)^2\langle a\rangle^2+4\Psi\Omega\langle a^2\rangle}}.$$

考虑接触率和每个个体的传染强度, 得到传播临界值满足如下条件:

$$\tau_c=\min(\langle k\rangle_t,Q)\xi_c=\min(2m\langle a\rangle,Q)\xi_c.$$

假设 $m\langle a\rangle<1$ (实证研究表明, 这在大多数实际情况下是成立的) , 则传播临界值为 $\tau_c=2m\langle a\rangle\xi_c$, 即

$$\tau_c=\frac{4m\langle a\rangle}{(\Psi+\Omega)\langle a\rangle+\sqrt{(\Psi-\Omega)^2\langle a\rangle^2+4\Psi\Omega\langle a^2\rangle}}. \tag{5.20}$$

进一步地, 根据传染强度 Q 的大小, 将传播临界值 τ_c 分为以下 3 类。

(1) 第一类: 低传染强度 $(Q<1+m\langle a\rangle)$

此时, 传染强度 Q 小于所有非活跃节点的瞬时平均度加 1。注意到 $m\geqslant 1$, 由 (5.15) 式有 $\Psi=\dfrac{mQ}{1+m\langle a\rangle}$, $\Omega=\dfrac{Q}{1+\langle a\rangle}$, 代入式 (5.20), 计算得到第一类的传播临界值为

$$\tau_c^I=\frac{\dfrac{4m}{Q}}{\dfrac{1+\dfrac{1}{m}+2\langle a\rangle}{\left(\dfrac{1}{m}+\langle a\rangle\right)(1+\langle a\rangle)}+\sqrt{\dfrac{\left(1-\dfrac{1}{m}\right)^2+4\langle a^2\rangle/\langle a\rangle^2\left(\dfrac{1}{m}+\langle a\rangle\right)(1+\langle a\rangle)}{\left(\dfrac{1}{m}+\langle a\rangle\right)^2(1+\langle a\rangle)^2}}}. \tag{5.21}$$

(2) 第二类: 中等传染强度 $(1+m\langle a\rangle\leqslant Q<m(1+\langle a\rangle))$

此时, 传染强度 Q 大于所有非活跃节点的瞬时平均度加 1, 但小于所有活跃节点的瞬时平均度。同第一类的分析, 将 $\Psi=m$, $\Omega=\dfrac{Q}{1+\langle a\rangle}$, 代入式 (5.20), 计

算得到第二类的传播临界值为

$$\tau_c^{II} = \frac{4m}{\left(m + \frac{Q}{1+\langle a\rangle}\right) + \sqrt{\left(m - \frac{Q}{1+\langle a\rangle}\right)^2 + 4m\frac{Q\langle a^2\rangle/\langle a\rangle^2}{1+\langle a\rangle}}}. \tag{5.22}$$

(3) 第三类: 饱和传染强度 ($Q \geqslant m(1+\langle a\rangle)$)

此时, 传染强度 Q 大于所有活跃节点的瞬时平均度。类似地, 将 $\Psi = m$, $\Omega = m$, 代入式 (5.20), 计算得到第三类的传播临界值为

$$\tau_c^{III} = \frac{2\langle a\rangle}{\langle a\rangle + \sqrt{\langle a^2\rangle}}. \tag{5.23}$$

5.3.3 免疫策略分析

回忆本书前面章节介绍的几种典型免疫策略。随机免疫策略是随机选择一部分节点采取免疫的策略。因此, 随机选中一个密度为 g 的免疫个体的集合, 等价于对有效感染率做如下的尺度变换:

$$f \to f(1-g). \tag{5.24}$$

由此可得 $\tau_c^{rand}(1-g^{rand}) = \tau_c$, 代入式 (5.20), 可以计算得到采取随机免疫策略时的传播临界值 τ_c^{rand} 为

$$\tau_c^{rand} = \frac{4m}{(\Psi+\Omega) + \sqrt{(\Psi-\Omega)^2 + 4\Psi\Omega\frac{\langle a^2\rangle}{\langle a\rangle^2}}}\frac{1}{1-g^{rand}}, \tag{5.25}$$

其中, g^{rand} 是网络上随机免疫个体的密度。

相比于随机免疫策略, 目标免疫是有针对性地选择网络中的重要节点来进行免疫。具体到时变动态网络, 目标免疫策略选择具有重要时变特征 (例如具有高的活跃势能 [20]) 的节点个体来进行免疫。设 a_c ($\epsilon < a_c < 1$) 为活跃势能的一个特定值, 目标免疫的策略为对活跃势能大于 a_c 的个体免疫。令 g^{targ} 为此时需免疫的高活跃势能个体的密度, 则 $g^{targ} = \int_{a_c}^{1} F(a)\mathrm{d}a = 1 - \langle a^0\rangle^c$, 其中, $\langle a^0\rangle^c$ 为小于活跃势能 a_c 的节点的零阶矩, 其高阶矩为 $\langle a^n\rangle^c = \int_{\epsilon}^{a_c} a^n F(a)\mathrm{d}a, n = 1, 2$。类

似式 (5.14) , 可以得到采取该目标免疫策略, 在时刻 $t+\Delta t$ 活跃势能为 a 的小组内感染节点密度是

$$\rho_{I,a}^{t+\Delta t}=-\mu\Delta t\rho_{I,a}^{t}+\rho_{I,a}^{t}+m\beta(1-\rho_{I,a}^{t})a\Delta t\int_{\epsilon}^{a_c}\frac{\min\{Q,1+m\langle a\rangle\}}{1+m\langle a\rangle}\mathrm{d}a'\frac{I_{a'}^{t}}{N}$$
$$+m\beta(1-\rho_{I,a}^{t})\int_{\epsilon}^{a_c}\frac{\min\{Q,m(1+\langle a\rangle)\}}{m(1+\langle a\rangle)}\mathrm{d}a'\frac{I_{a'}^{t}}{N}a'\Delta t. \tag{5.26}$$

因此, 参照第 5.3.2 节的临界值求解方法, 采取目标免疫后的传播临界值满足如下关系:

$$\tau_c^{targ}=\frac{4m}{(\varPsi+\varOmega)\eta+\sqrt{(\varPsi-\varOmega)^2\eta^2+4\varPsi\varOmega\dfrac{\langle a^2\rangle}{\langle a\rangle^2}\chi}}\frac{1}{1-g^{targ}}, \tag{5.27}$$

其中,

$$\eta=\frac{\displaystyle\int_{\epsilon}^{a_c}aF(a)\mathrm{d}a}{\displaystyle\int_{\epsilon}^{a_c}\langle a\rangle F(a)\mathrm{d}a},\quad \chi=\frac{\displaystyle\int_{\epsilon}^{a_c}a^2F(a)\mathrm{d}a}{\displaystyle\int_{\epsilon}^{a_c}\langle a^2\rangle F(a)\mathrm{d}a}. \tag{5.28}$$

下面考量在节点活跃性存在差异的条件下, 时变动态网络分别采取目标免疫策略和随机免疫策略的 SIS 传播模型临界条件。定理 5.1 说明, 在活跃性驱动的时变动态网络上, 无论节点的传染强度大小, 目标免疫策略比随机免疫策略在抑制网络上 SIS 类型的流行病的扩散时效果略优。

定理 5.3.1 当网络中相同比例的个体分别采取目标免疫策略和随机免疫策略进行免疫时, 令采取目标免疫和随机免疫后的传播临界值分别为 τ_c^{targ} 和 τ_c^{rand}, 则无论 Q 取何值, $\tau_c^{targ}>\tau_c^{rand}$。

证明: 设 g 为 $(0,1)$ 上的一个数值。当目标免疫和随机免疫个体被免疫的比例满足 $g^{rand}=g^{targ}=g$ 时, 令 $G(a_c)=\displaystyle\int_{\epsilon}^{a_c}(a-\langle a\rangle)F(a)\mathrm{d}a, G^*(a_c)=\int_{a_c}^{1}(a-\langle a\rangle)F(a)\mathrm{d}a$, 其中 $G(a_c)+G^*(a_c)=0$。$F(a)$ 是活跃势能 a 的概率密度函数, 并且 $\langle a\rangle=\displaystyle\int_{\epsilon}^{1}aF(a)\mathrm{d}a$。

当 $a_c\geqslant\langle a\rangle$, 根据积分第一中值定理, 存在一个实数 $\varrho\in(a_c,1)$ 满足 $G^*(a_c)=(\varrho-\langle a\rangle)(1-g)>0$。因为 $G(a_c)=-G^*(a_c)<0$, 式 (5.28) 中 $\eta<1$。

当 $a_c<\langle a\rangle$, 也存在一个实数 $\varsigma\in(\epsilon,a_c)$, 满足 $G(a_c)=(\varsigma-\langle a\rangle)(1-g)<0$, 因此 $\eta<1$。

同理计算可知, 对于任意 a_c, 式 (5.28) 中 $\chi < 1$。

因此当 $g^{rand} = g^{targ} = g$ 时, 根据式 (5.25) 和式 (5.27), 可以得到 $\tau_c^{targ} > \tau_c^{rand}$, 且与传染强度 Q 无关。证明完毕。 ■

5.3.4 数值仿真

5.3.4.1 无免疫策略干预下的传播临界值

利用活跃性驱动模型生成一个包含 $N = 10^4$ 个节点的时变动态网络, 每个节点的活跃势能满足 $F(a) \sim a^{-3}, a \in [0.01, 1]$, 其平均值为 $\langle a \rangle = 0.0197$, 在这个时变动态网络上仿真模拟 SIS 传播过程, 所有的图示结果取自 100 次数值仿真的平均值。如图 5.8(a) 所示, 可以观察到, 传染强度 Q 的确会促进流行病在时变动态网络上的扩散和蔓延。在 $m = 5$ 的条件下, 随着传染强度 Q 增加, 传播临界值 τ_c 不断下降直至达到并保持在第三类饱和传染强度下的临界值 τ_c^{III} (见式 (5.23))。在第三类饱和传染强度情况下 (如图 5.8(d) 所示), 传播临界值 τ_c 与传染强度 Q 无关, 这表明饱和的传染强度 Q 不会继续促进流行病的扩散, 传播临界值更多是受到时变网络动态结构和节点活跃势能的影响。在低传染强度和中等传染强度情况下, 可以观察到与直观理解相反的现象: 在时变动态网络上, 稀疏连接比密集连接反而更有利于流行病传播。考察图 5.8(b) 和图 5.8(c), 传播临界值 τ_c 会随着 m 增长而提高。由于整个网络的平均度正比于 m, 随着 m 增大, 网络连接也更加稠密。但是, 无论是传播临界值的理论分析还是数值仿真结果都表明, 在每个时刻活跃势能驱动的动态网络的连接越密集, 对应 SIS 传播过程的临界值就越高, 即越不利于流行病传播。

5.3.4.2 两种免疫策略干预下的传播临界值

在第 5.3.4.1 节生成的仿真网络上, 继续对比两种免疫策略下的传播临界值。分别计算目标免疫和随机免疫时传播临界值的差值 $\tau_c^{targ} - \tau_c^{rand}$ 与不同的免疫密度 g 和传染强度 Q 之间的关系。如图 5.9(a) 所示, 在两种免疫策略免疫相同比例 g 的个体的前提下, 无论是低、中等还是饱和传染强度, 目标免疫的传播临界值 τ_c^{targ} 总是大于随机免疫的传播临界值 τ_c^{rand} 。两种免疫策略的传播临界值之差 $\tau_c^{targ} - \tau_c^{rand}$ 会随着免疫密度的增加而增大, 这意味着对时变动态网络, 免

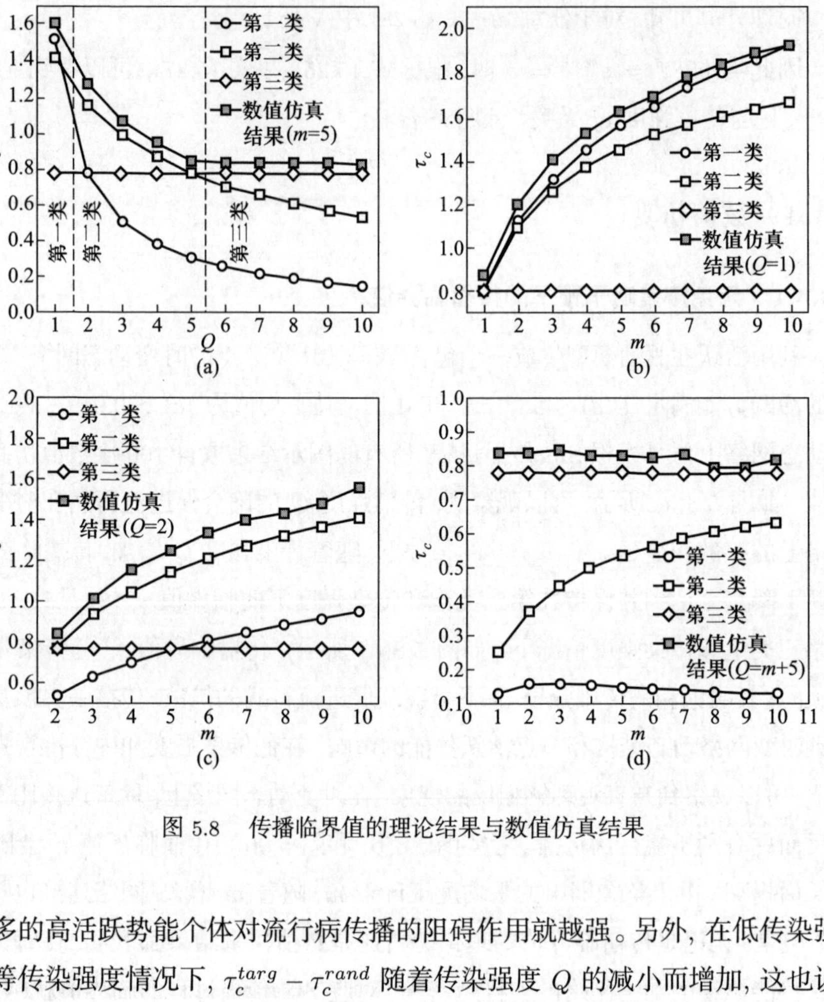

图 5.8　传播临界值的理论结果与数值仿真结果

疫越多的高活跃势能个体对流行病传播的阻碍作用就越强。另外, 在低传染强度和中等传染强度情况下, $\tau_c^{targ}-\tau_c^{rand}$ 随着传染强度 Q 的减小而增加, 这也说明当传染强度减弱时, 高活跃势能节点所起的作用会进一步增大。

图 5.9(b) 比较了两种免疫策略下传播临界值的理论结果和仿真结果。在中等传染强度情况下, 即图 5.9(a) 中 $Q=3$ 时, 由式 (5.25) 计算得到的随机免疫策略的传播临界理论值与仿真结果匹配得很好, 但根据式 (5.27) 计算得到的目标免疫策略的传播临界理论值与仿真结果却存在一定的偏差, 记 $\theta(\tau_c^{targ})$ 为仿真结果与理论值的差。图 5.9(c) 完整地展示了在 3 类传染强度情况下偏差 $\theta(\tau_c^{targ})$ 会随着免疫密度的提高而扩大。我们分析这一偏差产生的原因是, 在活跃性驱动的时变动态网络中, 高活跃势能的节点起到了连接低活跃势能节点的作用, 对这些高活跃势能的节点采取目标免疫策略相当于切断了其与低活跃势能节点之间的连

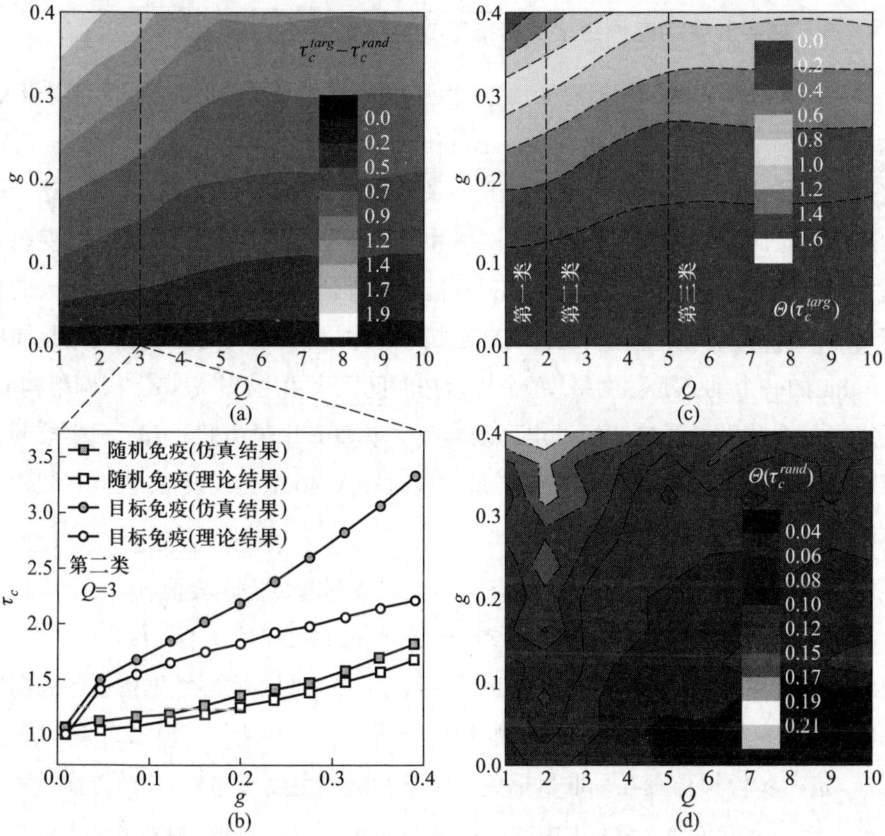

图 5.9 两种免疫策略干预下的传播临界值的数值仿真结果。(a) 两种免疫策略干预下的传播临界值之差 $\tau_c^{targ}-\tau_c^{rand}$ 与免疫密度 g 和传染强度 Q 的关系; (b) 在传染强度 $Q=3$ 的情况下, 两种免疫策略干预下的传播临界值的理论结果和仿真结果; (c) 和 (d) 分别展示了目标免疫和随机免疫策略干预下的传播临界值的理论结果与仿真结果之差 $\theta(\tau_c)$ 与免疫密度 g 和传染强度 Q 的关系

接, 而低活跃势能节点之间的连边本身就稀疏, 从而导致了所有节点特别是低活跃势能节点的均匀混合假设条件 (式 (5.26)) 被破坏。这也说明, 时变动态网络对于针对高活跃势能节点的攻击是非常脆弱的。在采取随机免疫策略时, 网络中仍然存在一部分具有高活跃势能而未被免疫的节点, 它们继续起到连接低活跃势能节点的作用, 从而确保如图 5.9(d) 所示的传播临界理论值与仿真结果能够很好地吻合。

5.3.4.3 真实时变动态网络上的传播临界值仿真验证

这里通过真实数据构造时变动态网络来进一步验证。采用在复旦大学采集的无线校园网络用户接入记录 “FudanWiFi09” 数据集来构造时变动态网络, 将该数据集里每一天的所有室内空间交互记录构成一个静态无权的网络片段,这个原始数据集按时间顺序包含了 84 个网络片段 (即 84 天)。因此, 在这个时变动态网络上模拟 SIS 传播过程时, 为了观察传播过程最终达到稳态, 将这 84 天的数据构成的静态无权网络片段进行周期延拓。因此, 所构造的时变动态网络是周期 $T=84$ 的一个动态变化网络, 每个周期按时间顺序由 84 个静态无权网络构成。网络中每个节点活跃势能的设定可以参照文献 [19] 中的方式。由于现实校园无线网络的物理设置, 一个无线接入点最多同时接入 40 个无线设备, 因此在数值模拟中设置传染强度 $Q\leqslant 40$。

图 5.10 展现了在这个时变动态网络上观察到的传播临界值 τ_c 与传染强度 Q之间的关系, 同时利用式 (5.21)、式 (5.22) 和式 (5.23) 计算不同传染强度 Q 对应的传播临界理论值, 两者非常接近。这反映了在来源于实际数据构造的周期动态网络上, 我们得到的传播临界值的理论分析能够很好地与其模拟结果相吻合。同样, 进一步模拟仿真在采取目标免疫策略和随机免疫策略时, SIS 传播过程在该动态网络上的传播临界值。由图 5.10 中的内嵌图可以发现, 两种策略下的传播

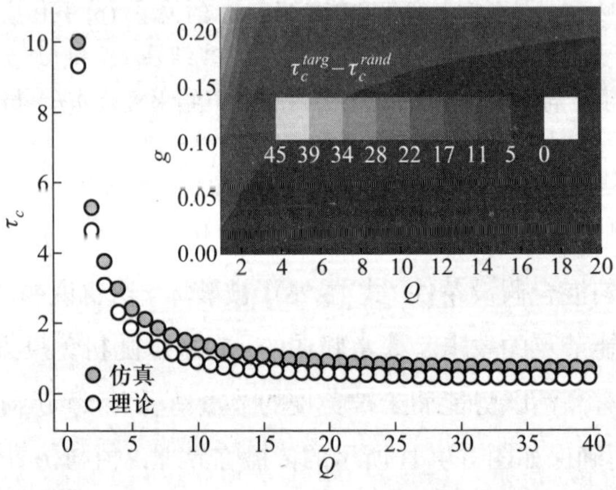

图 5.10 真实时变动态网络上 SIS 传播过程的传播临界值的理论结果和仿真结果。内嵌图: 两种免疫策略下的传播临界值之差 $\tau_c^{targ}-\tau_c^{rand}$ 与传染强度 Q 和免疫比例 g 之间的关系

临界值之差 $\tau_c^{targ} - \tau_c^{rand}$ 始终大于零。这也验证了在时变动态网络上, 无论传染强度的高低, 目标免疫比随机免疫都能更有效地抑制流行病的 SIS 传播过程。

5.4 本章小结

第 5.2 节和第 5.3 节围绕节点异质化这一属性, 从两个不同的角度研究了它对动态网络传播临界值的影响: 无论是节点的传染属性, 还是节点的活跃程度, 不同节点的差异化对于动态网络的病毒传播具有 (相比于静态网络的) 重要影响。需要指出的是, 本章是本书完全以模型驱动的手段来考量复杂网络传播理论的最后一部分, 各个模型的因素取舍上也不尽相同甚至是互补的。例如, 第 5.2 节为了考察节点传染属性的差异化影响, 简化了节点之间的动态接触, 按照随机游走方式来产生连边; 第 5.3 节在考量活跃度这一特征如何影响动态接触关系时, 将节点传染属性简化为相同情形。因此, 以后的模型可以进一步综合这些未尽讨论的情况来开展研究, 显然, 多重差异性因素叠加所带来的全新的认识, 是揭示网络复杂性魅力的冰山一角。

受篇幅所限, 时效动态网络这一更具研究价值的选题不得不暂时予以保留, 尽管第 5.3 节采用的活跃性驱动模型可以用来构造一类时变网络。时效网络 (Temporal network) 对时间属性在网络拓扑结构复杂性赋予了最充分的认可和尊重, 远远超出了时变网络 (Time-varying network)、时间切换网络 (Time-switching network)、时间演化网络 (Time-evolving network) 等传统的周期时间窗口的动态网络所涵盖的范畴。时效网络最大化地利用了时间标签的数据属性, 一方面使得时效网络是立足于数据驱动的有力研究手段, 另一方面, 根据海量数据所揭示出来的时效特征也为时效网络的理论模型提供了更丰富的实证依据。时效动态网络上的病毒传播临界值分析 [21], 虽已有小荷露出尖尖角, 但依旧值得有恒心的学者探究其在大规模流行疫情时空演化中的奥秘。

参考文献

[1] BARABÁSI A L, ALBERT R. Emergence of scaling in random networks[J]. Science, 1999, 286(5439): 509-512.

[2] PASTOR-SATORRAS R, VESPIGNANI A. Epidemic spreading in scale-free networks[J]. Physical Review Letters, 2001, 86(14): 3200.

[3] PASTOR-SATORRAS R, VESPIGNANI A. Epidemics and immunization in scale-free networks[J]. Handbook of Graphs and Networks, Wiley-VCH, Berlin, 2003.

[4] LI X, WANG X. Controlling the spreading in small-world evolving networks: stability, oscillation, and topology[J]. IEEE Transactions on Automatic Control, 2006, 51(3): 534-540.

[5] 李翔. 复杂动态网络传播动力学 [J]. 力学进展, 2008, 38(6): 723-732.

[6] 汪小帆, 李翔, 陈关荣. 复杂网络理论及其应用 [M]. 北京: 清华大学出版社, 2006.

[7] FU X, SMALL M, CHEN G. Propagation Dynamics on Complex Networks: Models, Methods and Stability Analysis[M]. Beijing: Higher Education Press, 2013.

[8] 靳帧, 孙桂全, 刘茂省. 网络传染病动力学建模与分析 [M]. 北京: 科学出版社, 2014.

[9] MIRAMONTES O, LUQUE B. Dynamical small-world behavior in an epidemical model of mobile individuals[J]. Physica D: Nonlinear Phenomena, 2002, 168: 379-385.

[10] FRASCA M, BUSCARINO A, RIZZO A, et al. Dynamical network model of infective mobile agents[J]. Physical Review E, 2006, 74(3): 036110.

[11] SMALL M, TSE C K, WALKER D M. Super-spreaders and the rate of transmission of the SARS virus[J]. Physica D: Nonlinear Phenomena, 2006, 215(2): 146-158.

[12] RILEY S, FRASER C, DONNELLY C A, et al. Transmission dynamics of the etiological agent of SARS in Hong Kong: Impact of public health interventions[J]. Science, 2003, 300(5627): 1961-1966.

[13] MILLER J C. Epidemic size and probability in populations with heterogeneous infectivity and susceptibility[J]. Physical Review E, 2007, 76(1): 010101.

[14] LI X, CAO L, CAO G F. Epidemic prevalence on random mobile dynamical networks: Individual heterogeneity and correlation[J]. The European Physical Journal B, 2010, 75(3): 319-326.

[15] ZHANG Y Q, LI X. When susceptible-infectious-susceptible contagion meets time-varying networks with identical infectivity[J]. Europhysics Letters, 2014, 108(2): 28006.

[16] ERDÖS P, RÉNYI A. On the evolution of random graphs[J]. Publ. Math. Inst. Hung. Acad. Sci, 1960, 5(1): 17-60.

[17] DIEKMANN O, HEESTERBEEK J A P. Mathematical Epidemiology of Infectious Diseases: Model Building, Analysis and Interpretation[M]. New York: John Wiley & Sons, 2000.

[18] ANDERSON R M, ANDERSON B, MAY R M. Infectious Diseases of Humans: Dynamics and Control[M]. Oxford: Oxford University Press, 1991.

[19] PERRA N, GONÇALVES B, PASTOR-SATORRAS R, et al. Activity driven modeling of time varying networks[J]. Scientific Reports, 2012, 2: 469.

[20] LIU S, PERRA N, KARSAI M, et al. Controlling contagion processes in activity driven networks[J]. Physical Review Letters, 2014, 112(11): 118702.

[21] ZHANG Y Q, LI X, VASILAKOS A V. Spectral analysis of epidemic thresholds of temporally networks[J]. IEEE Transactions on Cybernetics, 2020, 50(5): 1965-1977.

第 6 章 大尺度空间流行病动力学的标度律演化涌现

6.1 问题的引出

流行病学研究包含大量与空间因素相关的信息, 借助于地理信息系统 (Geographic information system, GIS)、遥感和空间分析信息技术 (例如 Google Earth), 空间流行病学研究逐步从早期的小区域数据分析提升到对全国乃至全球范围的大尺度地理空间上的流行病的演化分析、预测与预警 [1]。空间流行病学研究不仅仅局限于 (生物) 种群内部的个体混合程度、个体之间的接触交互模式, 还需要充分考虑种群在地理空间上的分布模式以及在不同地域之间迁移 (通勤) 规律等地域因素。在现代计算技术支持下, 研究手段主要可以归纳为两类: 基于主体 (Agent) 的空间流行病动力学模型和复合种群网络空间流行病模型。这两类模型在研究风格上具有一个共同特点, 即都期望在真实数据驱动下构建流行病传播动力学模型来预测疫情的空间传播过程, 为预防与控制措施提供建设性意见。这一特点也引起了世界卫生组织的关注, 2009 年甲型 H1N1 流感暴发后, 世界卫生组织委托部分权威学者成立了数学建模委员会与国际联合工作组 [2]。

基于主体的空间流行病动力学模型 (简称主体模型) 源起于美国 Santa Fe 研究院, 其成员以 2004 年美国国立公众医学学会 (National Institute of General

Medical Sciences, NIGMS) 成立的传染病主体模拟研究 (Models of Infectious Disease Agent Study, MIDAS) 学术联盟为代表，曾先后探讨针对天花、疟疾、手足口病、禽流感、美国季节性流感等重大传染病的预防和控制对策的实际效果。MIDAS 联盟的成员来自美国加州大学、弗尼吉亚大学、耶鲁大学、德州大学奥斯汀分校、阿贡国家实验室、哈佛大学等一系列国际上著名的计算流行病课题组。MIDAS 基于主体的空间流行病计算模型的基本思想是，将个体的人抽象为粒子，根据地域的人口分布、家庭结构、区域交通等统计数据来界定粒子的属性，采用大规模分子模拟等手段，在地区、国家层面上设计针对疫情的控制对策并模拟实施效果。例如，Ira M. Longini Jr. 教授课题组利用 2000 年泰国人口普查统计数据，构建了一个覆盖 5625 km^2、包括 50 万人口的典型南亚村庄模式的基于主体的空间流行病计算模型。基于这一计算模型，该课题组针对高致病性禽流感 (H5N1) 研究了抗病毒药物的目标性预防、检疫、预防接种等措施抑制 H5N1 的模拟效果 [3]。

现代航空业的迅猛发展构建了庞大的国际航空网络，使得依托于国际航空体系建立起来的复合种群网络模型成为覆盖全球范围空间流行病研究的大型模拟平台 [4]。无论是 2003 年的 SARS 还是 2009 年的甲型 H1N1 流感在世界范围快速扩散，病毒携带者搭乘国际航线的旅行均起到了关键作用。基于复合种群网络开展空间流行病的研究工作最早可以追溯到 1985 年 L. A. Rvachev 和 Ira M. Longini Jr. 发表的成果 [5]，他们根据 52 个国际航空港所在城市的数据构建了相应的复合种群网络，研究了 1968—1969 年新型 A2 流感在全球范围的蔓延过程，并利用世界卫生组织发布的病患率与死亡率报告检验了这一实际模拟模型的有效性。迄今为止在全球范围的尺度上规模最大的复合种群网络模型是由 Vespignani 教授领导的课题组建立的，他们利用国际航协和官方航空指南提供的计划航班时刻表数据搭建复合种群网络平台，覆盖了 220 多个国家的 3100 个机场和 17182 条航线。根据美国哥伦比亚大学公开的 “Gridded Population of the World” 和 “Global Urban-Rural Mapping” 数据库 [6, 7]，地球表面可以按照 25 km×25 km 的分辨率划分为一个个小单元 (Voronoi cell)。Vespignani 课题组采用 Voronoi Diagram 算法，以每个机场为中心按照这些小单元来刻画人口聚居的地理区域，再依据全球航空计划航班时刻表，结合约 30 个国家的城际通勤数据，利用时间标度分离方法 (Time-scale separation) 将地面城际通勤与航空运输这两层交通网络嵌套在一起，进一步建构了复杂精细的全球多尺度 (Multiscale) 复合种群网络模型, 并预测了 2009 年秋季甲型 H1N1 流感是否会再次在全球范围暴发 [8]。

需要指出的是, 学术界对主体模型和复合种群网络模型系统对比后发现, 在单日患病率的峰值时间等特征量上两类模型的计算结果高度相符, 只是在染病人数上存在差异 [9]。因此, 虽然主体模型对社会组成、人口结构的刻画更为精细, 但也需要付出巨大的计算代价, 在模拟计算大尺度空间的流行病疫情时往往需要超级计算机的支持。相比之下, 复合种群网络模型通过粗粒化个体信息而急剧降低了对计算复杂度的要求。自本章起, 本书后面几章的内容都是基于复合种群网络模型展开的。

标度律 (Scaling) 被视为研究复杂系统临界现象的三大支柱之首 [10]。这其中, 最具代表性的两种标度律是 Zipf 律和 Heaps 律, 两者不仅在诸多自然或人工的复杂网络系统中得到广泛验证, 而且这两种标度律还往往是联合涌现而共存的。国内外学术界对于 Zipf 律和 Heaps 律联合涌现的成因一直有争论, 存在两种不同的观点: 一种观点认为Heaps 律更为本质因而决定了 Zipf 律的涌现, 另一种观点则截然相反。

2009 年甲型 H1N1 流感暴发期间, 世界卫生组织实时发布了世界各国甲型 H1N1 流感累计确诊病例数报告, 美国疾病预防与控制中心 (Center for Disease Control and Prevention, CDC) 同期也实时发布了美国各州的累计确诊病例报告。通过这两套报告数据可以发现, 无论是在全球还是在美国这一个国家的地域空间范围, 在甲型 H1N1 流感疫情暴发初期, 累计确诊病例分布同时符合 Zipf 律和 Heaps 律; 随着时间推移, 疫情进一步扩散, Zipf 律和 Heaps 律的联合涌现在累计确诊病例分布不能继续保持共存: Heaps 律依然存在, 但 Zipf 律则逐渐消失。这一发现显然与上述两种观点均相左, 究其根本在于, 这两种观点多是基于静态的观测样本来分析 Zipf 律, 而 Heaps 律本身刻画的是一个动态系统的渐进演化过程。这一矛盾也恰恰促成了我们基于实际病例数据样本来研究大尺度空间流行病的动态演化动力学中的标度律涌现机理。

6.2 大尺度空间流行病的数据实证分析

6.2.1 两个甲型 H1N1 流感疫情病例数据集

甲型 H1N1 流感疫情流行于 2009 年春末夏初, 世界卫生组织在全球范围针对暴发的疫情实施监控, 在官方网站上开辟专栏实时发布各国疫情的病例统计情况。世界卫生组织在其全球预警与响应 (Global Alert and Response of World Health Organization) 专版上 [11], 发布了从 2009 年 4 月 24 日到 2010 年 9 月 10 日间给定日期的各个国家累计报告的确诊病例数目。需要强调的是, 在 2009 年 7 月 6 日之前, 世界卫生组织几乎每天都更新各国的累计确诊病例数的增长情况; 而在 2009 年 7 月 6 日以后, 世卫组织不再具体播报每个国家累计确诊病例数目的增长数字, 世界卫生组织将全球划定为六大区域并以此为单位进行播报。世界卫生组织所有成员国根据区域被划分为六大集团, 分别是: 世卫非洲区域 (共 46 个国家)、世卫欧洲区域 (共 53 个国家)、世卫东地中海区域 (共 21 个国家)、世卫美洲区域 (共 35 个国家)、世卫东南亚区域 (共 11 个国家)及世卫西太平洋区域 (共 27 个国家) [12]。因此, 本书采用了世界卫生组织 2009 年 7 月 6 日之前发布的世界各国甲型 H1N1 流感疫情的病例数据来开展研究。

美国是此次全球甲型 H1N1 流感疫情最为严重的国家之一。美国疾病预防与控制中心在抗击甲型 H1N1 流感过程中, 也在其官方网站开辟专版实时播报美国各州的累计确诊病例数 [13]。从 2009 年 4 月 23 日至 2009 年 7 月 24 日, 每天都更新美国各州的累计确诊病例数, 此后则不再以州为单位进行报告, 并且播报的时间间隔也不断延长。因此, 本书采用了美国疾病预防与控制中心自 2009 年 4 月 23 日至 2009 年 7 月 24 日的美国各州甲型 H1N1 流感疫情病例数据来开展研究。

6.2.2 世界卫生组织甲型 H1N1 流感疫情病例数据分析

我们针对世界卫生组织发布的各国甲型 H1N1 流感疫情病例数据, 按照两周左右的时间间隔抽取若干有代表性的时间点, 由此来统计每个国家的累计确诊病例数的概率–排序分布律 (Probability-rank distribution, PRD)。实际上, 我们针对世界卫生组织这一数据集每天的病例数据都进行了分析, 选择两周左右的时间间隔来抽取数据只是为了图示与陈述方便, 不同时间间隔的设定并不影响所得到的分析结论。

记 $C_j(t)$ 代表在 t 时刻国家 j 的累计确诊甲型 H1N1 流感病例数。随着时间推移, $C_j(t)$ 不断增大, 为了便于比较所考察的概率–排序分布律, 对每个时间点上各个国家的累计确诊病例数按照当日全球累计确诊病例总数 $C_T(t)=\sum\limits_j C_j(t)$ 进行归一化。对于每组样本, 将所有 $C_j(t)/C_T(t)>0$ 的国家按逆序进行排列, 于是可以得到各组 (不同日期的) 累计确诊病例数的概率–排序分布 $P_t(r)$ 所构成的 Zipf 律, 如图 6.1(a) 所示。每组数据的最大排序号 $r_{t,\max}$ 对应该日所有报告确诊病例的国家总数, $r_{t,\max}$ 随着甲型 H1N1 流感疫情在世界各国的蔓延而增大。

2009 年 4 月 30 日至 2009 年 6 月 1 日是甲型 H1N1 流感疫情在全球范围扩散的初期, 这一阶段的概率–排序分布 $P_t(r)$ 已经呈现出幂律形式 $P_t(r)\sim r^{-\theta}$。利用 Newman 等人提出的 K-S 检验 [14], 发现这一阶段的概率–排序分布 $P_t(r)$ 符合 Zipf 律, 依据最大似然估计方法可以计算得到每组数据样本的幂律指数。图 6.1(c) 左半部分展示了幂律指数在这期间随时间推移的变化趋势。截至 2009 年 6 月 1 日, 大约 60 个国家报告出现了甲型 H1N1 流感感染病例, 这些国家大多人口众多或者经济实力强劲, 如美国、加拿大、日本、澳大利亚、中国、墨西哥等。

2009 年 6 月 1 日之后, 甲型 H1N1 流感在很短的时间里席卷了更多国家, 世界卫生组织在 2009 年 6 月 11 日宣布这场甲型 H1N1 流感疫情达到六级疫情的最严重程度①, 标志着全球性的甲型 H1N1 流感疫情暴发。如图 6.1(c) 所示, 2009 年 6 月 1 日以后这一阶段, 概率–排序分布 $P_t(r)$ 逐渐演化为带指数尾的幂律形式 $P_t(r)\sim r^{-\theta}\exp(-r/r_c)$, 其中, r_c 是调控指数截断影响的参数, 幂指数 θ 值逐

① 世界卫生组织根据疫情严重程度的不同, 将流行病疫情等级划分为六个等级。

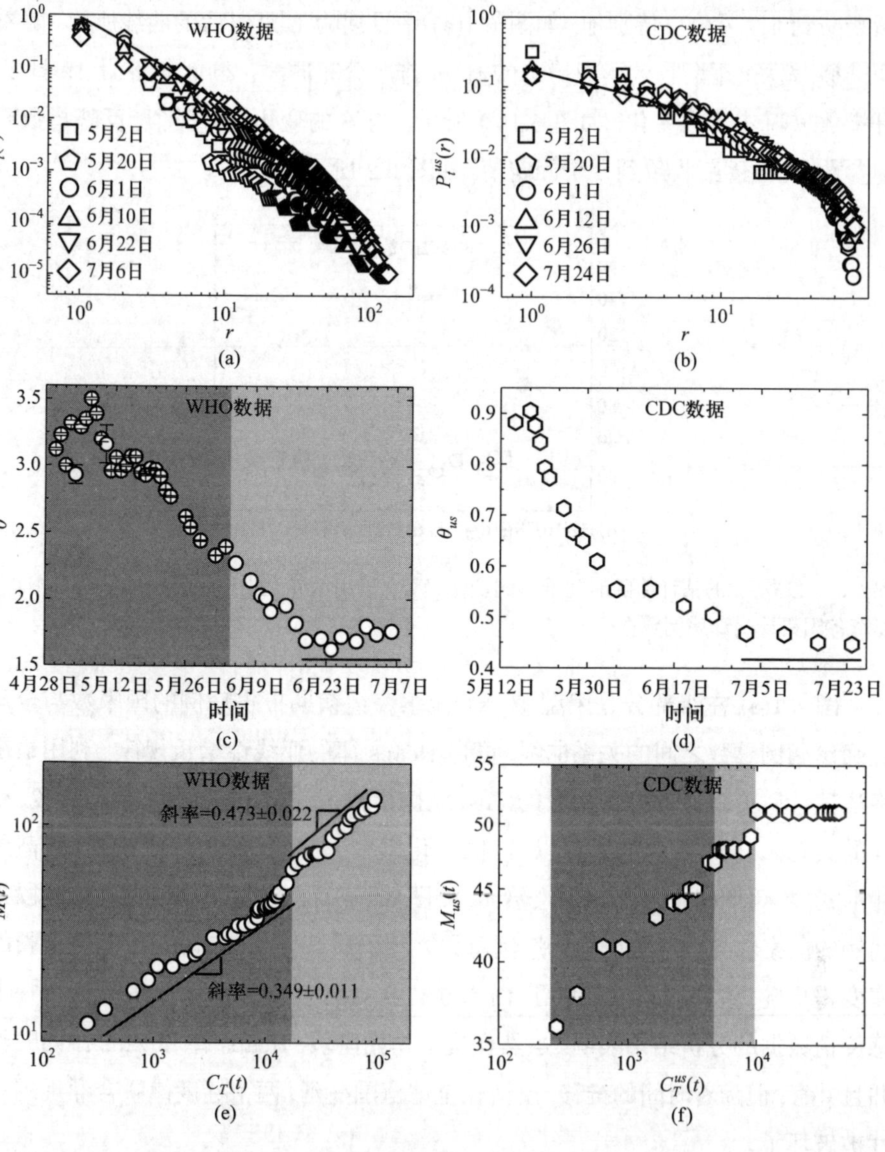

图 6.1 世界卫生组织和美国 CDC 发布的甲型 H1N1 流感疫情病例数据实证分析, 这里以两周为时间间隔抽取样本数据绘制曲线。(a) 世界各国累计确诊病例数的归一化概率–排序分布 $P_t(r)$ 的 Zipf 律; (b) 全美各州累计确诊病例数的归一化概率–排序分布 $P_t^{us}(r)$ 的 Zipf 律; (c) 归一化分布 $P_t(r)$ 的幂指数 θ 随时间推移的变化趋势; (d) 归一化分布 $P_t^{us}(r)$ 的幂指数 θ_{us} 随时间推移的变化趋势; (e) 暴发甲型 H1N1 流感疫情的国家总数 $M(t)$ 与全球累计确诊甲型 H1N1 流感病例总数 $C_T(t)$ 之间的亚线性关系; (f) 暴发甲型 H1N1 流感疫情的总州数 $M_{us}(t)$ 与全美累计确诊甲型 H1N1 流感病例总数 $C_T^{us}(t)$ 间的亚线性关系。图 (c)、(e)、(f) 中不同灰度区域分别对应前后两段不同的演化阶段

渐衰减到 1.7 左右。特别地, 如图 6.1(a) 中日期为 6 月以后的曲线所示, 随着时间推移, $P_t(r)$ 逐渐收敛形成稳态的概率–排序分布曲线。2009 年 6 月 19 日以后, 幂指数 θ 基本不再变化, 如图 6.1(c) 所示。与 θ 的变化趋势类似, 反映指数截断的参数 r_c 也逐渐收敛到一个固定值, 如图 6.2 所示。

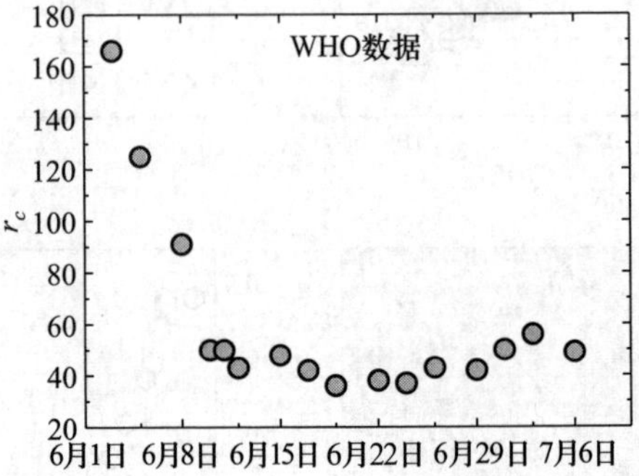

图 6.2 参数 r_c 的估计值随时间推移的变化趋势。采用世界卫生组织公布的甲型 H1N1 流感疫情各国累计确诊病例数据

图 6.1(e) 左半部分是甲型 H1N1 流感疫情初期报告病例的国家数与全球累计确诊病例总数之间的关系曲线, 符合 Heaps 律的亚线性增长规律。利用最小二乘法拟合后可以计算得到相应的 Heaps 律指数 η。表 6.1 给出了幂指数 θ、η 之间的关系。2009 年 6 月 1 日以后, 归一化概率–排序分布 $P_t(r)$ 具有指数截尾幂律形式, 不再严格符合 Zipf 律。然而, 如图 6.1(e) 右半部分所示, 在这一阶段报告病例的国家数与全球累计确诊病例总数之间仍然符合 Heaps 律, 但此时增长的斜率变得更陡, 说明幂指数变大了 ($\eta \approx 0.473$)。因此, 世界卫生组织甲型 H1N1 流感疫情数据的分析结果表明, 虽然在疫情初始阶段, Heaps 律和 Zipf 律同时涌现并且共存, 但随着时间的推移, 疫情在全球范围蔓延, 两个标度律联合涌现的一致性被破坏了。

表 6.1　2009 年 4 月 30 日至 2009 年 6 月 1 日期间 (甲型 H1N1 流感疫情暴发初期) 的幂指数 θ、η 的估计值及二者乘积值 (采用世界卫生组织公布的甲型 H1N1 流感疫情病例数据)

日期	θ	η	$\theta\cdot\eta$	日期	θ	η	$\theta\cdot\eta$
4 月 30 日	3.12	0.349	1.046	5 月 14 日	3.00	0.349	1.047
5 月 1 日	3.23	0.349	1.127	5 月 15 日	3.07	0.349	1.071
5 月 2 日	3.00	0.349	1.047	5 月 16 日	3.07	0.349	1.071
5 月 3 日	3.32	0.349	1.159	5 月 17 日	2.95	0.349	1.030
5 月 4 日	2.93	0.349	1.022	5 月 18 日	2.93	0.349	1.023
5 月 5 日	3.29	0.349	1.148	5 月 19 日	2.98	0.349	1.040
5 月 6 日	3.35	0.349	1.169	5 月 20 日	2.97	0.349	1.037
5 月 7 日	3.50	0.349	1.222	5 月 21 日	2.92	0.349	1.019
5 月 8 日	3.39	0.349	1.183	5 月 22 日	2.82	0.349	0.984
5 月 9 日	3.20	0.349	1.117	5 月 23 日	2.77	0.349	0.967
5 月 10 日	3.16	0.349	1.103	5 月 26 日	2.62	0.349	0.914
5 月 11 日	2.96	0.349	1.033	5 月 27 日	2.54	0.349	0.886
5 月 12 日	3.06	0.349	1.068	5 月 29 日	2.44	0.349	0.852
5 月 13 日	2.96	0.349	1.033	6 月 1 日	2.33	0.349	0.813

6.2.3　美国 CDC 甲型 H1N1 流感疫情病例数据分析

在全球空间尺度上发现的甲型 H1N1 流感疫情数据所呈现的 Zipf 律和 Heaps 律的标度涌现和演化现象, 在单一国家的空间尺度上同样得到了实际数据的验证。由于美国是最早报告甲型 H1N1 流感病例也是疫情最为严重的国家之一, 我们根据美国疾病预防与控制中心公布的各州累计甲型 H1N1 流感确诊病例数据, 同样以约两周为时间间隔抽取若干有代表性的时间点进行实证分析。

图 6.1(b) 展现了美国疾病预防与控制中心报告的各州累计确诊病例数的概率–排序分布 $P_t^{us}(r)$, 随着时间推移, 这一分布也呈现出前后两种不同的模式。在甲型 H1N1 流感疫情暴发的初始阶段 (2009 年 5 月 15 日之前) , $P_t^{us}(r)$ 是

幂律形式的, 即$P_t^{us}(r) \sim r^{-\theta_{us}}$, 幂指数 θ_{us} 远小于全球范围甲型 H1N1 流感疫情分布律的幂指数。截至 5 月 15 日, 华盛顿特区以及 46 个州都暴发了甲型 H1N1 流感疫情。此后, $P_t^{us}(r)$ 逐渐转变为带指数尾的幂律形式, 即 $P_t^{us}(r) \sim r^{-\theta_{us}} \exp(-r/r_c^{us})$, 不再严格符合 Zipf 定律。幂指数 θ_{us} 逐渐减小直至趋于常值, 如图 6.1(d) 所示。这说明随着时间推移, $P_t^{us}(r)$ 最终会收敛于一个稳定分布。如图 6.3 所示, 在美国 CDC 发布病例数据的时间跨度内, $P_t^{us}(r)$ 分布的幂指数 θ_{us} 的变化趋势逐渐平稳。

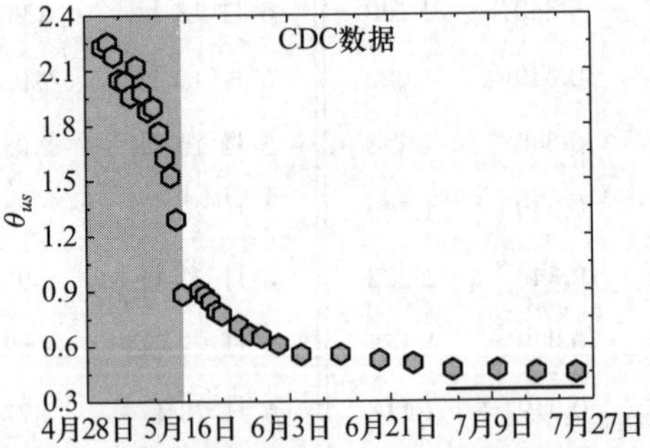

图 6.3　美国疾病预防与控制中心发布病例数据的时间跨度内, 频率–排序分布 $P_t^{us}(r)$ 的幂指数 θ_{us} 的变化

图 6.1(f) 给出了暴发疫情的总州数 $M_{us}(t)$ 与全美累计确诊病例总数 $C_T^{us}(t)$之间的关系。直观上看, 该图说明随着累计病例总数的增多, 被甲型 H1N1 流感入侵的总州数呈亚线性增长。出于以下几方面的原因, 这里未采用最小二乘法来估计 Heaps 指数 η_{us}: ① 对应每个阶段的数据点比较少, 不足以支持参数估计; ② 有几个阶段 $M_{us}(t)$ 的值未发生变化, 比如 5 月 6 日、7 日 $M_{us}(t) = 41$, 5 月 12 日、13 日 $M_{us}(t) = 45$, 5 月 18 日至 27 日 $M_{us}(t) = 48$; ③ $C_T^{us}(t)$ 的数量级远远大于 $M_{us}(t)$ 的数量级; ④ 2009 年 6 月 1 日以后, 全美 50 个州以及华盛顿特区都暴发了甲型 H1N1 流感。定义 $M^{\max}$ 为疫情在地域空间传播所能波及地理区域总数的最大值, 在美国该最大值为 51。如图 6.1(b) 和图 6.1(f) 所示, $M_{us}(t)$ 在 2009 年 6 月 1 日达到最大值, 而 $P_t^{us}(r)$ 继续演化直至 6 月 26 日以后才趋于稳定。

6.2.4 SARS 与禽流感病例数据实证结果

需要强调的是，无论是全球范围还是一国之域暴发的甲型 H1N1 流感疫情所呈现出的标度律演化性质，并不是甲型 H1N1 流感疫情所独有的，SARS 和禽流感等疫情数据同样存在这一特征。虽然在本书中并没有详细展开相应的实际数据分析，但如图 6.4 所示，我们对世界卫生组织发布的 SARS 和禽流感病例数据也进行了分析，同样验证了与甲型 H1N1 流感疫情类似的 Zipf 律和 Heaps 律的标度涌现和演化模式。其中，由于 SARS 的高致病率和高致死率，各国政府当时都实施了极为严厉的防控措施，例如隔离病患、强制检疫、封闭学校、航空管制等。因此，SARS 病例数据的归一化分布 $P_t(r)$ 几乎一直保持幂律的模式。

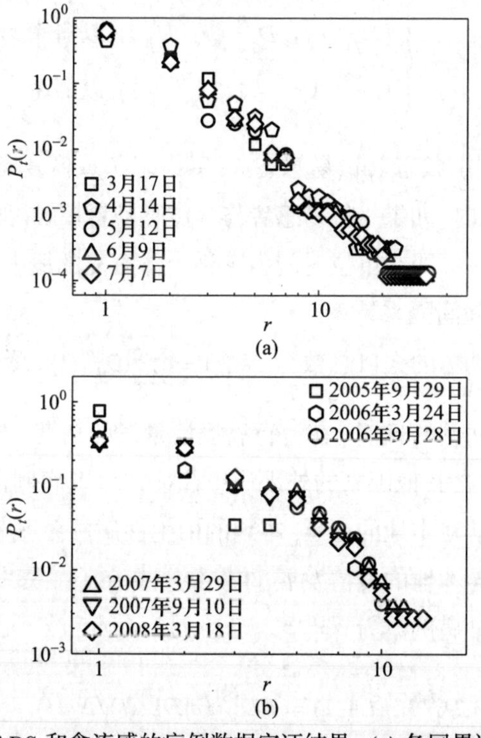

图 6.4　世界各国的 SARS 和禽流感的病例数据实证结果。(a) 各国累计确诊病例数之归一化概率–排序分布的 Zipf 律，采用世界卫生组织公布的 SARS 病例数据，图中每条分布曲线对应的时间点间隔约 4 周；(b) 各国累计确诊病例数之归一化频率–排序分布的 Zipf 律，采用世界卫生组织公布的禽流感病例数据，图中每条分布曲线对应的时间点间隔约半年

6.3 大尺度空间流行病的标度演化理论分析

甲型 H1N1 流感、SARS 和禽流感在全球空间范围的疫情扩散传播都呈现出同样的标度演化规律, 因此, 我们不考虑具体病毒的病理特征, 采用流行病动力学研究中经典的 SIR 仓室模型来分析归一化的频率–排序分布 $P_t(r)$ 的演化过程。

基于经典的流行病动力学模型的质量作用原理 (Mass action principle) [12], 采用离散时间的 SIR 仓室模型如下:

$$(\mathcal{D}_j^{[S]}, \mathcal{D}_j^{[I]}, \mathcal{D}_j^{[R]}) \to \begin{cases} (\mathcal{D}_j^{[S]} - 1, \mathcal{D}_j^{[I]} + 1, \mathcal{D}_j^{[R]}), \text{以概率 } \beta\mathcal{D}_j^{[S]}\mathcal{D}_j^{[I]}/N_j, \\ (\mathcal{D}_j^{[S]}, \mathcal{D}_j^{[I]} - 1, \mathcal{D}_j^{[R]} + 1), \text{以概率 } \mu\mathcal{D}_j^{[I]}. \end{cases} \tag{6.1}$$

式中, $\mathcal{D}_j^{[\varphi]}$ 表示 j 国中状态 $[\varphi]$ (易感态 S, 感染态 I 或恢复态 R) 的人数; β 为传播率, 即在单位时间内, 如果一位易感者与一位感染者接触, 则该易感个体染病的概率为 β; μ 为恢复率, 即在单位时间内感染个体康复的概率。公式 (6.1) 按照单位为 1 天的离散时间间隔来计算。

令国家 j 在日期 t 的人口总数为 $N_j(t) = \sum_{\varphi} \mathcal{D}_j^{[\varphi]}(t)$, 设 $t = 0$ 表示这个国家首次出现该种疫情病例的日期。在流行病疫情暴发的初期, 对于尚未出现疫情在本地流行的国家, 来自其他国家的外来病患往往在该国病例报告数量占到绝大多数; 然而, 随着流行病在本地的蔓延, 本地的内生性病例会逐渐增多而超过外来病例的数量并最终主导本地的疫情发展 [3]。由公式 (6.1) , 暴发疫情的国家 j 在日期 t 的平均新增感染病例数为

$$\mathcal{D}_j^{[I_{new}]}(t+1) = \beta\mathcal{D}_j^{[S]}(t)\mathcal{D}_j^{[I]}(t)/N_j(t), \tag{6.2}$$

因此到 $t+1$ 日, 感染病例的平均人数可以表示为

$$\mathcal{D}_j^{[I]}(t+1) = (1 - \mu + \beta\mathcal{D}_j^{[S]}(t)/N_j(t))\mathcal{D}_j^{[I]}(t). \tag{6.3}$$

令 $\chi(t) = -\mu + \beta \mathcal{D}_j^{[S]}(t)/N_j(t)$, $\mathcal{Y}(t) = \mathcal{D}_j^{[S]}(t)/N_j(t)$, 可以得到

$$\mathcal{D}_j^{[I]}(t+1) = \prod_{t'=t_1}^{t} [1+\chi(t')]\mathcal{D}_j^{[I]}(t_1), \tag{6.4}$$

$$\mathcal{D}_j^{[I_{new}]}(t+1) = \beta \mathcal{Y}(t) \prod_{t'=t_1}^{t-1} [1+\chi(t')]\mathcal{D}_j^{[I]}(t_1), \tag{6.5}$$

其中, $\mathcal{D}_j^{[I]}(t_1)$ 是 j 国的初始病例数。根据世界卫生组织公布的多种疫情病例数据可以发现, $\mathcal{D}_j^{[I]}(t_1)$ 是一个数值较小的正整数。在 $t+1$ 日, j 国累计确诊病例数为

$$C_j(t+1) = C_j(t) + \mathcal{D}_j^{[I_{new}]}(t+1). \tag{6.6}$$

当 t 比较大时, 可以得到

$$C_j(t+1)/C_j(t) = 1 + \beta \mathcal{Y}(t) \prod_{t'=t_1}^{t-1} [1+\chi(t')]\mathcal{D}_j^{[I]}(t_1)/C_j(t). \tag{6.7}$$

显然, j 国在疫情消退前只要该疫情病毒的再生数 $R_t > 1$ (R_t 为有效再生数, 即 t 时刻的 R_0) , $C_j(t)$ 就会保持继续增长 [12]。当 t 比较大时, 显然 $C_j(t) \gg 0$, $0 \leqslant \mathcal{Y} \ll 1$, $-\mu \leqslant \mathcal{X}(t') \ll \beta - \mu$ 均成立。因此, $\prod_{t'=t_1}^{t-1} [1+\chi(t')]$ 必然大于 0 而且不会发散。由于 $\mathcal{D}_j^{[I]}(t_1)$ 是一个数值较小的正整数, 因此, 当 t 充分大时, $\mathcal{D}_j^{[I]}(t_1)/C_j(t) \sim 0$。于是, 可知当 t 较大时

$$C_j(t+1)/C_j(t) \sim 1, j \leqslant M(t+1), \tag{6.8}$$

其中, $M(t+1)$为全球范围内 $t+1$ 天后暴发疫情的国家总数。当 t 较大时, 日期为 $t+1$ 时的归一化概率 $P_{t+1}(r(j))$ 可以表示为

$$P_{t+1}(r(j)) = \frac{C_j(t+1)}{C_T(t+1)} = \frac{C_j(t)}{\sum_j C_j(t)} = P_t(r(j)), j \leqslant M(t+1), \tag{6.9}$$

其中, $r(j)$ 代表 j 国在各个国家累计确诊病例数逆序排列中的排序数。由公式 (6.9) 可知, 当日期 t 比较大时, 每个概率 $P_t(r(j))$ 的值不再改变, 因此, 归一化后的概率分布 $P_t(r)$ 随着时间推移也逐渐收敛趋于稳定。

在疫情暴发的初期, 归一化概率–排序分布 $P_t(r)$ 是幂律形式 $P_t(r) \sim r^{-\theta}$, 也符合 Zipf 律。因此, 在这一阶段排在第 r 位的国家确诊的累计病例数为 $C_r(t) \sim C_T(t) \cdot r^{-\theta}$。对于排位处于在 r 与 $r+\delta r$ (δr 是任意小量) 之间的国家, 可以得到 $\delta C_r(t) \sim -\theta r^{-\theta-1} C_T(t) \delta r$。令 $\delta r \sim P_{C_r}(t) \delta C_r(t)$, 这里 P_{C_r} 是概率密度函数, 可以得到

$$P_{C_r}(t) \sim -\theta^{-1} r^{\theta+1} C_T^{-1}(t). \tag{6.10}$$

因此,

$$P_{C_r}(t) = \mathcal{A}(1-\phi) C_T^{\phi-1}(t) C_r^{-\phi}(t), \tag{6.11}$$

其中, $\phi = 1+\theta^{-1}$, $\mathcal{A}$ 为常数。根据归一化条件 $\int_{C^{\min}(t)}^{C^{\max}(t)} P_{C_r}(t) \mathrm{d}C_r(t) = 1$, 其中, $C^{\max}(t)$ 和 $C^{\min}(t)$) 分别代表在日期 t 暴发疫情的国家累计确诊病例的最大值和最小值, 并且 $\phi = 1+\theta^{-1} > 1$, $C^{\max}(t) \gg 0$, 可以得到

$$\mathcal{A} = -C_T^{1-\phi}(t) C^{\min}(t)^{\phi-1}. \tag{6.12}$$

于是

$$P_{C_r}(t) = (\phi-1) C^{\min}(t)^{\phi-1} C_r^{-\phi}(t). \tag{6.13}$$

对于任一给定的日期 t, 排序数 r 代表累计确诊病例数不少于 $C_r(t)$ 的国家数。因此,

$$r = \int_{C_r(t)}^{C^{\max}(t)} M(t) P(C_r'(t)) \mathrm{d}C_r'(t). \tag{6.14}$$

又由于 $r \sim (C_T(t)/C_r(t))^{\frac{1}{\theta}}$, 可以得到

$$M(t) \sim \left(\frac{C_T(t)}{C^{\min}(t)}\right)^{\eta}, \tag{6.15}$$

其中, $\eta = 1/\theta$。回顾世界卫生组织公布的甲型 H1N1 流感疫情数据, 在疫情暴发初期 (2009 年 4 月 30 日—2009 年 6 月 1 日), $C^{\min}(t) = 1$。因此

$$M(t) \sim C_T^{\eta}(t), \eta = 1/\theta. \tag{6.16}$$

由此, 得到了与 Heaps 定律一致的公式 (6.16)。

6.4 大尺度空间流行病标度演化的复合种群网络模拟与分析

前面两节分别利用真实疫情病例实证数据和流行病理论模型揭示了在大尺度空间疫情流行过程中存在的标度律涌现模式，但尚未回答这一标度涌现的内在机理，这主要受限于病例样本的实际获取和理论模型的简化等因素。在获得足够的高质量的人口结构和人群迁移模式等实际数据的支持下，复合种群网络模型得以广泛应用，模拟在城市或村落 [3, 13]、一个国家 [14–18] 甚至是全球范围 [19–22] 的流行病扩散和蔓延。

由于美国是最早被甲型 H1N1 流感病毒入侵的国家之一，也是甲型 H1N1 流感疫情最为严重的国家，6.2 节对比了世界卫生组织和美国 CDC 的甲型 H1N1 流感疫情病例数据，都呈现出标度演化的共同规律。本节将在真实的美国人口统计数据以及 2009 年美国国内航空客运的实际数据支持下，构造一个覆盖全美地理空间尺度的复合种群网络模型，模拟甲型 H1N1 流感病毒 2009 年在美国各州蔓延的过程，由此来分析前两节从实证数据和理论模型发现的标度律演化涌现的内在机理。

6.4.1 SEIR 仓室的复合种群网络模型

这里采用标准的 SEIR 仓室模型来刻画疫情的传染接触过程。具体来说，在任一时刻 t，每个个体仅具有一种健康状态：易感态 S、潜伏态 E、感染态 I 或恢复态 R。SEIR 仓室模型包括以下 3 种传染–反应过程：

(1) 传染。每个时间步，如果一位易感者碰到一位感染者，这位易感者被感染的概率为 β (即传染率)。

(2) 潜伏。对于甲型 H1N1 流感来说，个体被感染后往往要经历一段短暂的潜伏期后才会产生传染性，这段时间个体的状态定义为潜伏态。经过潜伏阶段后，被感染个体具备传染能力，则进入感染态。定义 ε^{-1} 为潜伏期的平均周期，于是单位时间里个体从潜伏态转变为感染态的概率为 ε。

(3) 恢复。单位时间里感染态个体转变为恢复态的概率为 μ，于是平均传染周期为 μ^{-1}。恢复的个体对疾病具有免疫力。

需要说明的是，在 6.3 节的理论分析中采用了 SIR 仓室模型，这是因为在传染接触过程中，忽略潜伏态能够将这一传染接触的动力学过程抽象为马尔可夫链，便于理论分析。此外，反映疫情严重程度的基本再生数 R_0 这一关键变量并不依赖潜伏态。在本节的复合种群网络模拟实现过程中，采用了对传染接触过程描述更为精细的 SEIR 仓室模型。

嵌入了 SEIR 仓室模型的复合种群网络如图 6.5 所示。在复合种群网络中，节点 (子种群) 之间的边反映了个体在子种群间进行迁移的通路，也即交通路线。如果以子种群代表城市，那么子种群间连边的集合即对应了城市之间的交通网络，例如航空运输网络、城市间铁路及公路运输网络等。

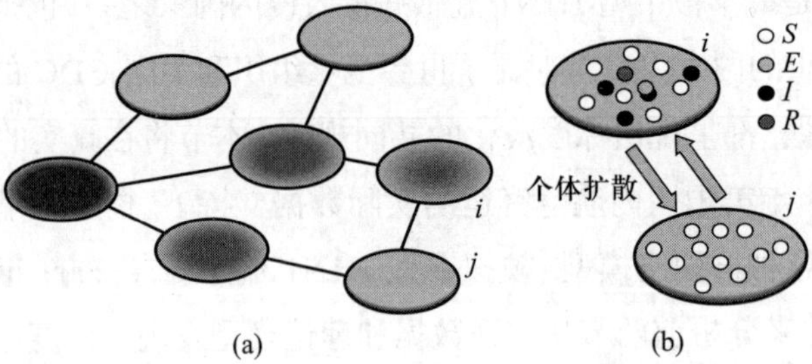

图 6.5　复合种群网络结构示意图。(a) 图中灰色大节点为子种群，子种群之间的连边代表子种群之间个体的迁移路线。假如用子种群 (节点) 来代表城市，则节点之间的连边集合对应城市间的公共交通网络，这里指航空运输网络；(b) 这里放大了图 (a) 右侧 i、j 两个相连节点的子种群内部个体细节。每个子种群里的个体均匀混合，传染过程为 SEIR 仓室模型，每种状态的个体都能够在复合种群网络的节点 (子种群) 之间迁移

6.4.2　数据驱动与复合种群网络异质性

这里利用的数据主要包括了真实的人口统计数据以及 2009 年美国国内航空客运的实际数据。根据美国管理与预算办公室 (United States Office of Management and Budget) 公布的文件 [23], 我们将一个子种群对应一个都市统计区 (Metropolitan/Micropolitan statistical areas)。每个都市统计区由一定数量的郡组成, 统计区内城际通勤 (Commuting) 往来相对频繁; 不同都市统计区之间的交通往来主要由航空运输来承担, 这里由美国国内航空运输网络串联起子种群, 相关数据来自美国交通统计署 [24], 该数据涵盖了 2009 年全美国境内 96% 的实际承运航空客流量。由此, 我们构建的航空网络包含了 $V = 406$ 个节点 (子种群) 以及 $E = 6660$ 条加权有向边, 每条边的边权 ω 对应于在该航线上每天承运的客流量。为了简化起见, 假设每个个体的迁移 (扩散) 行为独立于其他个体的迁移行为, 即个体的扩散概率遵从泊松过程。于是, 可以根据每个子种群的人口和交通流量信息构造出相应的多项式分布, 描述在每个时间步内每个子种群经由各条航线扩散出去的人流量 (见附录)。所构造的复合种群网络在连接模式、交通流量以及人口分布等底层结构上具备很强的异质性, 如图 6.6 所示。由于甲型 H1N1 流感病株毒性较温和致死率极低, 患病后和普通流感的症状相似, 因此在抗击这场全球范围暴发的甲型 H1N1 流感疫情过程中, 各国政府基本未采取很严格的控制策略 (控制策略的具体措施将在第 8 章详细描述), 例如美国国内的航空业务基本

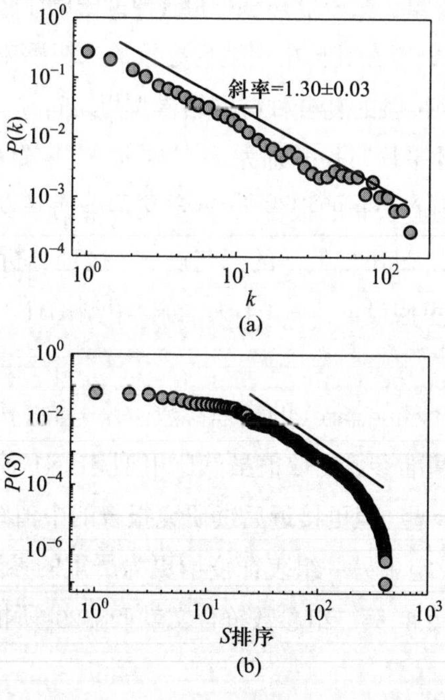

(a)

(b)

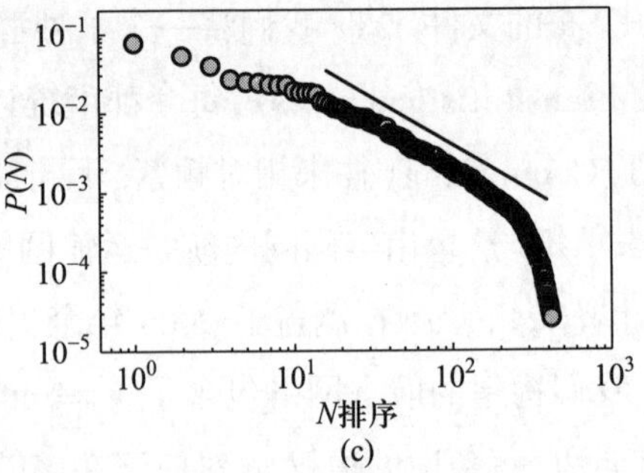

图 6.6 依据美国统计数据所构造的复合种群网络的结构异质性。(a) 度分布 $P(k)$, 幂律指数为 1.30±0.03; (b) 每天从各个子种群迁移出的总人数的概率–排序分布 $P(S)$; (C) 子种群人口的概率–排序 $P(N)$ 分布

未受影响。考虑到甲型 H1N1 流感这一特性, 本章所构建的模型也未考虑控制策略的影响。

6.4.3 病理参数与信息熵

基本再生数 R_0 和生成时间 (Generation time) G_t 是表征疫情严重程度和病理传播速率的关键参量。在一个易感种群 (种群中的个体全为易感者) 中引入一个感染个体, 这个感染者在其传染周期内导致的二级感染数量的期望值定义为 R_0。在采用 SEIR 传染接触的复合种群网络模型里, $R_0 = \beta/\mu$。一个感染个体在潜伏态与传染态持续的平均时长分别为 ε^{-1} 与 μ^{-1}, 定义 $G_t = \varepsilon^{-1} + \mu^{-1}$。根据美国疾病预防与控制中心公布的报告 [25], 定义传染病暴发的初始条件为大圣迭戈地区 2009 年 4 月 17 日出现最早的两名病例。病理分析发现甲型 H1N1 流感的潜伏期较短 [26], 这里假设 $\varepsilon^{-1} = 1.1$ 天, 符合甲型 H1N1 流感病毒相关的研究结果 [27]。

设定基准情况 (Baseline case) 的病理参数: $G_t = 3.6$, $\mu^{-1} = 2.5$ 天, $\varepsilon^{-1} = 1.1$ 天, $R_0 = 1.75$。这组基准参数的取值虽然比甲型 H1N1 流感早期病理分析 [26] 所报告的结果稍微大一些, 但更接近后续研究报告的中值结果 [28]。为了与基准参数相比较, 我们还设定了另一组表征疫情更为严重的参数: $G_t = 4.1$, $\mu^{-1} = 3$ 天, $\varepsilon^{-1} = 1.1$ 天, $R_0 = 2.3$。第二组参数符合文献 [28, 29] 所报告的病理参数上界的情形。

参考文献 [19] 中的定义, 我们利用信息熵来刻画大规模疫情传播过程的异质程度。令 t 时刻子种群 j 内的染病者比例为 $\rho_j(t) = D_j^{[I]}(t)/N_j(t)$。引入归一化矢量 $\boldsymbol{p}^{[I]}(t)$, 其中每个分量定义为 $p_j^{[I]}(t) = i_j(t)/\sum\limits_k i_k(t)$, 分母表示对所有子种群求和, $p_j^{[I]}(t)$ 的集合能够反映在任意时刻系统内每个子种群的疫情信息。基于矢量 $\boldsymbol{p}^{[I]}(t)$ 进一步定义归一化后的熵函数, 用以刻画 t 时刻各地区疫情发展的异质程度:

$$H^{[I]}(t) = -\frac{1}{\log V}\sum_j p_j^{[I]}(t)\log p_j^{[I]}(t), \tag{6.17}$$

其中, V 是所有子种群的数目。如果流行病对所有子种群的影响是一致的, 即所有子种群内的疫情严重程度都相同, 熵函数达到最大值, $H^{[I]} = 1$, 意味着疫情传播过程不具有异质性。如果初始时刻仅一个子种群存在感染病例, 此时染病个体的空间分布最为局域化, 因而疫情的空间分布的异质程度最大, 此时 $H^{[I]} = 0$, 随着时间推移, 越来越多的子种群被感染者入侵, $H^{[I]}$ 逐渐增大。

6.4.4 均质零模型

为了验证从统计学角度的 “具有性质 A 的网络 G 也具有性质 P” 这一零假设 (Null hypothesis) , 通常采取与原网络 G 具有相同规模和相同性质 A 的随机化网络作为参照系, 以此判别性质 P 是否也是随机化网络所具有的性质。这类随机化网络模型在统计学上就称为零模型 (Null model)。零模型在复杂网络理论的一个典型应用是用来分析复杂网络的模体 [30], 而经典的 Erdös-Rényi 随机网络模型可以视为是阶数最低的零模型。

为了与异质的复合种群网络进行对比, 我们引入一个均质零模型与数据驱动的异质复合种群模型对比模拟结果。在这个零模型里, 各个子种群之间起连接作用的网络由均质的 Erdös-Rényi 随机网络模型产生, 其建构规则为: 对于每一对节点 (i, j), 以 $p_e = \langle k\rangle/V$ 的概率连边, 其中 $\langle k\rangle = 16.40$ 是异质复合种群模型的平均出度。零模型的网络节点和连边数与复合种群网络的规模一样, 各个子种群的人口和边权值也分别取异质复合种群模型中相应值的平均值。因此, 所构造的零模型在网络拓扑结构、交通流量及人口分布上均不具有异质性。

6.4.5 数值模拟与分析

图 6.7 所示为异质复合种群网络与均质零模型的标度涌现, 可以观察到在这两个模型上模拟演化的结果大相径庭, 这意味着结构异质与否与标度涌现的性质存在着密切联系。每隔大约 30 天分别从两个模型的计算结果中抽取代表性样本来予以统计, 每组数据都是根据 100 次蒙特卡罗模拟仿真中暴发疫情的结果平均后得到的中值。图 6.7(a) 和图 6.7(c) 分别表示暴发疫情的都市统计区累计确诊病例数的 Zipf 分布曲线。图 6.7(a) 对应 $R_0 = 1.75$ 的结果, 可以发现, 异质复合种群网络模拟结果的频率–排序分布随着时间变化分为两种模式: 在疫情暴发初始阶段为幂律形态; 随着时间推移, 频率–排序分布逐渐转变为带指数尾的幂律分布。而均质零模型的模拟结果则明显不同: 随着时间推移, 分布曲线中间部分的概率值增长更快, 逐渐演化出一个峰值, 并且不具有标度性。图 6.7(c) 是取 $R_0 = 2.3$ 的情形, 在疫情更为严重时, 模拟系统经过较长时间演化后得到的概率–排序分布在很宽的参数范围内几乎成直线分布, 不具有标度性质 (如图 6.7(c) 中的上三角曲线, 对应于均质零模型 7 月 17 日的结果)。图 6.7 (b) 和图 6.7(d) 对比了 R_0 取 1.75 和 2.3 时, 异质复合种群网络与均质零模型模拟演化过程中信息熵 $H^{[I]}$ 的变化趋势。如图 6.7(b) 和图 6.7(d) 中灰色区域所示, 在均质零模型上, 疫情的传播过程在相当长的一段时间内呈现出明显的均质特性 ($H^{[I]} \approx 1$), 只是在疫情暴发的初期和末期熵值较小; 而异质复合种群网络上的模拟结果则截然不同, 从图 6.7(d) 中可以观察到熵值 $H^{[I]}$ 在大多数时间里远远小于 1, 其最大值也比均质零模型的峰值要小。因此, 异质复合种群网络的疫情空间传播过程也同样具有明显的异质性。对照均质零模型, 这也反映出结构异质与否在标度涌现起着重要作用。

为了更直观地分析 Zipf 律和 Heaps 律之间的联系, 选取 $R_0 = 1.75$ 的异质复合种群网络的模拟结果来具体分析。由于整个模拟过程是离散时间下的随机化模拟仿真, 因此, 每一次独立仿真的结果就是病毒在种群网络上随机传播一次的结果。为了排除随机性对统计结果的影响, 我们对 $R_0 = 1.75$ 这组参数进行了 100 次

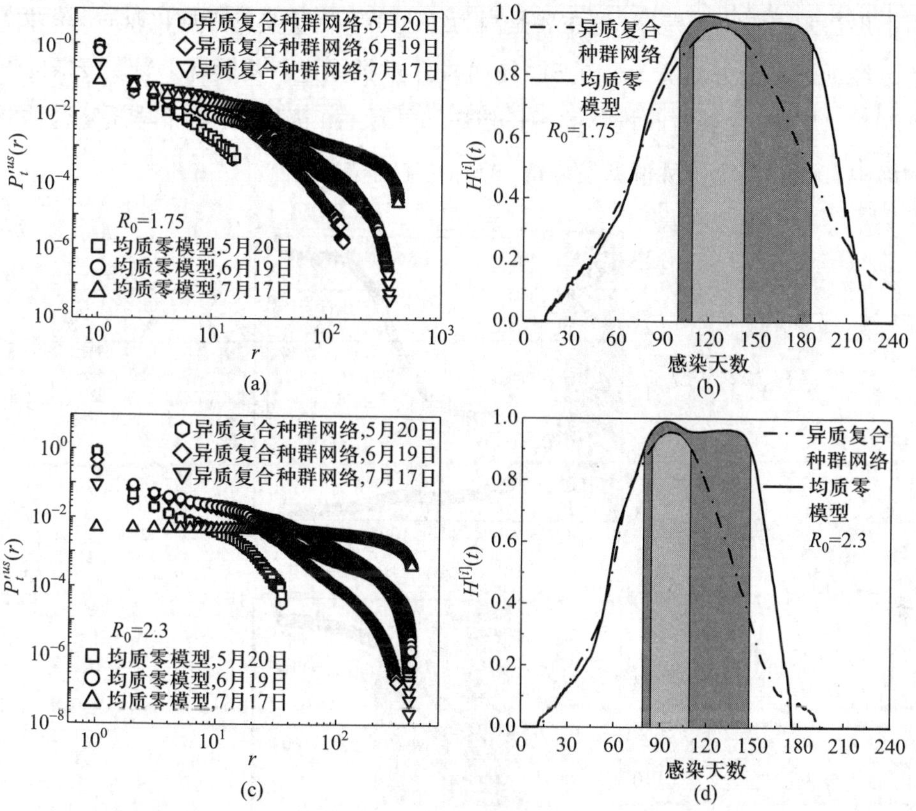

图 6.7 均质零模型与异质复合种群网络的标度涌现。(a)(c) 分别给出了两种模型暴发疫情所在的都市统计区累计确诊病例数的概率–排序分布 $P_t^{\prime us}(r)$, 每组分布对应的日期间隔约 30 天; (b) (d) 分别给出了两种模型归一化熵函数 $H^{[I]}(t)$ 的变化趋势

蒙特卡罗随机模拟仿真实验。对暴发疫情的仿真结果, 分别统计其每天的累计确诊病例数的概率–排序分布, 计算这些分布的中值结果得到每天的归一化概率–排序分布 $P_t^{\prime us}(r)$。我们发现, 模拟仿真从第 26 天 ($t=26$) 到第 39 天 ($t=39$) 这段时间里, $P_t^{\prime us}(r)$ 明显呈现出幂律的模式 $P_t^{\prime us}(r) \sim r^{-\theta'_{us}}$, 这符合 Zipf 律 (当 $t<26$ 时, 则仅有少数几个子种群暴发了疫情)。利用极大似然估计法来计算每组分布的幂指数 θ'_{us}。图 6.8(a) 左半部分说明, 随着模拟传播过程的演化, 在这段时间里 θ'_{us} 值迅速减小; 当 $t>39$ 时, 可得 $P_t^{\prime us}(r)$ 逐渐转变为带指数尾的幂律分布 $P_t^{\prime us}(r) \sim r^{-\theta'_{us}} \exp(-r/r_c^{us'})$。幂指数 θ'_{us} 随着时间推移而逐渐减小, $t>126$ 时几乎达到常值 0.574, 此后波动极小可以忽略不计。在模拟过程演化到 39 天以

后不再在图中画出误差棒, 这主要是因为经过 100 次仿真的平均化以后, 统计误差已经远远小于平均值 ($< 10^{-2}$)。图 6.8(a) 的插图进一步展现了暴发疫情的子种群数 $M'_{us}(t)$ 随着时间推移的增长趋势。在第 110 天以后, 整个异质复合种群网络中有 400 多个子种群暴发疫情, $M'_{us}(t)$ 趋于饱和。

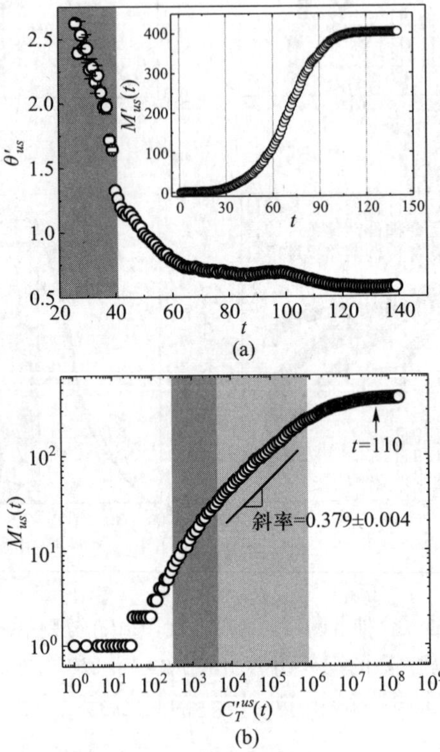

图 6.8 异质复合种群网络的标度性质。(a) 归一化概率–排序分布 $P_t'^{us}(r)$ 的幂指数 θ'_{us} 随时间推移的变化趋势, 其中插图展示了暴发疫情的子种群数 $M'_{us}(t)$ 随时间推移的增长趋势; (b) 累计确诊病例总数 $C_T'^{us}(t)$ 与暴发疫情子种群数 $M'_{us}(t)$ 之间的关系

图 6.8(b) 呈现了累计确诊病例总数 $C_T'^{us}(t)$ 与暴发疫情子种群数 $M'_{us}(t)$ 之间的关系。如前所述, 由于概率–排序分布 $P_t'^{us}(r)$ 在 $t \in [26, 39]$ 这个阶段是幂律分布 $P_t'^{us}(r) = b \cdot r^{\theta'_{us}}$, 我们推断整个模拟系统在这一阶段的演化过程也符合 Heaps 律, 即

$$M'_{us}(t) = (C_T'^{us}(t) \cdot b)^{\eta'_{us}}, \qquad \eta'_{us} = 1/\theta'_{us}. \tag{6.18}$$

如图 6.8(b) 所示, 其中对应 $t \in [26, 39]$ 这一阶段的模拟结果就是亚线性增长的。为了进一步验证, 首先根据 (6.18) 式和相应的频率–排序分布 $P_t^{\prime us}(r)$ 拟合结果来计算指数 η'_{us}, 然后分析标度指数 θ'_{us} 与 η'_{us} 之间的关系。表 6.2 列出了在这个阶段里, 幂指数 θ'_{us} 与 η'_{us} 之间的标度关系, 我们认为基本符合 $\eta'_{us} = 1/\theta'_{us}$。在 $t > 39$ 时, 虽然可得 $P_t^{\prime us}(r)$ 开始逐渐背离 Zipf 律, 如图 6.8(b) 所示, 此时 $M'_{us}(t)$ 在趋近饱和区域之前, $M'_{us}(t)$ 与 $C_T^{\prime us}(t)$ 之间的关系仍然是亚线性增长的, 依旧符合 Heaps 律。

表 6.2　异质复合种群网络模拟仿真的第 26 至 39 天 ($t \in [26, 39]$, 疫情暴发的初始阶段), 幂指数 θ'_{us}、η'_{us} 之间的标度关系

t	θ'_{us}	η'_{us}	$\theta'_{us} \cdot \eta'_{us}$	t	θ'_{us}	η'_{us}	$\theta'_{us} \cdot \eta'_{us}$
26	2.623	0.427	1.120	33	2.170	0.482	1.046
27	2.395	0.459	1.099	34	2.220	0.477	1.059
28	2.535	0.449	1.138	35	2.086	0.492	1.026
29	2.433	0.457	1.112	36	1.976	0.503	0.994
30	2.429	0.456	1.108	37	1.977	0.504	0.996
31	2.269	0.455	1.032	38	1.717	0.540	0.927
32	2.285	0.460	1.051	39	1.644	0.538	0.884

6.5　本章小结

本章从实际数据、理论模型和仿真模拟这 3 个不同角度探讨了大尺度空间流行病动力学的标度律演化机制, 阐明了 Zipf 律和 Heaps 律这两种典型标度律的共存涌现模式及演化趋势。然而, 无论是根源于静态排序的 Zipf 律还是刻画动态演化趋势的 Heaps 律, 这二者所表征的都是复杂网络或系统的某一统计变量如频率、规模等的统计分布的宏观规律。正如具有同一幂律分布的无标度网络, 其内在拓扑结构可以千差万别 [31–35], 大尺度空间流行病动力学的 Zipf 律与 Heaps 律共存与演化的特征也仍然只是这两种不同统计分布规律的宏观体现, 而其内在的动态演化的驱动机制也可能是各有千秋的。

因此, 一方面, 我们应该对于在大尺度空间疫情流行时这两种标度律共存和演化规律予以足够重视; 另一方面, 不能仅仅只是停留在对于这两种标度律的共存和演化规律的认识, 在实际面对疫情采取必要的对策以及更进一步的预测和预警机制和对策设计上, 还有待更进一步的探索。特别值得强调的是, 本章一个重要的研究发现是真实数据驱动下的复合种群网络模型所呈现的强异质性, 在与完全均值的零模型对比模拟甲型 H1N1 流感疫情时表现出诸多值得重视的特征模式, 也说明了在实际疫情暴发初期采取如优先接种、目标群体抗病毒药物预防等针对性策略的重要性。更多关于现实控制策略的探讨留待本书第 8 章。

参考文献

[1] 周晓农, 王显红, 杨坤, 等. 空间流行病学 [M]. 北京: 科学出版社, 2009.

[2] WHO Informal mathematical modelling group for Pandemic Influenza H1N1 2009 (Working Group on Data Needs).

[3] LONGINI I M, NIZAM A, XU S, et al. Containing pandemic influenza at the source[J]. Science, 2005, 309(5737): 1083-1087.

[4] WANG L, LI X. Spatial epidemiology of networked metapopulation: An overview[J]. Chinese Science Bulletin, 2014, 59(28): 3511-3522.

[5] RVACHEV L A, LONGINI JR I M. A mathematical model for the global spread of influenza[J]. Mathematical Biosciences, 1985, 75(1): 3-22.

[6] Center for International Earth Science Information Network (CIESIN), Columbia University; and Centro Internacional de Agricultura Tropical (CIAT). The Gridded Population of the World Version 3 (GPWv3): Population Grids. Palisades, NY: Socioeconomic Data and Applications Center (SEDAC), Columbia University.

[7] Center for International Earth Science Information Network (CIESIN), Columbia University; International Food Policy Research Institute (IFPRI); The World Bank; and Centro Internacional de Agricultura Tropical (CIAT). Global Rural-Urban Mapping Project (GRUMP), Alpha Version: Population Grids. Palisades, NY: Socioeco-

nomic Data and Applications Center (SEDAC), Columbia University.

[8] BALCAN D, HU H, GONÇALVES B, et al. Seasonal transmission potential and activity peaks of the new influenza A (H1N1): A Monte Carlo likelihood analysis based on human mobility[J]. BMC Medicine, 2009, 7(1): 45.

[9] AJELLI M, GONÇALVES B, BALCAN D, et al. Comparing large-scale computational approaches to epidemic modeling: agent-based versus structured metapopulation models[J]. BMC Infectious Diseases, 2010, 10(1): 190.

[10] STANLEY H E. Scaling, universality, and renormalization: Three pillars of modern critical phenomena[J]. Reviews of Modern Physics, 1999, 71(2): S358.

[11] NEWMAN M E J. Power laws, Pareto distributions and Zipf's law[J]. Contemporary Physics, 2005, 46(5): 323-351.

[12] ANDERSON R M, ANDERSON B, MAY R M. Infectious Diseases of Humans: Dynamics and Control[M]. Oxford: Oxford University Press, 1991.

[13] FERGUSON N M, CUMMINGS D A T, CAUCHEMEZ S, et al. Strategies for containing an emerging influenza pandemic in Southeast Asia[J]. Nature, 2005, 437(7056): 209.

[14] COLIZZA V, PASTOR-SATORRAS R, VESPIGNANI A. Reaction-diffusion processes and metapopulation models in heterogeneous networks[J]. Nature Physics, 2007, 3(4): 276.

[15] KEELING M J, DANON L, VERNON M C, et al. Individual identity and movement networks for disease metapopulations[J]. Proceedings of the National Academy of Sciences, 2010, 107(19): 8866-8870.

[16] WANG L, LI X, ZHANG Y Q, et al. Evolution of scaling emergence in large-scale spatial epidemic spreading[J]. PloS One, 2011, 6(7): e21197.

[17] WANG L, ZHANG Y, HUANG T, et al. Estimating the value of containment strategies in delaying the arrival time of an influenza pandemic: A case study of travel restriction and patient isolation[J]. Physical Review E, 2012, 86(3): 032901.

[18] WANG J B, WANG L, LI X. Identifying spatial invasion of pandemics on metapopulation networks via anatomizing arrival history[J]. IEEE Transactions on Cybernetics, 2015, 46(12): 2782-2795.

[19] COLIZZA V, BARRAT A, BARTHÉLEMY M, et al. The role of the airline trans-

portation network in the prediction and predictability of global epidemics[J]. Proceedings of the National Academy of Sciences, 2006, 103(7): 2015-2020.

[20] BALCAN D, COLIZZA V, GONÇALVES B, et al. Multiscale mobility networks and the spatial spreading of infectious diseases[J]. Proceedings of the National Academy of Sciences, 2009, 106(51): 21484-21489.

[21] BALCAN D, VESPIGNANI A. Phase transitions in contagion processes mediated by recurrent mobility patterns[J]. Nature Physics, 2011, 7(7): 581-586.

[22] BROCKMANN D, HELBING D. The hidden geometry of complex, network-driven contagion phenomena[J]. Science, 2013, 342(6164): 1337-1342.

[23] United States Office of Management and Budget (OMB), OMB Bulletin No. 10-02: Update of Statistical Area Definitions and Guidance on Their Uses (December 1, 2009).

[24] Bureau of Transportation Statistics (BTS), United States, Air Carrier Traffic and Capacity Data by On-Flight Market report, December 2009.

[25] Centers for Disease Control and Prevention (CDC), United States. Swine Influenza A (H1N1) Infection in Two Children, Southern California, March-April 2009.

[26] FRASER C, DONNELLY C A, CAUCHEMEZ S, et al. Pandemic potential of a strain of influenza A (H1N1): Early findings[J]. Science, 2009, 324(5934): 1557-1561.

[27] LESSLER J, REICH N G, BROOKMEYER R, et al. Incubation periods of acute respiratory viral infections: A systematic review[J]. The Lancet Infectious Diseases, 2009, 9(5): 291-300.

[28] YANG Y, SUGIMOTO J D, HALLORAN M E, et al. The transmissibility and control of pandemic influenza A (H1N1) virus[J]. Science, 2009, 326(5953): 729-733.

[29] BOELLE P Y, BERNILLON P, DESENCLOS J C. A preliminary estimation of the reproduction ratio for new influenza A (H1N1) from the outbreak in Mexico, March-April 2009[J]. Eurosurveillance, 2009, 14(19): 19205.

[30] MILO R, SHEN-ORR S, ITZKOVITZ S, et al. Network motifs: Simple building blocks of complex networks[J]. Science, 2002, 298(5594): 824-827.

[31] BARABÁSI A L. Scale-free networks: A decade and beyond[J]. Science, 2009, 325(5939): 412-413.

[32] 史定华. 网络度分布理论 [M]. 北京: 高等教育出版社, 2011.

[33] BROIDO A D, CLAUSET A. Scale-free networks are rare[J]. Nature Communications, 2019, 10(1): 1017.

[34] BARABÁSI A L. Love is All You Need–Clauset's fruitless search for scale-free networks. 2018-03-06.

[35] HOLME P. Rare and everywhere: Perspectives on scale-free networks[J]. Nature Communications, 2019, 10(1): 1016.

第 7 章 空间异构接触的双耦合种群网络流行病传播临界值

7.1 问题的引出

传统地, 人们一直假设一个单一种群内部的个体是均匀混合的, 这在本书第 2 章介绍早期复杂网络传播临界值理论时已有讨论。传统的复合种群网络模型, 基于单一种群内个体均匀混合这一共性假设, 也往往不强调个体接触模式的差异性, 而假设单个子种群内的所有个体具有相同的接触模式。随着近年来基于手机通信、GPS 位置服务等数据的可获得性, 发现城市人群日常活动的移动距离呈现指数或二项分布 [1], 从个体移动规律在一定程度上支持了种群内个体均匀混合这一假设的合理性。而均匀混合的个体意味着个体相互间的接触是随机的。因此, 在均匀混合的种群里, 单位时间内每个个体接触到个体数量的概率密度函数也应该近似服从正态分布。这一推断最近 10 年来通过不同类型的局域社会环境的人群实验不断得到了验证。人群实验利用蓝牙 [2]、RFID 电子标签 [3]、无线传感器 [4] 或 WiFi 设备 [5] 等便携式电子设备或移动智能终端, 在校园、医院、会议场馆、公共展览馆等以主动或被动记录的方式, 采集人群在这些场景环境下近距离接触的交互行为数据。统计分析这些真实数据可以发现, 人们每天接触的人数分布的变异系数都很小 [2–6]。因此, 复合种群网络模型每个子种群里的个体是均匀混合的, 同一个子种群的个体具有相同的特征接触率。

不同子种群内部的个体接触模式却往往因为地域的差别而存在较大的差别。现实中也的确有可能空间地域相关因素导致不同地区 (子种群) 在疫情流行时染病人数的差异。例如, 由于社会条件或者生活方式的差别, 城市居民之间与乡镇居民之间的接触率一般具有较大差异。举例来说, 人们在对比分析加拿大安大略省 1992—2001 年间肺炎和流感的收治病例样本数据发现, 北部乡村地区与南部城市地区在收治病患数量上存在着巨大差异 [7]。人们在对比研究 2009 年中国华南地区五个不同区域的甲型 H1N1 流感病例样本数据时, 也发现空间地域对于分布在不同地域的种群存在着有别于个体性别、年龄分布等因素对甲型 H1N1 流感疫情的独立影响 [8]。

因此, 我们关注两类值得重视的基于地点信息的空间异构接触模式。第一类空间异构接触模式是目的地驱动的接触模式, 即个体特征接触率的大小与其目的地子种群相关, 这实际上反映了个体所处空间地点的社会环境对其行为的影响。举例来说, 在城区与郊区之间通勤的人群, 郊区居民进入城区时其特征接触率显然会增大。令处于子种群 x 或 y 内的个体特征接触率分别为 c_x 和 c_y。此外, 由于在不同地点之间的通勤使得个体常居的源子种群与短暂停留的目的地子种群之间也有差异, 相应地提出第二类空间异构接触模式是源地驱动的接触模式, 即个体特征接触率与其源子种群相关。这种源地驱动模式反映了人们普遍存在的锚定效应 (Anchoring effect), 即经济、文化背景等常居地点的社会因素必然会影响个体行为。对于源地驱动接触模式, 假设源子种群为 x 或 y 的个体的特征接触率分别是 c'_x 和 c'_y, 且不随所处地点的改变而变化。

注意到在这两类空间异构接触模式下, 单位时间内易感者的染病风险与其接触过的感染个体数目有关。因此, 目的地驱动接触模式和源地驱动接触模式所带来的特征接触率不同, 使得复合种群网络上的空间流行病传播临界值也出现了更多值得探究的新问题和新现象。本章采用双耦合种群网络这一最简化的复合种群网络模型来厘清其规律。

7.2 空间异构接触的双耦合种群网络模型

采用文献 [9] 所提出的双耦合种群网络模型, 即整个复合种群网络仅由两个子种群相互耦合形成。因此, 双耦合种群网络是复合种群网络的最简化形式, 两个代表性的子种群通过个体的往复通勤移动而相互耦合在一起。这种最简化的复合种群网络在大型传染病暴发的初始阶段, 可以充分发挥其合理近似的优势来研究疫情暴发临界条件的本质规律。

个体在两个子种群之间往复迁移的通勤过程介绍如下。假设两个耦合的子种群 x、y 具有相同的个体 (居民) 数量。令 $N_x^\star$ 和 $N_y^\star$ 分别代表源子种群为 x、y 的个体总数, 且 $N_x^\star = N_y^\star = N$。通勤过程通过离散的时间步数来统计, 以 1 h 为单位时间。定义一个个体常居的子种群为其源子种群, 于是另外一个子种群是其目的地子种群。在每个离散的时间步, 令处于自身源子种群内的个体以概率 $\omega_{xy}(\omega_{yx})$ 因通勤而离开其源子种群, 访问目的地子种群 $y(x)$; 对于已经离开源子种群的通勤个体, 假设在每个时间步, 他们分别以概率 ν_x、ν_y 返回其常居的源子种群 x 或 y。不失一般性, 假设这一通勤过程仍然保持各个子种群规模的平衡, 即, $\omega_{xy} = \omega_{yx} = \omega$, $\nu_x = \nu_y = \nu$。图 7.1 是双耦合种群网络的通勤示意图。

同一源子种群的所有个体根据其在 t 时刻所处的子种群可以被划分为两群个体。如图 7.1 所示, $N_{xx}(t)$ 和 $N_{yy}(t)$ 分别表示 t 时刻留在其源子种群 x 或 y 的个体的数量, $N_{xy}(t)$ 和 $N_{yx}(t)$ 分别表示在 t 时刻子种群 y 或 x 里来自于相邻子种群 x 或 y 的通勤个体的数量。于是, "籍贯" 隶属于子种群 x 或 y 的个体总数可以分别表示为 $N_x^\star = N_{xx}(t) + N_{xy}(t)$ 和 $N_y^\star = N_{yy}(t) + N_{yx}(t)$。这里用一组刻画各个子种群内人口数量变化的率方程来反映通勤过程对各个子种群的影响。在给定扩散率 ω 与回归率 ν 的情况下, 源子种群为 x 的两个人群 N_{xx}、N_{xy} 的人口变化可由以下两个方程式来描述:

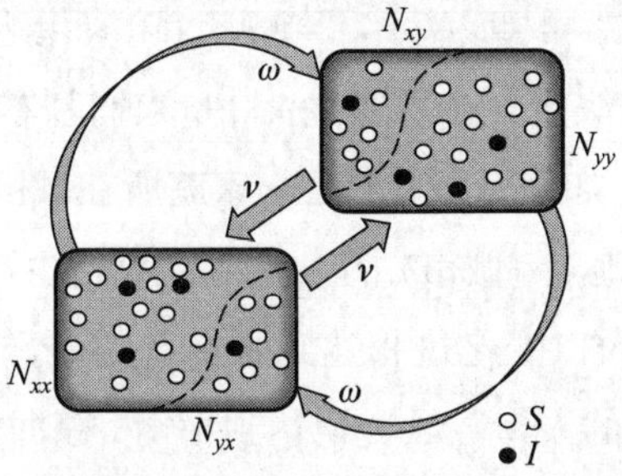

图 7.1 双耦合种群网络的通勤示意图。箭头分别标示出往复迁移的通勤流。初始阶段, 每个子种群里仅包含自身的居民 (所有个体停留在源子种群)。随着时间推移, 每个子种群中开始出现通勤者。当各个子种群人口变化趋于平衡, 子种群 x 或 y 中的人口由留在各自源子种群的居民 N_{xx} 或 N_{yy} 以及来自相邻子种群的通勤者 N_{yx} 或 N_{xy} 这两部分构成。伴随着携带病株的染病个体在子种群间通勤往复移动, 流行病毒在不同的子种群间传播蔓延

$$\frac{\mathrm{d}N_{xx}}{\mathrm{d}t} = -\omega N_{xx}(t) + \nu N_{xy}(t), \tag{7.1}$$

$$\frac{\mathrm{d}N_{xy}}{\mathrm{d}t} = \omega N_{xx}(t) - \nu N_{xy}(t). \tag{7.2}$$

上述两个方程分别反映了在单位时间内, 人群 N_{xx}、N_{xy} 在个体通勤情况下人口数发生的变化。由于源子种群为 x 的总人数为

$$N_x^\star = N_{xx}(t) + N_{xy}(t), \tag{7.3}$$

可以得到

$$\frac{\mathrm{d}N_{xx}}{\mathrm{d}t} + (\omega + \nu)N_{xx}(t) = N_x^\star \nu, \tag{7.4}$$

式 (7.4) 的解为

$$N_{xx}(t) = \frac{N_x^\star}{1+\omega/\nu} + C_{xx}\exp[-(\nu+\omega)t]. \tag{7.5}$$

由于常数 C_{xx} 的值取决于初始条件 $N_{xx}(0) = N_x^\star$, 可以进一步得到

$$N_{xx}(t) = \frac{N_x^\star}{1+\omega/\nu} + (N_{xx}(0) - \frac{N_x^\star}{1+\omega/\nu})\exp[-(\nu+\omega)t]. \tag{7.6}$$

类似地, 采用相同方法求解式 (7.2), 可以得到

$$\begin{aligned} N_{xy}(t) = {} & \frac{N_x^\star}{1+\omega/\nu}\omega/\nu - (N_{xx}(0) - \frac{N_x^\star}{1+\omega/\nu})\exp[-(\nu+\omega)t] \\ & + \Big[N_{xy}(0) + N_{xx}(0) - \frac{N_x^\star}{1+\omega/\nu}(1+\omega/\nu)\Big]\exp(-\nu t). \end{aligned} \tag{7.7}$$

由式 (7.6) 和式 (7.7) 可知, $N_{xx}(t)$ 与 $N_{xy}(t)$ 演化达到平衡态的弛豫时间分别由 $(\nu+\omega)^{-1}$ 和 ν^{-1} 决定。在现实生活中, 人们基本上每天的大部分时间都在自己常居的地点活动, 如宿舍所在校区、家庭所在城区。每天出于工作任务或社会活动而需要去其他地点 (城市) 的个体往往只是少数, 因此 $\omega^{-1} \gg \nu^{-1}$。这时, 两个子种群之间的人口变化过程达到平衡态的弛豫时间只依赖于 ν^{-1}。当 $t \gg \nu^{-1}$ 时, 两个子种群的人口数量变化达到平衡。根据式 (7.6) 和式 (7.7), 此时 $N_{xx}(t)$、$N_{xy}(t)$ 的平衡值可以近似为

$$N_{xx}^{eq} = \frac{N_x^\star}{1+\omega/\nu}, \quad N_{xy}^{eq} = \frac{N_x^\star}{1+\nu/\omega}. \tag{7.8}$$

类似地, 对于源子种群为 y 的两个人群 N_{yy}、N_{yx}, 也可以计算得到

$$N_{yy}^{eq} = \frac{N_y^\star}{1+\omega/\nu}, N_{yx}^{eq} = \frac{N_y^\star}{1+\nu/\omega}. \tag{7.9}$$

7.3　SIS 双耦合种群网络的空间流行病传播临界值

经典的 SIS 仓室过程, 即双耦合种群网络的个体根据易感态 (Susceptible) 和感染态 (Infectious) 两种健康状态而划分为易感者和感染者, 其人口数量分别以 S_x、I_x 或 S_y、I_y 表示。$S_{xx}(t)$、$I_{xx}(t)$ 分别代表在 t 时刻 N_{xx} 里易感者与感染者的数量。在每一采样时刻, 如果一位易感者接触过一位感染者, 则该易感者被病毒传染的概率为 β (也称为传播率)。假定在单位时间内, 感染者也以概率 μ 康复并重归易感状态。

7.3.1　两类空间异构接触模式驱动下的 SIS 仓室传染过程

结合图 7.2 来具体描述这两类空间异构接触模式驱动下的双耦合种群网络上的 SIS 仓室传染过程。

目的地驱动接触模式下, 如图 7.2(a) 所示, 处于子种群 x 或 y 中的个体的特征接触率为 c_x 或 c_y。在单位时间内, 易感者的染病风险 (Force of infection) 取决

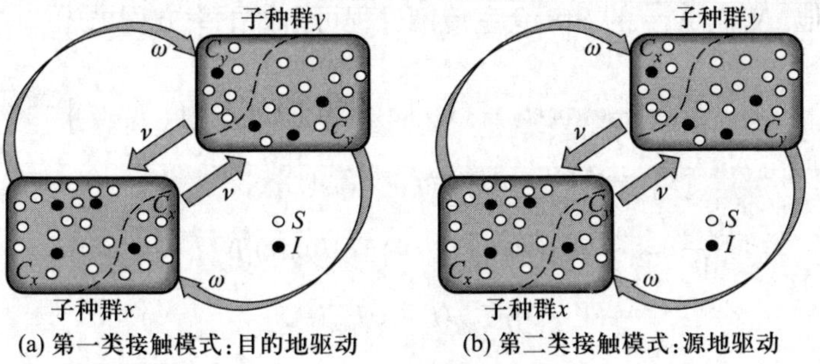

图 7.2　两类空间异构接触模式驱动下的双耦合种群网络示意图

于他接触过多少感染者。因此, 在 t 时刻, N_{xy}、N_{yy} 中任意一个易感者的染病风险可以计算得到

$$FOI_{xy}(t) = FOI_{yy}(t) = c_y FOI_y(t) = \beta c_y (I_{xy}(t) + I_{yy}(t))/(N_{xy}^{eq} + N_{yy}^{eq}), \quad (7.10)$$

其中, $FOI_y(t)$ 表示在 t 时刻子种群 y 中一个易感者随机接触任何一个个体将染病的概率。类似地, 在 t 时刻, N_{yx}、N_{xx} 中易感者的染病风险为

$$FOI_{yx}(t) = FOI_{xx}(t) = c_x FOI_x(t) = \beta c_x (I_{yx}(t) + I_{xx}(t))/(N_{yx}^{eq} + N_{xx}^{eq}). \quad (7.11)$$

基于平均场近似计算, 可以用下式来刻画在目的地驱动接触模式下 N_{xx} 的传染过程:

$$\frac{\mathrm{d}I_{xx}}{\mathrm{d}t} = -\omega I_{xx}(t) + (1-\omega) FOI_{xx}(t)[N_{xx}^{eq} - I_{xx}(t)] - (1-\omega)\mu I_{xx}(t) + \nu I_{xy}(t), \quad (7.12)$$

这里等式右边的第一项表示 N_{xx} 中感染者的扩散项, 即通勤者的数量, 第二项表示 N_{xx} 中新增感染者的数量, 第三项表示 N_{xx} 中未参与通勤活动的感染者的康复数量, 第四项表示感染态通勤个体从 N_{xy} 返回其源地 (子种群) 带来的变化量。

类似地, 在目的地驱动接触模式下, N_{yx} 中的传染过程可由下式来刻画:

$$\frac{\mathrm{d}I_{yx}}{\mathrm{d}t} = -\nu I_{yx}(t) + (1-\nu) FOI_{yx}(t)[N_{yx}^{eq} - I_{yx}(t)] - (1-\nu)\mu I_{yx}(t) + \omega I_{yy}(t), \quad (7.13)$$

其中, 等式右边第一项表示 N_{yx} 中感染态通勤者返回其源地子种群的数量, 第二项表示 N_{yx} 中新增感染者的数量, 第三项表示停留在 N_{yx} 的感染态通勤者中的康复者数量, 最后一项表示从 N_{yy} 中通勤返回的感染态通勤者的数量。

相应地, N_{yy}、N_{xy} 的 SIS 仓室传染过程可由如下率方程描述:

$$\frac{\mathrm{d}I_{yy}}{\mathrm{d}t} = -\omega I_{yy}(t) + (1-\omega)FOI_{yy}(t)[N_{yy}^{eq} - I_{yy}(t)] \\ -(1-\omega)\mu I_{yy}(t) + \nu I_{yx}(t), \tag{7.14}$$

$$\frac{\mathrm{d}I_{xy}}{\mathrm{d}t} = -\nu I_{xy}(t) + (1-\nu)FOI_{xy}(t)[N_{xy}^{eq} - I_{xy}(t)] \\ -(1-\nu)\mu I_{xy}(t)+\omega I_{xx}(t). \tag{7.15}$$

在目的地驱动接触模式下, 率方程 (7.12)—率方程 (7.15) 中的感染风险 $FOI_{xx}(t), FOI_{yx}(t), FOI_{yy}(t), FOI_{xy}(t)$ 由式 (7.10) 和式 (7.11) 决定。

在第二类接触模式下, 如图 7.2(b) 所示, 即源地驱动接触模式, 不论个体当前所在哪个子种群, 其源子种群为 x 或 y 的个体所具有的特征接触率均为 c'_x 或 c'_y, 即在每个单位时间平均接触 c'_x 或 c'_y 个个体。因此, 在平均场近似后, N_{xx}、N_{yx}、N_{yy} 和 N_{xy} 中的 SIS 仓室传染过程依然可由率方程 (7.12)—率方程 (7.15) 来刻画, 但需要修正其中的个体染病风险。这种情形下, 在 t 时刻, N_{xy} 中易感者的染病风险为

$$FOI'_{xy}(t) = c'_x FOI'_y(t) = \beta c'_x (c'_x I_{xy}(t) + c'_y I_{yy}(t))/(c'_x N_{xy}^{eq} + c'_y N_{yy}^{eq}), \tag{7.16}$$

其中, $FOI'_y(t)$ 表示在 t 时刻子种群 y 中的易感者随机接触一次将染病的概率。需要强调的是, 为了归一化每个子种群中感染者参与的接触在所有接触中所占的比例, 式 (7.16) 中的分母需要考虑子种群 y 中所有个体接触的数量, 而式 (7.10) 和式 (7.11) 只考虑了子种群的总人数。

同样地, 在 t 时刻, N_{yy}、N_{yx} 及 N_{xx} 中易感者的染病风险分别表示如下:

$$FOI'_{yy}(t) = c'_y FOI'_y(t) = \beta c'_y (c'_x I_{xy}(t) + c'_y I_{yy}(t))/(c'_x N_{xy}^{eq} + c'_y N_{yy}^{eq}), \tag{7.17}$$

$$FOI'_{yx}(t) = c'_y FOI'_x(t) = \beta c'_y (c'_x I_{xx}(t) + c'_y I_{yx}(t))/(c'_x N_{xx}^{eq} + c'_y N_{yx}^{eq}), \tag{7.18}$$

$$FOI'_{xx}(t) = c'_x FOI'_x(t) = \beta c'_x (c'_x I_{xx}(t) + c'_y I_{yx}(t))/(c'_x N_{xx}^{eq} + c'_y N_{yx}^{eq}). \tag{7.19}$$

为了比较这两类驱动接触模式, 需定义相应的基准 (Baseline) 接触模式, 令每个子种群里的个体特征接触率均为 $\langle c\rangle = (c_x + c_y)/2$, 这时的基准模式对应的是传统复合种群网络模型定义的所有子种群内个体接触模式完全一样。此时, 反

映传播临界值的基本再生数可表示为 $R_0' = \beta\langle c\rangle/\mu$。当 $R_0' < 1$ 时, 整个复合种群网络不会暴发疫情。

7.3.2 基本再生数的计算与分析

为了计算得到在这两类异构空间接触模式驱动下双耦合种群网络的基本再生数, 需要借助下一代生成矩阵 (Next generation matrix) 方法来计算求解 [10, 11]。

根据率方程 (7.12)—率方程 (7.15) 来构造无病平衡点 (Disease-free equilibrium, DFE) 处的下一代生成矩阵 $\boldsymbol{T\Omega}^{-1}$。在目的地接触模式驱动下, 反映个体感染因素的传染矩阵 $\boldsymbol{T}$ 为

$$
\begin{aligned}
\boldsymbol{T}(I_{xx}, I_{yx}, I_{yy}, I_{xy}) &= \left.\begin{pmatrix} \dfrac{\partial T_{xx}}{\partial I_{xx}} & \cdots & \dfrac{\partial T_{xx}}{\partial I_{xy}} \\ \vdots & \ddots & \vdots \\ \dfrac{\partial T_{xy}}{\partial I_{xx}} & \cdots & \dfrac{\partial T_{xy}}{\partial I_{xy}} \end{pmatrix}\right|_{\mathrm{DFE}} \\
&= \begin{pmatrix} \begin{matrix} \dfrac{(1-\omega)\beta c_x\nu}{\nu+\omega} & \dfrac{(1-\omega)\beta c_x\nu}{\nu+\omega} \\ \dfrac{(1-\nu)\beta c_x\omega}{\nu+\omega} & \dfrac{(1-\nu)\beta c_x\omega}{\nu+\omega} \end{matrix} & 0 \\ 0 & \begin{matrix} \dfrac{(1-\omega)\beta c_y\nu}{\nu+\omega} & \dfrac{(1-\omega)\beta c_y\nu}{\nu+\omega} \\ \dfrac{(1-\nu)\beta c_y\omega}{\nu+\omega} & \dfrac{(1-\nu)\beta c_y\omega}{\nu+\omega} \end{matrix} \end{pmatrix},
\end{aligned}
\tag{7.20}
$$

在源地接触模式驱动下, 传染矩阵 $\boldsymbol{T}$ 为

$$
\boldsymbol{T}(I_{xx}, I_{yx}, I_{yy}, I_{xy}) = \left.\begin{pmatrix} \dfrac{\partial T_{xx}}{\partial I_{xx}} & \cdots & \dfrac{\partial T_{xx}}{\partial I_{xy}} \\ \vdots & \ddots & \vdots \\ \dfrac{\partial T_{xy}}{\partial I_{xx}} & \cdots & \dfrac{\partial T_{xy}}{\partial I_{xy}} \end{pmatrix}\right|_{\mathrm{DFE}}
$$

$$
=\begin{pmatrix}
\dfrac{(1-\omega)\beta c_x'^2}{c_x'+c_y'\omega/\nu} & \dfrac{(1-\omega)\beta c_x'c_y'}{c_x'+c_y'\omega/\nu} & & \\
\dfrac{(1-\nu)\beta c_x'c_y'}{c_x'\nu/\omega+c_y'} & \dfrac{(1-\nu)\beta c_y'^2}{c_x'\nu/\omega+c_y'} & \multicolumn{2}{c}{0} \\
& & \dfrac{(1-\omega)\beta c_y'^2}{c_x'\omega/\nu+c_y'} & \dfrac{(1-\omega)\beta c_x'c_y'}{c_x'\omega/\nu+c_y'} \\
\multicolumn{2}{c}{0} & \dfrac{(1-\nu)\beta c_x'c_y'}{c_x'+c_y'\nu/\omega} & \dfrac{(1-\nu)\beta c_x'^2}{c_x'+c_y'\nu/\omega}
\end{pmatrix}. \tag{7.21}
$$

在上述两个矩阵里，每个矩阵元素 $\boldsymbol{T}_{ij}(i,j\in[x,y])$ 反映了 N_{ij} 中新增感染者的生成率。因此，在这两类接触模式驱动下，转移矩阵 $\boldsymbol{\Omega}$ 为

$$
\boldsymbol{\Omega}(I_{xx},I_{yx},I_{yy},I_{xy})=\left.\begin{pmatrix}
\dfrac{\partial\omega_{xx}}{\partial I_{xx}} & \cdots & \dfrac{\partial\omega_{xx}}{\partial I_{xy}} \\
\vdots & \ddots & \vdots \\
\dfrac{\partial\omega_{xy}}{\partial I_{xx}} & \cdots & \dfrac{\partial\omega_{xy}}{\partial I_{xy}}
\end{pmatrix}\right|_{DFE}
$$

$$
=\begin{pmatrix}
\omega+(1-\omega)\mu & 0 & 0 & -\nu \\
0 & \nu+(1-\nu)\mu & -\omega & 0 \\
0 & -\nu & \omega+(1-\omega)\mu & 0 \\
-\omega & 0 & 0 & \nu+(1-\nu)\mu
\end{pmatrix}, \tag{7.22}
$$

其中，$\boldsymbol{\Omega}_{ij}=\boldsymbol{\Omega}_{ij}^{-}-\boldsymbol{\Omega}_{ij}^{+}$。$\boldsymbol{\Omega}_{ij}^{+}$ 表示感染个体因为在不同子种群间通勤进入 N_{ij} 所带来的变化量，$\boldsymbol{\Omega}_{ij}^{-}$ 表示感染个体因为通勤而离开 N_{ij} 所带来的变化量。病患的康复同样会减少染病者数量，因此在构造 $\boldsymbol{\Omega}_{ij}^{-}$ 时也同样被考虑进来。需要强调的是，构造 $\boldsymbol{T}$ 和 $\boldsymbol{\Omega}$ 矩阵都在无病平衡点处进行。通过计算下一代生成矩阵 $\boldsymbol{T\Omega}^{-1}$ 的谱半径，可以得到整个双耦合种群网络在异构空间接触模式驱动下的基本再生数 R_0 [11]:

$$
R_0=\lambda_1(\boldsymbol{T\Omega}^{-1}). \tag{7.23}
$$

然而矩阵 $\boldsymbol{T\Omega}^{-1}$ 不能直接求解得到谱半径，因此无法直接解析得到基本再生数，只能通过数值计算来得到基本再生数。图 7.3 给出了基本再生数 R_0 在两类接触模式下的相位图。文献 [12] 根据实证结果报告的通勤行为时间尺度为

$\nu^{-1} \sim 1/3$ 天, 我们设定回归率为 $\nu = 0.125/\mathrm{h}$。对于扩散率, 采用了一个比较大的值 $\omega = 0.042/\mathrm{h}$, 即通勤过程 (扩散) 的时间周期尺度为 1 天。设定有关传染过程的其他参数值为 $\mu = 0.042/\mathrm{h}$, 即感染周期较短, 这与暴发流感疫情的情形相吻合; $\beta = 0.021/\mathrm{h}$。需要说明的是, 对于 μ、β, 我们也考察对比了其他取值, 发现这两个参数值的改变并不影响主要结果。

图 7.3 中虚线的参数取值对应基本再生数 $R_0 = 1$ 的情况。如图 7.3 所示, 两种异构空间接触模式的临界值具有明显的差别。在第二类接触模式下, 更小的接触率也同样能引起流行病的暴发。这主要是因为, 在源地驱动的接触模式下, 通勤过程使得每个子种群 x 或 y 能将一部分 "居民" 以通勤群体 N_{xy}^{eq} 或 N_{yx}^{eq} 的方式不断派遣到目的地子种群 y 或 x 中去。由于通勤个体能够直接与相邻子种群的个体进行接触, 这使得特征接触率相异的个体能够在每个子种群里直接相遇并接触, 由此更容易触发疫情的暴发。

此外, 如图 7.3(a) 所示, 在第一类接触模式下, 整个双耦合种群网络的基本再生数 R_0 的变化是单调的, 即基本再生数的变化与接触率 c_x、c_y 的变化正相关。而第二类接触模式则对基本再生数有更为复杂 (非单调) 的影响。如图 7.3(b) 所示, 其左上角和右下角 R_0 的值也非常大。因此, 在源地驱动接触模式下, 当 c'_x 或 c'_y 的值较大时 (大于 2.34), R_0 的变化呈现出非常明显的非单调的趋势。例如, 当 $c'_x = 3$ 时, 随着 c'_y 增大, R_0 首先逐渐减小, 达到谷底值后转而单调增长。

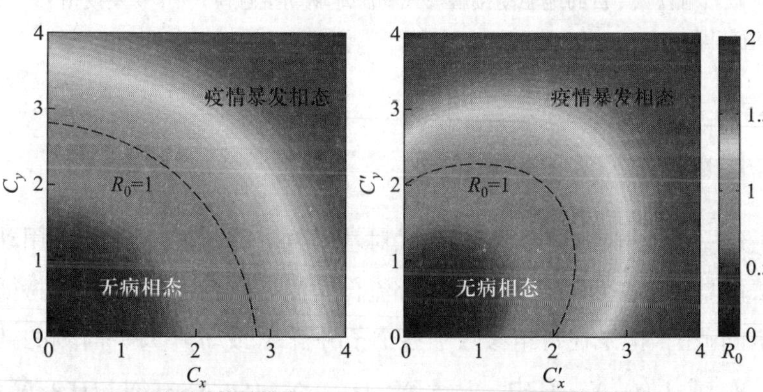

(a) 目的地驱动接触模式　　(b) 源地驱动接触模式

图 7.3　双耦合种群网络的基本再生数 R_0 在两类接触模式下的相位图

固定上述通勤过程和传染过程所设定的参数取值, 图 7.4(a) 比较了基准模式和两类异构空间接触模式驱动下暴发疫情 ($R_0 > 1$) 的参数范围。如图 7.4(a) 所示, 其中上三角浅灰色区域对应基本再生数 $R_0' = \beta\langle c\rangle/\mu > 1$ 时的基准模式情况。在第一类与第二类接触模式下计算得到的基本再生数相图中, 相应的基本再生数 $R_0 > 1$ 的参数范围比基准情况要大很多。因此, 基于地理空间信息引入的异构空间接触模式使得双耦合种群网络更容易暴发大规模流行病。我们进一步比较了减小扩散率对于基本再生数的影响, 减小扩散率 ω 意味着削弱子种群间的耦合作用, 即通勤个体数量下降。取扩散率 $\omega = 0.021/\text{h}$, 图 7.4(b) 比较了基准模式和两类异构空间接触模式下暴发疫情的参数区间, 也可以观察得到与之前相同的结论。

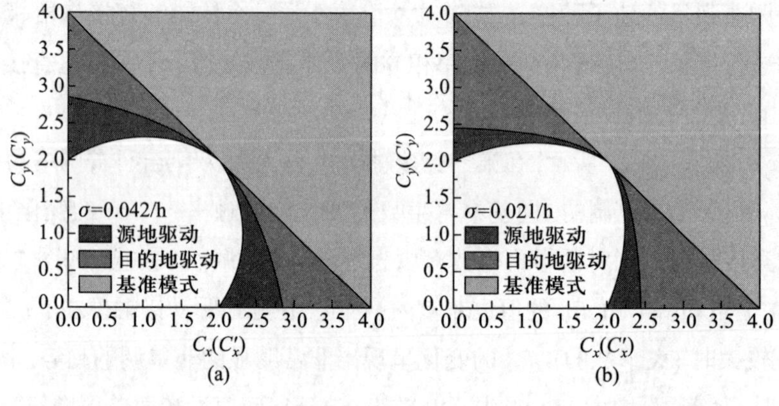

图 7.4　基准接触模式、目的地驱动接触模式和源地驱动接触模式下, 暴发疫情 ($R_0 > 1$) 时的接触率取值范围

7.3.3　仿真模拟

为了进一步理解异构空间接触模式对基本再生数的影响, 本节采用动态蒙特卡罗方法仿真模拟在双耦合种群网络上流行病的扩散过程, 重点关注特征接触率的参数空间范围, 记录在每组参数下各个子种群 x 或 y 中每一时刻的染病者比例 $I_x(t)/N_x$ 或 $I_y(t)/N_y$, 其中, $N_x = N_{xx}(t) + N_{yx}(t)$, $N_y = N_{yy}(t) + N_{xy}(t)$。为了排除仿真模拟过程中随机性所带来的影响, 这里对每组参数都进行了 10^3 次随机蒙特卡罗实验。

在初始化双耦合种群网络时, 令每个子种群包含 10^5 个个体, 即 $N_{xx}(0) =$

$N_{yy}(0) = 10^5$, $N_{xy}(0) = N_{yx}(0) = 0$。设定扩散率 $\omega = 0.042/\text{h}$、回归率 $\nu = 0.125/\text{h}$。随着模拟仿真过程的时间推移, 图 7.5 给出了 N_{xx}、N_{xy}、N_{yy} 与 N_{yx} 个体数量演化的时间序列。特别地, 每群个体的人口数很快达到各自的平衡值: $N_{xx}^{eq} = N_{yy}^{eq} = 7.5 \times 10^4$, $N_{xy}^{eq} = N_{yx}^{eq} = 2.5 \times 10^4$, 这与 7.2 节中式 (7.8) 和式 (7.9) 的计算结果相吻合。设定传播率 $\beta = 0.021$, 恢复率 $\mu = 0.042/\text{h}$, 针对几组典型的接触率模拟整个传染过程。假设在每个单位时间个体状态同步更新, 模拟仿真中每个离散时间步对应 1 h。因此可以将传染过程和通勤过程中的相关参数直接转化为概率值。

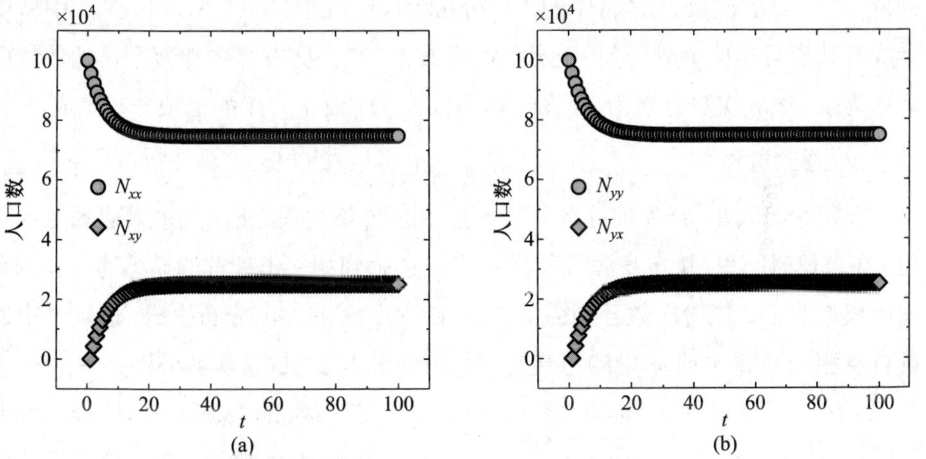

图 7.5　动态蒙特卡罗模拟的双耦合种群网络中各类人群数随时间推移的变化趋势

具体来说, 在每个单位时间里, SIS 仓室传染过程和通勤过程的模拟仿真算法如下所述。

(1) SIS 仓室传染过程

在目的地驱动接触模式下, t 时刻子种群 x 中易感者每次接触会导致其染病的概率为 $FOI_x(t) = \beta(I_{xx}(t) + I_{yx}(t))/(N_{xx}(t) + N_{yx}(t))$。因此, 在该时刻, N_{xx}、N_{yx} 中每个易感者的染病风险为 $FOI_{yy}(t) = FOI_{xy}(t) = c_y FOI_y(t)$。在这一单位时间里, N_{xy} 内新增染病者数可以通过概率为 $FOI_{xy}(t)$、试验次数为 $S_{xy}(t)$ 的二项分布来产生。类似地可以得到 N_{yy}、N_{xx}、N_{yx} 中新增染病者数。与此同时, 感染者以概率 μ 康复, 重新进入易感态。因此在 t 时刻, N_{xx}、N_{yx}、N_{yy}

及 N_{xy} 中康复个体的数量由概率为 μ、试验次数分别为 $I_{xx}(t)$、$I_{yx}(t)$、$I_{yy}(t)$ 及 $I_{xy}(t)$ 的二项分布生成。

在源地驱动接触模式下, 每个时间步里, 源子种群为 x 或 y 的个体平均接触 c'_x 或 c'_y 个所在地的其他个体。因此, t 时刻子种群 y 里易感者的每次接触导致其染病的概率为 $FOI'_y(t)=\beta(c'_xI_{xy}(t)+c'_yI_{yy}(t))/(c'_xN_{xy}(t)+c'_yN_{yy}(t))$。因此, t 时刻 N_{xy} 中每个易感者的染病风险为 $FOI'_{xy}(t)=c'_xFOI'_y(t)$, 而 N_{yy} 中每个易感者的染病风险为 $FOI'_{yy}(t)=c'_yFOI'_y(t)$。类似地, N_{xx}、N_{yx} 中每个易感者的染病风险也可同样得到。则在这一时间步里, N_{xy} 中新增染病者数由概率为 $FOI'_{xy}(t)$、试验次数为 $S_{xy}(t)$ 的二项分布生成。同理, N_{yy}、N_{yx} 和 N_{xx} 中新增染病者数也可相应生成得到。此外, N_{xx}、N_{yx}、N_{yy} 及 N_{xy} 中康复个体的数量由概率为 μ、试验次数分别为 $I_{xx}(t)$、$I_{yx}(t)$、$I_{yy}(t)$ 及 $I_{xy}(t)$ 的二项分布生成。

(2) 通勤过程

在每个时间步, 当所有个体都经历过 SIS 传染过程之后, 则进入通勤过程阶段。在单位时间里, 从自身源子种群 x 或 y 通勤到相邻子种群的易感通勤者的数量由概率为 ω、试验次数分别为 $S_{xx}(t)$ 和 $S_{yy}(t)$ 的二项分布生成; 通勤者中回到自身源子种群 x 或 y 中的易感者数量由概率为 ν、试验次数分别为 $S_{xy}(t)$ 和 $S_{yx}(t)$ 的二项分布生成。同理, 离开或返回自身源子种群的感染个体数量也可采用同样的方法生成。

在初始化整个双耦合种群网络的 SIS 仓室传染过程时, 设定 $I_{xx}(0)=50$, $S_{xx}(0)=N^{eq}_{xx}-I_{xx}(0)$, $I_{yx}(0)=I_{yy}(0)=I_{xy}(0)=0$, 即初始时仅在 N_{xx} 中引进 50 个感染者作为 “种子”。取传播率与恢复率为 $\beta=0.021$、$\mu=0.042$。在随后的模拟仿真实验中, 重点考察在不同特征接触率下整个双耦合种群网络演化达到稳态时, 各个子种群内的患病率 I^{eq}_x/N^{eq}_x、I^{eq}_y/N^{eq}_y, 即每个子种群内染病者所占的比例。针对每组设定的参数值进行 1000 次蒙特卡罗随机实验, 每次独立仿真运行 10 000 个时间步。在每次独立仿真的模拟实验中, 当整个双耦合种群网络达到稳态后, 如果感染个体数大于 50, 则认为这次仿真暴发了疫情。对所有暴发疫情的仿真结果取平均即可得到稳态时各子种群的平均患病率。具体来说, 首先对每次暴发疫情的独立仿真模拟实验最后 10% 的时间步里每个子种群内感染个体的数量进行平均, 进而对所有暴发疫情的仿真模拟的结果取平均来计算稳态时每个子种群内的患病率。如果这次模拟没有暴发疫情，则 $I_x^{eq}/N_x^{eq} = I_y^{eq}/N_y^{eq} = 0$。

接下来，分别选定几组典型的特征接触率 c_x、c_x' 值，然后比较基准模型和两类异构空间接触模式驱动下双耦合种群网络达到稳态后，各个子种群感染个体患病率 I_x^{eq}/N_x^{eq}、I_y^{eq}/N_y^{eq} 的相位图。

7.3.3.1 情形一：$c_x = c_x' = 1$

取 $c_x = c_x' = 1$。如图 7.6 所示，I_x^{eq}/N_x^{eq} 和 I_y^{eq}/N_y^{eq} 分别随着 c_y 或 c_y' 的增长而变化。在目的地驱动和源地驱动接触模式下，特征接触率 c_y 或 c_y' 的临界值比基准模式的临界值小得多，并且源地驱动接触模式的临界值是最小的。图 7.6 中临界值标示的是整个双耦合种群网络从无病相态转变到疫情暴发相态的临界点。图 7.6 中的虚线分别对应于基准模式和两类异构空间接触模式驱动下双耦合种群网络临界值的理论计算结果，可以发现，它们与仿真模拟的结果吻合得很好。在疾病暴发相态 (R_0> 1)，还可观察到一个有悖于直觉的现象：在参数相同时，源地驱动接触模式造成的患病率 I_x^{eq}/N_x^{eq}、I_y^{eq}/N_y^{eq} 比目的地驱动接触模式的患病率要大。在子种群 x 中，第二类接触模式能导致更高的患病率 I_x^{eq}/N_x^{eq}，这是由于

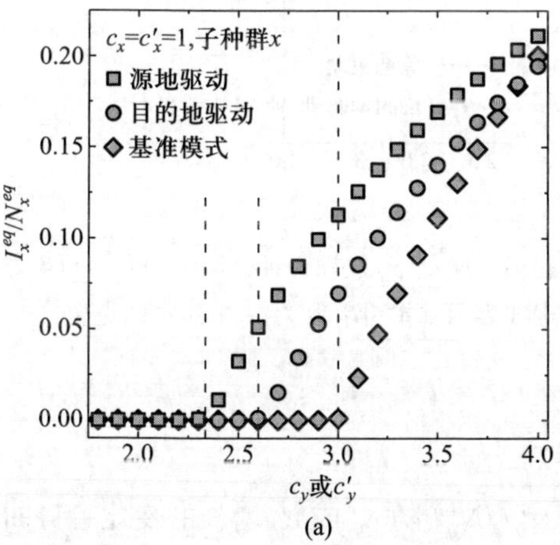

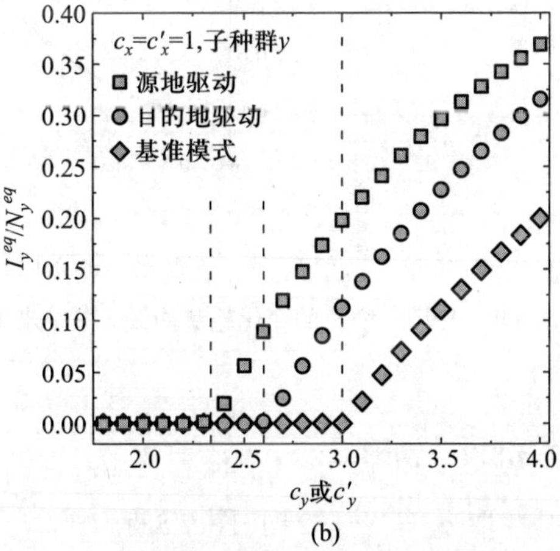

图 7.6　取 $c_x = c_x' = 1$ 时，在基准模式、两类异构空间接触模式驱动下双耦合种群网络分别达到稳态后，患病率 I_x^{eq}/N_x^{eq}、I_y^{eq}/N_y^{eq} 随 c_y 或 c_y' 增长的变化趋势曲线。由于每个数据点的标准偏差很小（比平均值小一个数量级），因此图中没有画出误差棒。垂直虚线代表相应的 c_y 或 c_y' 临界值的理论计算结果

来自于子种群 y 的通勤者往往具有更高的接触率。然而在子种群 y 中，这种源地驱动的接触模式能够导致更高的患病率 I_y^{eq}/N_y^{eq} 却有些出乎意料，因为在这类接触模式驱动下，$R_0>1$ 时，来自子种群 x 的通勤者的特征接触率较小。

图 7.7 对 $c_x=c_x'=1$ 时两类接触模式下基本再生数 R_0 的相图进行了进一步的比较。当 $R_0>1$ 且 $c_y=c_y'$ 时，源地驱动接触模式的 R_0 明显比目的地驱动接触模式的基本再生数大。这说明，在其他参数相同的情况下，源地驱动接触模式所引发的疫情会更为严重。源地驱动接触模式下个体的特征接触率不会随着通勤过程在不同子种群迁移时发生变化，这一反常现象可能是因为与目的地驱动接触模式相比，此时留在 N_{yy} 中的个体会更为频繁地接触其他同样留在该群体中的个体。在后续其他参数情形还会继续讨论这一现象。

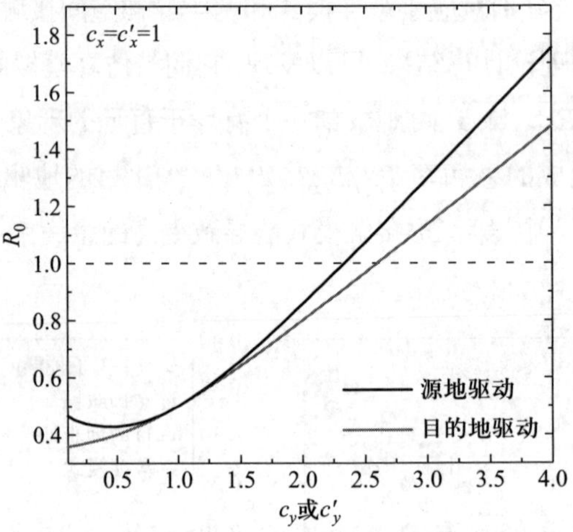

图 7.7 取 $c_x=c_x'=1$ 时，在两类异构空间接触模式驱动下，双耦合种群网络的基本再生数 R_0 随 c_y 或 c_y' 增长的变化趋势曲线。图中水平虚线表示基本再生数 $R_0=1$ 所在的位置

7.3.3.2 情形二：$c_x=c_x'=2$

取 $c_x=c_x'=2$ 时，图 7.8 是 I_x^{eq}/N_x^{eq}、I_y^{eq}/N_y^{eq} 随 c_y 或 c_y' 增长的变化趋势曲线。基准模式和两类异构空间接触模式驱动下的双耦合种群网络的接触率临界值都为 $c_y=c_y'=2$，与式 (7.23) 的计算结果完全一致 (图 7.8 中水平虚线所标处)。当 $R_0>1$ 时，第一类和第二类接触模式驱动下的稳态患病率之间的差别大大减小。图 7.9 比较了当 $c_x=c_x'=2$ 时第一类和第二类接触模式下 R_0 的相图。c_y 或

c'_y 比较大时, 两类接触模式下 R_0 间的差别也相对 $c_x = c'_x = 1$ 时的情形小很多。

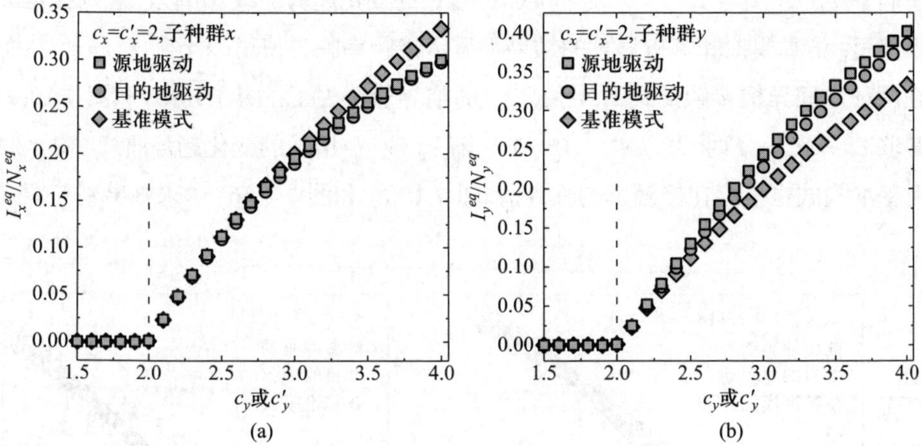

图 7.8　取 $c_x = c'_x = 2$ 时, 基准模式、两类空间异构接触模式驱动下双耦合种群网络达到稳态后, 患病率 I_x^{eq}/N_x^{eq}、I_y^{eq}/N_y^{eq} 随 c_y 或 c'_y 增长的变化趋势曲线。由于每个数据点的标准偏差很小, 图中未标出误差棒。垂直虚线对应 c_y 或 c'_y 临界值的理论分析结果

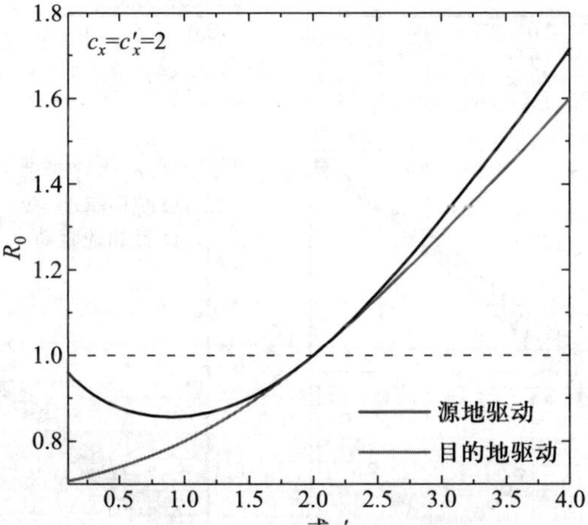

图 7.9　取 $c_x = c'_x = 2$ 时, 在两类异构空间接触模式驱动下, 双耦合种群网络的基本再生数 R_0 随 c_y 或 c'_y 增长的变化趋势曲线。图中水平虚线表示基本再生数 $R_0 = 1$ 所在的位置

7.3.3.3　情形三: $c_x = c'_x = 3$ 或 4

当进一步增大 c_x 或 c'_x 时, 比如取 $c_x = c'_x = 3$ 或 4, 仿真模拟的结果变得更

为复杂。图 7.10 (a) 和图 7.10(b) 是取 $c_x = c'_x = 3$ 时, 双耦合种群网络稳态时的患病率 I_x^{eq}/N_x^{eq} 与 I_y^{eq}/N_y^{eq} 随 c_y 或 c'_y 增长的变化趋势曲线。可以注意到在基准模式里, 仿真模拟和解析计算的结果都显示接触率临界值可以小到 $c_y = 1$; 然而在两种空间异构接触模式下, c_y 或 c'_y 的临界值消失了。图 7.10(c) 和图 7.10(d) 是取 $c_x = c'_x = 4$ 时, I_x^{eq}/N_x^{eq}、I_y^{eq}/N_y^{eq} 随 c_y 或 c'_y 增长的变化趋势曲线。由于此时基准模式也不存在接触率的临界值, 图 7.10(c) 和图 7.10(d) 中未画出基准模式

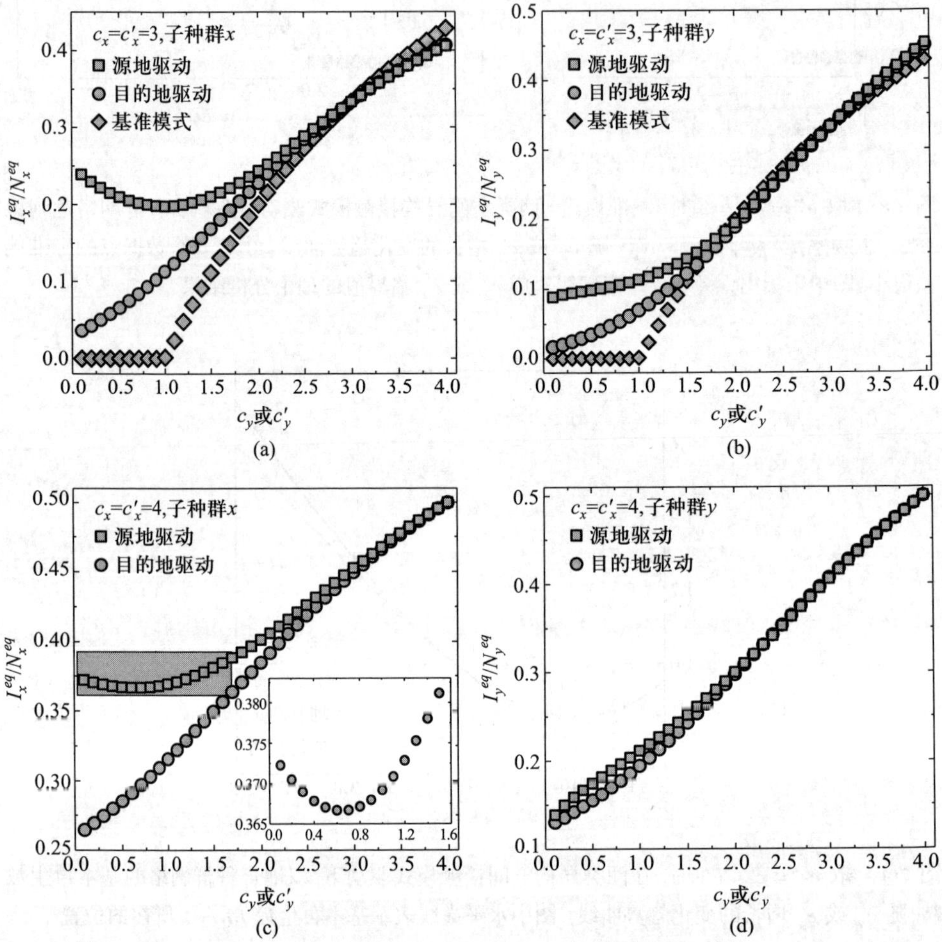

图 7.10　基准模式、两类空间异构接触模式驱动下双耦合种群网络达到稳态后, 患病率 I_x^{eq}/N_x^{eq}、I_y^{eq}/N_y^{eq} 的变化趋势对比示意图。图 (c) 中的插图放大了图中浅灰色区域所对应的结果。由于标准偏差很小, 各图中均未画出误差棒

的曲线结果。图 7.11 是利用数值解析方法计算得到的 R_0 相图。由此可以发现, 此时无论 c_y、c'_y 取具体什么数值, 整个双耦合种群网络都不会出现疫情。

另外, 如图 7.10 所示, 在目的地驱动接触模式下, 随着 c_y 的增长, I_x^{eq}/N_x^{eq} 和 I_y^{eq}/N_y^{eq} 也是单调增长的; 而在源地驱动接触模式下, 随着 c'_y 的增长, I_y^{eq}/N_y^{eq} 虽然也明显单调增长, 但是 I_x^{eq}/N_x^{eq} 的变化趋势却截然不同。随着 c'_y 增长, I_x^{eq}/N_x^{eq} 先逐渐减小, 达到谷底值后转而开始单调增长。如图 7.11 所示, 在源地驱动接触模式下, 随着 c'_y 逐渐增大, R_0 的变化也呈现先减后增的趋势。为了解释这一现象, 我们考察整个双耦合种群网络在达到稳态时, N_{xx}、N_{yx}、N_{yy} 以及 N_{xy} 中感染个体的比例。以 $c'_x=3$ 为例, 如图 7.12 所示, 可以观察到, 随着 c'_y 增长, I_{yy}^{eq}/N_{yy}^{eq} 和 I_{yx}^{eq}/N_{yx}^{eq} 呈现单调增长的趋势, 而 I_{xx}^{eq}/N_{xx}^{eq}、I_{xy}^{eq}/N_{xy}^{eq} 的变化趋势却是非单调的。

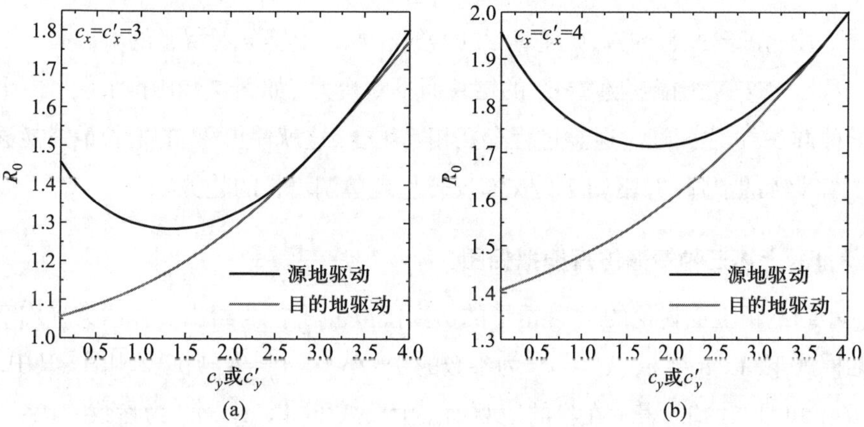

图 7.11　在目的地驱动接触模式与源地驱动接触模式下, 双耦合种群网络的基本再生数 R_0 随 c_y 或 c'_y 增长的变化趋势曲线。(a) $c_x=c'_x=3$; (b) $c_x=c'_x=4$

对于这一非单调的变化趋势, 其原因分析如下。在子种群 x 里, 属于 N_{xx} 的某个体发生一次接触的概率为 $c'_x/(c'_xN_{xx}+c'_yN_{yx})$, 属于 N_{yx} 中的某个体发生一次接触的概率为 $c'_y/(c'_xN_{xx}+c'_yN_{yx})$。随着 c'_y 的增长, N_{xx} 中的个体会不断减少与自身群体内个体的接触。当 c'_y 由 0.1 开始增大时, 由于 $N_{xx}^{eq}\gg N_{yx}^{eq}$, N_{xx} 中减少的感染者数量超过了 N_{yx} 中增加的染病者的数量。因此在这一阶段, 来自子种群 y 的通勤者在一定程度上缓解了子种群 x 中疫情的扩散, 并且这些通勤者的影响会随着 c'_y 的增大而进一步增强, 这就造成了 I_x^{eq}/N_x^{eq} 进一步下降。在子

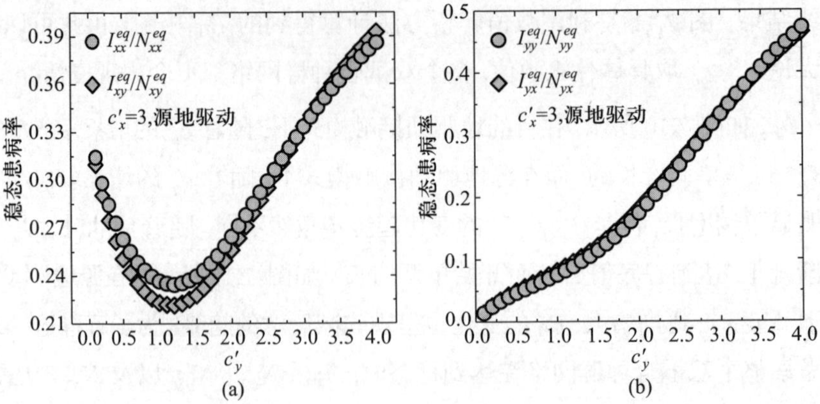

图 7.12　在源地驱动接触模式下, 随着 c_y 或 c'_y 增大, (a) N_{xx}、N_{xy} 和 (b) N_{yy}、N_{yx} 中稳态患病率的变化趋势曲线。这里 $c'_x = 3$

种群 y 中, 由于 $N_{yy}^{eq} \gg N_{xy}^{eq}$, 随着 c'_y 的增长, N_{yy} 中感染者数量的增加起主导作用。因此, I_y^{eq}/N_y^{eq} 能够随着 c'_y 的增长而不断变大 (如图 7.12(b) 所示)。由于两个子种群 x、y 之间通过通勤过程存在相互耦合, 这就使得 c'_y 的增长最终能够阻止 I_x^{eq}/N_x^{eq} 的下降, 并驱动 I_x^{eq}/N_x^{eq} 反转呈现单调增长的趋势。

7.3.3.4　上述三种情形仿真模拟相图

小结一下上面讨论的 3 种情形的仿真模拟。图 7.13 给出了在两类异构空间接触模式下, 以 $c_x - c_y$、$c'_x - c'_y$ 为参数的 I_x^{eq}/N_x^{eq}、I_y^{eq}/N_y^{eq} 完整相图。其中, 图 7.13(a) 和图 7.13(b) 表示在目的地驱动接触模式下, 以 $c_x - c_y$ 为参数的 I_x^{eq}/N_x^{eq} 和 I_y^{eq}/N_y^{eq} 的相图。可以观察到, 随着 c_x、c_y 的增长, I_x^{eq}/N_x^{eq} 与 I_y^{eq}/N_y^{eq} 呈单调增长的趋势。通过下一代生成矩阵方法可以计算出满足基本再生数临界值 $R_0 = 1$ 的特征接触率, 图中的白色虚线就是计算得到的特征接触率临界值的理论值, 它准确地将无病相态与疫情暴发相态区别开来。图 7.13(c) 和图 7.13(d) 表示在源地驱动接触模式下, 以 $c'_x - c'_y$ 为参数的 I_x^{eq}/N_x^{eq} 和 I_y^{eq}/N_y^{eq} 的相图。也可以观察到, 在源地驱动的接触模式下, 疫情暴发相态的参数范围相对目的地驱动接触模式疫情暴发相态的参数范围要大得多。当 c'_x 或 c'_y 大于 2.34 时, 随着 c'_x、c'_y 的增长, I_x^{eq}/N_x^{eq} 与 I_y^{eq}/N_y^{eq} 的变化呈非单调变化的趋势。此时, 在某些参数范围内, 可以观察到增大接触率反而会减小 I_x^{eq}/N_x^{eq}、I_y^{eq}/N_y^{eq} 的现象。

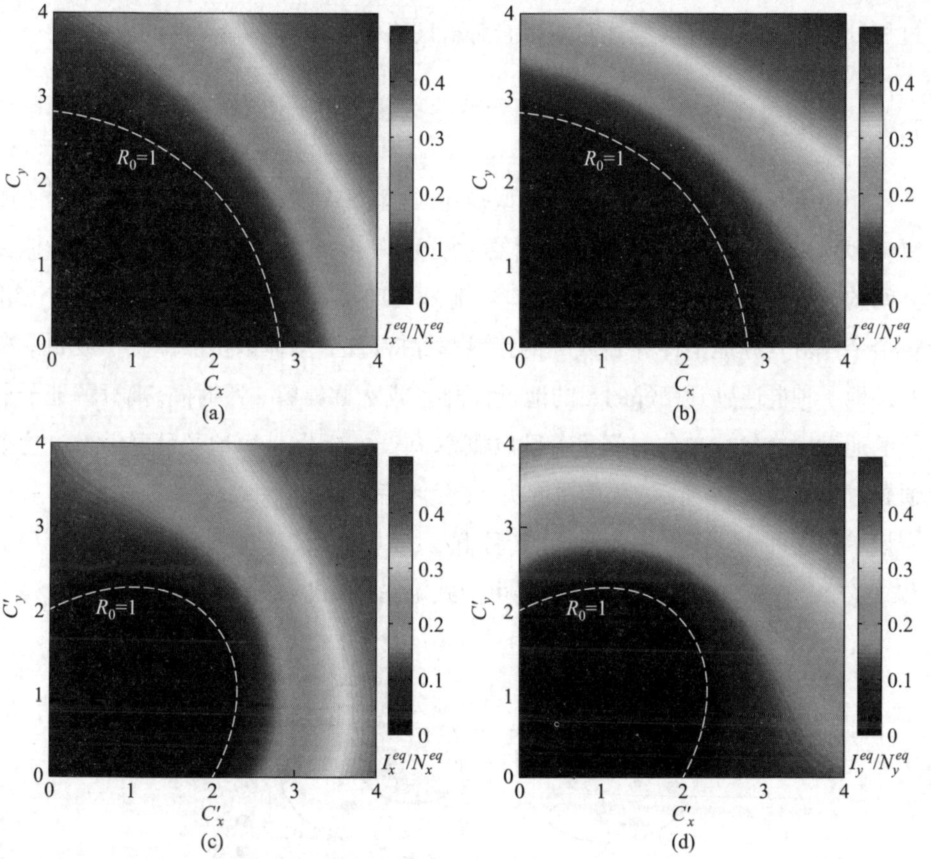

图 7.13　3 种情形仿真模拟的 I_x^{eq}/N_x^{eq}、I_y^{eq}/N_y^{eq} 相图。(a) 和 (b) 对应目的地驱动接触模式；(c) 和 (d) 对应源地驱动接触模式。图中白色虚线所标明的参数取值对应基本再生数 $R_0 = 1$ 的位置

7.4　SIR 双耦合种群网络的空间流行病传播临界值

如前所述，比较两类空间异构接触模式，源地驱动接触模式对于 SIS 双耦合种群网络空间流行病临界值的影响更为复杂。因此，本节进一步从 SIR 仓室传染

过程分析源地驱动接触模式对双耦合种群网络空间流行病临界值的影响。

7.4.1 模型描述

相比 SIS 双耦合种群网络的模型描述，这里每个子种群的个体状态增加了康复 R 状态。假设子种群 x、y 的个体数量分别为 N_x、N_y，两个子种群通过个体在其间的通勤移动而相互耦合在一起。在源地驱动接触模式下，同本章前面的介绍，每个个体对其源地子种群 x 或 y 的接触率保持记忆，个体以扩散率 ω_{xy} 或 ω_{yx} 离开源地子种群通勤到相邻的目的地子种群 y 或 x 并停留一段时间，离开源地子种群的通勤者在每个单位时间里分别以概率 ν_x、ν_y 返回其源地子种群 x、y。这个通勤过程如图 7.14 所示。为简单起见，依然考虑平衡 $\omega_{xy} = \omega_{yx} = \omega, \nu_x = \nu_y = \nu$。假设单位时间为 1 天。如前所述，子种群 x、y 中的人口演化动力学可由式 (7.1) 和式 (7.2) 的率方程刻画，其稳态仍可由式 (7.8) 和式 (7.9) 计算得到。

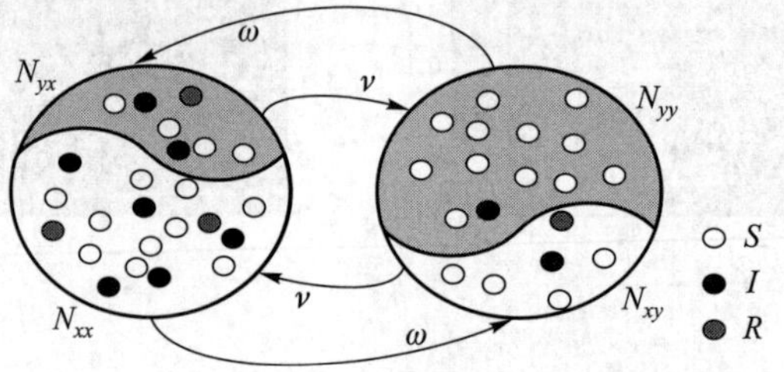

图 7.14 SIR 双耦合种群网络示意图。在每个单位时间，个体以扩散率 ω 离开源地子种群去访问相邻的目的地子种群，离开源地子种群的通勤者以概率 ν 返回其源地子种群

考虑引入了新生个体和死亡个体的 SIR 仓室传染过程。在每个单位时间，个体都处于易感态、感染态或恢复态中的一种，各组人群 $N_{ij}(i,j \in (x,y))$ 相应地分为易感者群体、感染者群体以及恢复者群体，其数量分别记为 S、I、R，而 $S_{ij}(t)$、$I_{ij}(t)$ 与 $R_{ij}(t)$ 分别表示在 t 时刻群体 N_{ij} 中的易感者、感染者以及恢复者的数量。令源地子种群为 $i(i \in (x,y))$ 的个体具有特征接触率 C_i。在单位时间里，N_{xx} 里的每个个体平均接触子种群 x 中 C_x 个人，N_{yx} 里的每个个体平均接触子种群 x 中 C_y 个人。如果一位易感者接触过一位感染者，该易感者的染病概率为 β。因此，在 t 时刻，$N_{ij}(i,j \in (x,y))$ 中任意易感者的染病风险为 $FOI_{ij}(t) = C_i FOI_j(t) = \beta C_i(C_i I_{ij}(t) + C_j I_{jj}(t))/(C_i N_{ij}^{eq}(t) + C_j N_{jj}^{eq}(t))$，其中，

$FOI_j(t)$ 表示 t 时刻随机接触子种群 i 中任意一个个体会导致染病的概率。同样,单位时间里感染者以概率 μ 康复并对该病免疫。假设所有新出生的个体都属于易感者。简单起见, 不妨令出生率等于死亡率, 以 α 表示。因此, N_{xx} 群体 SIR 仓室传染过程由如下率方程描述:

$$\begin{aligned}\frac{\mathrm{d}S_{xx}}{\mathrm{d}t} &= -\omega S_{xx}(t) + \nu S_{xy}(t) - (1-\omega)FOI_{xx}(t)S_{xx}(t)\\ &\quad +(1-\omega)\alpha N_{xx}^{eq}(t) - (1-\omega)\alpha S_{xx}(t),\\ \frac{\mathrm{d}I_{xx}}{\mathrm{d}t} &= -\omega I_{xx}(t) + \nu I_{xy}(t) + (1-\omega)FOI_{xx}(t)S_{xx}(t)\\ &\quad -(1-\omega)\mu I_{xx}(t) - (1-\omega)\alpha I_{xx}(t),\end{aligned}$$

其中, $FOI_{xx}(t) = C_x FOI_x(t) = \beta C_x(C_x I_{xx}(t)+C_y I_{yx}(t))/(C_x N_{xx}^{eq}(t)+C_y N_{yx}^{eq}(t))$。以上两式的右边, 前两项刻画个体通勤的影响, 第三项刻画 N_{xx} 中传染过程的影响, 后两项分别反映了生死过程以及感染者康复的影响。同样, N_{yx} 群体的 SIR 仓室传染过程由如下率方程描述:

$$\begin{aligned}\frac{\mathrm{d}S_{yx}}{\mathrm{d}t} &= -\nu S_{yx}(t) + \omega S_{yy}(t) - (1-\nu)FOI_{yx}(t)S_{yx}(t)\\ &\quad +(1-\nu)\alpha N_{yx}^{eq}(t) - (1-\nu)\alpha S_{yx}(t),\\ \frac{\mathrm{d}I_{yx}}{\mathrm{d}t} &= -\nu I_{yx}(t) + \omega I_{yy}(t) + (1-\nu)FOI_{yx}(t)S_{yx}(t)\\ &\quad -(1-\nu)\mu I_{yx}(t) - (1-\nu)\alpha I_{yx}(t),\end{aligned}$$

以上两个等式右边的前两项反映了个体通勤的影响, 第三项刻画 N_{yx} 中传染反应的影响, 后两项分别反映了生死过程以及感染者康复的影响。N_{yy}、N_{xy} 的 SIR 仓室传染过程可以类似写出相应的率方程。

7.4.2 计算与分析

类似地, 仍利用下一代生成矩阵方法计算 SIR 双耦合种群网络的基本再生数 R_0, 并根据 SIR 仓室模型的率方程构造在无病平衡点处的下一代生成矩阵

$\boldsymbol{T\Omega}^{-1}$。传染矩阵 $\boldsymbol{T}$ 为

$$\boldsymbol{T}(I_{xx},I_{yx},I_{yy},I_{xy})=\left.\begin{pmatrix}\dfrac{\partial T_{xx}}{\partial I_{xx}} & \cdots & \dfrac{\partial T_{xx}}{\partial I_{xy}}\\ \vdots & \ddots & \vdots\\ \dfrac{\partial T_{xy}}{\partial I_{xx}} & \cdots & \dfrac{\partial T_{xy}}{\partial I_{xy}}\end{pmatrix}\right|_{\mathrm{DFE}}$$

$$=\begin{pmatrix}\dfrac{(1-\omega)\beta C_x^2}{C_x+C_y\omega/\nu} & \dfrac{(1-\omega)\beta C_xC_y}{C_x+C_y\omega/\nu} & \multicolumn{2}{c}{\multirow{2}{*}{0}}\\ \dfrac{(1-\nu)\beta C_xC_y}{C_x\nu/\omega+C_y} & \dfrac{(1-\nu)\beta C_y^2}{C_x\nu/\omega+C_y} & & \\ \multicolumn{2}{c}{\multirow{2}{*}{0}} & \dfrac{(1-\omega)\beta C_y^2}{C_x\omega/\nu+C_y} & \dfrac{(1-\omega)\beta C_xC_y}{C_x\omega/\nu+C_y}\\ & & \dfrac{(1-\nu)\beta C_xC_y}{C_x+C_y\nu/\omega} & \dfrac{(1-\nu)\beta C_x^2}{C_x+C_y\nu/\omega}\end{pmatrix},$$

其中, 每个矩阵元素 $\boldsymbol{T}_{ij}$ 反映了 N_{ij} 中新增感染者的生成率。相应的转移矩阵 $\boldsymbol{\Omega}$ 为

$$\boldsymbol{\Omega}(I_{xx},I_{yx},I_{yy},I_{xy})=\left.\begin{pmatrix}\dfrac{\partial \Omega_{xx}}{\partial I_{xx}} & \cdots & \dfrac{\partial \Omega_{xx}}{\partial I_{xy}}\\ \vdots & \ddots & \vdots\\ \dfrac{\partial \Omega_{xy}}{\partial I_{xx}} & \cdots & \dfrac{\partial \Omega_{xy}}{\partial I_{xy}}\end{pmatrix}\right|_{\mathrm{DFE}}$$

$$=\begin{pmatrix}\omega+(1-\omega)(\alpha+\mu) & 0 & 0 & -\nu\\ 0 & \nu+(1-\nu)(\alpha+\mu) & -\omega & 0\\ 0 & -\nu & \omega+(1-\omega)(\alpha+\mu) & 0\\ -\omega & 0 & 0 & \nu+(1-\nu)(\alpha+\mu)\end{pmatrix},$$

其中, 矩阵元素 $\boldsymbol{\Omega}_{ij}=\boldsymbol{\Omega}_{ij}^{-}-\boldsymbol{\Omega}_{ij}^{+}$, 反映了个体在两个种群间通勤行为的影响。在 $\boldsymbol{\Omega}_{ij}^{-}$ 考虑了由于感染者康复所造成的染病人数减少这一影响。类似地, $\boldsymbol{T}$ 与 $\boldsymbol{\Omega}$ 矩阵也都是在无病平衡点构造。通过计算下一代生成矩阵 $\boldsymbol{T\Omega}^{-1}$ 的谱半径, 可以求解得到 SIR 双耦合种群网络在源地子种群驱动接触模式下的基本再生数 [11]: $R_0=\lambda_1(\boldsymbol{T\Omega}^{-1})$。

7.4.3 仿真模拟

同样地，初始化时每个子种群包含 100 000 个个体，即 $N_x(0) = N_y(0) = 100\ 000$。考虑到 $\nu^{-1} \ll \omega^{-1}$ 这一条件，设定 $\nu = 0.2, \omega = 0.05$ (选择其他取值并不会改变主要结果)。在模拟人口数量达到平衡后就可以启动 SIR 仓室传染过程。在每个单位时间内，个体的状态同步更新，$N_{ij}(i, j \in x, y)$ 中个体的感染与恢复过程分别由染病风险 FOI_{ij} 和恢复率 μ 表征刻画，以概率 α 产生新生个体，所有新生个体都处于易感态。每个单位时间里，SIR 仓室传染过程完成后开始模拟个体在子种群之间的通勤过程。

还是着重考察特征接触率的影响。对每组参数取值进行 1000 次蒙特卡罗仿真，每次仿真模拟 10 000 个单位时间步，并记录每次仿真模拟达到稳态时各个子种群的稳态患病率。此外，在每次独立的仿真模拟中，当系统演化达到稳态时如果感染者数量大于 50，则认为这次仿真模拟暴发了疫情。令 F 为在每组参数取值时暴发疫情的模拟仿真比率。

图 7.15 画出了以 C_x、C_y 为参数的子种群 x、y 稳态患病率相位图。取传播率 $\beta = 0.01$，恢复率 $\mu = 0.02$，出生率与死亡率 $\alpha = 0.001$。这些参数取其他值也不会影响最终结果。初始化时令 $I_{xx}(0) = 50$。图 7.15 中白色实线标明的参数取值对应于下一代生成矩阵方法计算得到的基本再生数 $R_0 - 1$ 的情形，成功地将整个种群的无病相态与疾病暴发相态区分开。

图 7.16(a) 画出了由下一代生成矩阵方法计算得到的整个双耦合种群网络的基本再生数 R_0 的相位图。由于这一方法的计算与初始条件无关，因此可以观察到这幅图沿对角线对称。图 7.16(b) 是暴发疫情的模拟仿真比率 F 的相位图。当 C_x、C_y 的取值使得 $R_0 > 1$ 时，比率 F 迅速达到 1。

如果禁止个体在子种群之间通勤移动，即两个子种群相互隔离，这时每个子种群的基本再生数 $R_0 = C\beta/(\mu + \alpha)$，其中，$C$ 代表解耦情况下个体的特征接触率。当 $R_0 < 1$ 时，病毒无法扩散传染出去。沿用上述参数取值，可以计算出在解耦情况下，个体接触率的临界值为 $C_{th} = 2.1$。如图 7.15 以及图 7.16(b) 所示，C_x、C_y 都大于 C_{th} 时，双耦合种群网络暴发疫情的概率非常高；而当 C_x、C_y 都

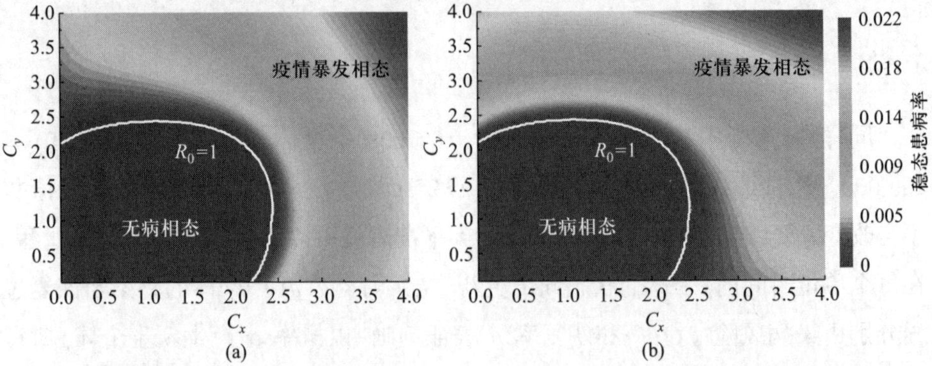

图 7.15　基本再生数 R_0 的稳态患病率相位图。(a) 子种群 x 的稳态患病率相位图; (b) 子种群 y 的稳态患病率相位图

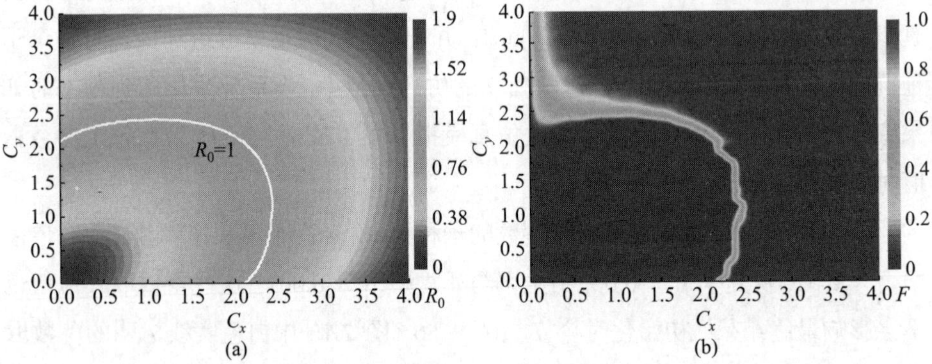

图 7.16　(a) 利用下一代生成矩阵方法计算得到的基本再生数 R_0 相位图; (b) 暴发疫情的模拟仿真比率 F 的相位图

小于 C_{th} 时, 双耦合种群网络则不会暴发疫情。然而, C_{th} 并不能准确地预测出双耦合种群网络的真实传播临界值。例如, 当 $C_x > \widetilde{C_x} = 2.44$ (此值由下一代生成矩阵方法与仿真结果共同验证) , 无论 C_y 取值多小, 双耦合种群网络都会暴发疫情。这是因为通勤过程使得子种群 x 能将一部分 “居民” 以通勤群体 N_{xy} 的形式不断输送到相邻的子种群 y 中。由于通勤者能够直接与子种群 y 的个体接触, N_{xy} 的个体实际上在子种群 y 中扮演了类似超级传播者 (Superspreader) 的角色。另外, 在图 7.16(b) 中, 暴发疫情的仿真比率 F 并不是沿对角线严格对称的。这是因为在仿真模拟中, 我们是在 N_{xx} 群体内引入染病个体作为传染源种子。当 $C_y > 2.44$, $C_x < C_{th}$ 时, 子种群 x 内的感染者存在较大的可能性会在入

侵子种群 y 之前就已经全部康复; 而当 $C_x > 2.44$, $C_y < C_{th}$ 时, 这种可能性就很小。

7.5 本章小结

无论是从单种群角度研究病毒传播, 还是从复合种群网络角度研究空间流行疫情, 通常遵循的环境假设都是建立在均一化的个体接触模式下的。本章以双耦合种群网络这一简化版本的复合种群网络作为研究切入点, 具体研究了两类与地理空间位置有关的个体接触模式, 即目的地驱动接触模式和源地驱动接触模式, 能够显著降低空间流行疫情的临界值。虽然在本章实际上假设每个个体是同质化的, 仅仅考虑了个体之间接触模式的异质性, 综合第 5 章对于个体本身非同质化的思考, 实际上可以构建一个更为庞大和详尽的多层次的复合种群网络系统, 与之联系的是在大数据背景下获得的充分的城市社会结构、人群分布等海量信息, 在个体与个体之间、子种群与子种群之间, 挖掘不同层次之间的网络相互深度耦合的影响, 以此作为本章结语抛砖引玉的一种可能吧。

参考文献

[1] BARTHÉLEMY M. Spatial networks[J]. Physics Reports, 2011, 499:1-101.

[2] EAGLE N, PENTLAND A S, LAZER D. Inferring friendship network structure by using mobile phone data[J]. Proceedings of the national academy of sciences, 2009, 106(36): 15274-15278.

[3] CATTUTO C, VAN DEN BROECK W, BARRAT A, et al. Dynamics of person-to-person interactions from distributed RFID sensor networks[J]. PloS one, 2010, 5(7): e11596.

[4] SALATHÉ M, KAZANDJIEVA M, LEE J W, et al. A high-resolution human contact network for infectious disease transmission[J]. Proceedings of the National Academy

of Sciences, 2010, 107(51): 22020-22025.

[5] ZHANG Y, WANG L, ZHANG Y Q, et al. Towards a temporal network analysis of interactive WiFi users[J]. EPL (Europhysics Letters), 2012, 98(6): 68002.

[6] LI X, ZHANG Y Q, VASILAKOS A V. Discovering and predicting temporal patterns of WiFi-interactive social populations[J]. Opportunistic Mobile Social Networks, 2014: 99-122.

[7] CRIGHTON E J, ELLIOTT S J, MOINEDDIN R, et al. An exploratory spatial analysis of pneumonia and influenza hospitalizations in Ontario by age and gender[J]. Epidemiology & Infection, 2007, 135(2): 253-261.

[8] LESSLER J, CUMMINGS D A T, READ J M, et al. Location-specific patterns of exposure to recent pre-pandemic strains of influenza A in southern China[J]. Nature Communications, 2011, 2: 423.

[9] KEELING M J, ROHANI P. Estimating spatial coupling in epidemiological systems: a mechanistic approach[J]. Ecology Letters, 2002, 5(1): 20-29.

[10] DIEKMANN O, HEESTERBEEK J A P, ROBERTS M G. The construction of next-generation matrices for compartmental epidemic models[J]. Journal of the Royal Society Interface, 2009, 7(47): 873-885.

[11] HEFFERNAN J M, SMITH R J, WAHL L M. Perspectives on the basic reproductive ratio[J]. Journal of the Royal Society Interface, 2005, 2(4): 281-293.

[12] BALCAN D, COLIZZA V, GONÇALVES B, et al. Multiscale mobility networks and the spatial spreading of infectious diseases[J]. Proceedings of the National Academy of Sciences, 2009, 106(51): 21484-21489.

[13] WANG L, WANG Z, ZHANG Y, et al. How human location-specific contact patterns impact spatial transmission between populations[J]. Scientific Reports, 2013, 3: 1468.

[14] WANG L, ZHANG Y, WANG Z, et al. The impact of human location-specific contact pattern on the SIR epidemic transmission between populations[J]. International Journal of Bifurcation and Chaos, 2013, 23(05): 1350095.

[15] WANG L, LI X. Spatial epidemiology of networked metapopulation: An overview[J]. Chinese Science Bulletin, 2014, 59(28): 3511-3522.

第 8 章 延缓空间流行病入侵时间的控制策略

8.1 问题的引出

世界卫生组织和美国卫生与公共服务部 (United States Department of Health and Human Services, USDHHS) 为应对大型传染病, 在所制定的规划白皮书 [1, 2] 中建议了如下 4 类控制策略:

(1) 优先接种 (Vaccination of prior groups) 或群体接种 (Mass vaccination);

(2) 使用抗病毒药物预防和治疗;

(3) 社区层面的预防与控制 (Community-based prevention and control);

(4) 航空管制。

前两类基于药物干预的控制策略能够减少潜在易感者的数量, 降低病毒扩散的实际传播率。第 3 类在社区层面施行的预防与控制策略包括隔离病患 (Patient isolation)、自我隔离 (Self-isolation) 以及检疫 (Quarantine) 等针对个体采取的措施, 也包括封校 (School closure)、禁止公共场所人群聚集 (Cancellation of public gathering) 等涉及整个社区的实施方案。第 4 类航空管制则在疫情暴发时限制或取消某些与疫情暴发相关地区的航线或航班。

第 1 类策略优先接种或群体接种恰好契合本书第 4 章所介绍的选择性策略。

实际上, 复杂网络理论早期研究的病毒免疫策略中的目标免疫 [3]、熟人免疫 [4] 都是这一类策略在具体实施中的尝试 [5], 而挖掘诸如 “熟悉的陌生人” 等更精细的社会交互接触形式 [6] 值得引起更全面深入的探究与证实。第 2 类控制策略不在本书所研究的领域。第 3 类和第 4 类控制策略在实际应用中最为广泛, 例如, 2003 年席卷全球的 SARS 疫情和 2009 年甲型 H1N1 流感疫情暴发时, 暂停疫区航班、社区隔离等措施非常有效, 近年来在非洲暴发的 Ebola 疫情中也发挥了作用。

第 3 类和第 4 类控制策略的实施在不同的时空尺度上各有侧重, 研究方法和模型也各有不同。例如, 在把社区映射到单种群时, 社区层面的预防与控制可以结合主体模型来研究其抑制流行病扩散的效果 [7], 而航空管制策略无疑必须结合实际的航空网络, 文献 [8] 认为航空管制策略对于推迟流行病在不同地域空间蔓延的效果有限。这两类控制策略尽管在理论模型和实际应用中已经取得了一些共识, 然而却缺乏在统一框架下来加以对比, 特别是这两类控制策略在具体实施时的代价成本和难易程度也相差悬殊, 从理论模型上统一分析其效用显然更具吸引力。基于这一研究初衷, 我们重点关注第 3 类和第 4 类控制策略对于染病个体在一个初始全为易感者的子种群的首达时间的延缓效果, 实际上, 外来的染病个体首达时间对应了 “零号病人” (Patient zero) 的生成时间。因此, 首达时间对于初始全为易感者的子种群而言, 表征了在外来种子染病者到来之前种群没有暴发疫情, 而在染病个体出现后, 通过种群内部个体之间相互接触而内生传染逐渐成为主要因素的这一过程 [7]。

8.2 延缓入侵的双耦合种群网络控制模型

同第 7 章, 本章采用双耦合种群网络模型来开展对比研究。假设两个子种群 x 和 y 里的个体均匀混合, 并假设单位时间内, 每个个体从其所在子种群 x 或 y 扩散到相邻子种群 y 或 x 的概率为 p_{xy} 或 p_{yx}, 即扩散率为 p_{xy} 或 p_{yx}。值得指出的是, 本章的扩散率与第 7 章扩散率的通勤背景不尽相同, 这里离散时间的单位时间步为 1 天。在本章中, 依旧假设子种群 x 和 y 人口数相同, $N_x = N_y = N$, 于是扩散率为 $p_{xy} = p_{yx} = p$。因此, 每天从子种群迁出的平均个体数为 pN。实际上, 只要保证迁入量和迁出量平衡, 改变人口和扩散率的取值都不影响最终结果。

如图 8.1 所示, 无控制策略的双耦合种群网络的各个子种群内部由 SIR 仓室模型来刻画病毒的传染过程。令 t 时刻子种群 x 或 y 中的易感者、感染者与恢复者的数量分别为 $S_x(t), I_x(t), R_x(t)$ 或 $S_y(t), I_y(t), R_y(t)$。SIR 传染过程主要由传播率 β 与恢复率 μ 调控 [9]: 在单位时间内, 感染者以概率 μ 康复并获得抵抗力; 传播率 β 由病毒的毒性、个体接触模式等因素决定。与同一子种群中的感染个体接触, 易感个体可能会染病。平均场近似下, t 时刻子种群 x 或 y 中任意易感者的感染概率等于感染者密度 $I_x(t)/N$ 或 $I_y(t)/N$ 与传播率 β 的乘积 [9]。

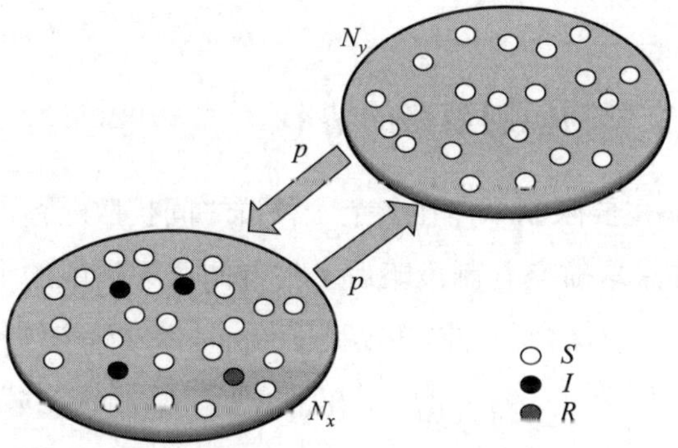

图 8.1 无控制策略的 SIR 双耦合种群网络示意图。各个子种群中的个体均匀混合, 在单位时间里, 种群里的个体处于易感态 S、感染态 I 或恢复态 R 三种仓室状态之一, 每个个体从其所在子种群扩散到相邻子种群的概率为 $p_{xy} = p_{yx} = p$

8.2.1 引入病患隔离控制策略的情形

病患隔离控制策略会影响每个子种群内的 SIR 传染过程。由于病患隔离策略既可能是由政府公共卫生部门等强制执行, 也可能由感染者通过自我隔离来实施, 为简单起见, 这里不区分两者的区别。令 η 为病患隔离控制策略的强度, 即 t_0 时刻以后的每个时间步, 平均意义上百分比为 η 的感染者会被隔离。由于社会经济等现实因素的影响, 航空管制这一控制策略的推行大多存在一定的延迟。因此, 在引入航空管制控制策略时, 引入响应延时参量 (Response time) t_0 来刻画从疫情暴发初始时刻到实施航空管制策略的时间间隔。我们在 SIR 传染模型中引入隔离过程, 即令单位时间内每个感染者以概率 η 被隔离, 处于隔离态的个体不再参与 SIR 传染过程, 自然也不能扩散到其他子种群, 仅以概率 μ 恢复, 如图 8.2 所示。

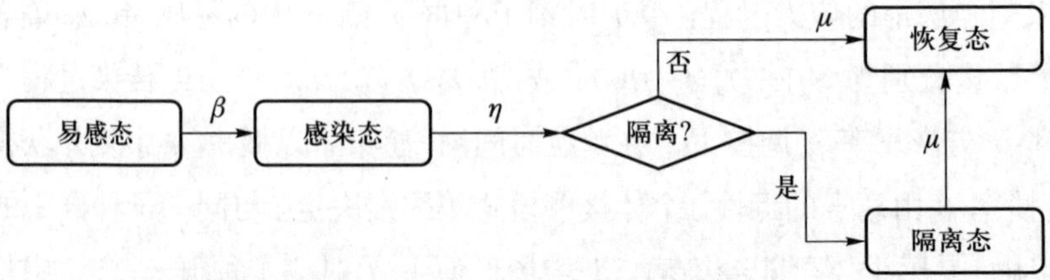

图 8.2　引入病患隔离控制策略的 SIR 仓室传染过程示意图

8.2.2　引入航空管制控制策略的情形

航空管制策略主要限制个体在各个子种群之间扩散, 令 α 反映航空管制策略的强度, 表示在采取航空管制策略后子种群间每天扩散的平均人数下降的比例。在本章所讨论的双耦合种群网络模型中, t_0 时刻之后个体扩散率从 p 减小到 $(1-\alpha)p$。直观起见, 公式 (8.1) 给出了在采取航空管制控制策略后, 子种群间个体扩散率的变化

$$p \to \begin{cases} p, & t < t_0 \\ (1-\alpha)p, & t \geqslant t_0 \end{cases} \tag{8.1}$$

8.3　空间流行病首达时间的理论估计

本节首先计算在不采取任何控制策略的情形下, SIR 双耦合种群网络零号病人首达时间, 然后分别计算采取航空管制和病患隔离这两类控制策略后零号病人

首达时间的理论值。

8.3.1 无控制策略的情形

假设在初始时刻, 子种群 x 中存在第一位感染者作为此次流行病感染源, 即初始条件为 $I_x(0) = 1$, $I_y(0) = 0$。假设个体的扩散行为与他人行为无关, 于是可将第一位感染个体在 $t^y = t$ 时刻到达子种群 y 的概率表示为

$$P(t^y = t) = (1 - (1 - p)^{I_x(t)}) \times \prod_{t_i=1}^{t-1} (1 - p)^{I_x(t_i)}. \tag{8.2}$$

公式 (8.2) 描述了在 t 时刻至少有一位感染者成功地从子种群 x 扩散到子种群 y, 并且此前 $t-1$ 个时间步内从未有感染者扩散到子种群 y 的概率密度 [10]。在现实生活中, 每天离开一个城市的人数要比这个城市的总人口数小若干个数量级, 即每天只有相对少量个体从其所在的城市迁出。全球航空及全美国内航空运输的实际统计数据显示, 每天沿着各条航线个体迁出扩散率的数量级大体保持在 0.000 1 甚至更小。因此, 设定 $p = 0.000\,1$, $N = 1\,000\,000$。泰勒展开式 (8.2) 后, 可以得到

$$P(t^y = t) = pI_x(t) \exp\left[-p \sum_{0<t_i<t} I_x(t_i)\right]. \tag{8.3}$$

假设此次流行的疫情是流感, 根据研究流感的文献结果 [11], 选择传染过程的参数 $R_0 = 1.75$, 平均感染周期 $\mu^{-1} = 3$ 天。马尔萨斯增长率 (Malthusian parameter)ϑ 刻画的是疫情暴发初期感染个体的指数增长率。此时, $\vartheta = \beta - \mu = 0.25$。注意到 $p \ll \vartheta$, SIR 传染过程的时间尺度要远快于个体扩散的时间尺度。因此, 在子种群 y 被入侵之前, 子种群 x 中感染个体的数量持续增长。在疫情暴发的初始阶段, 子种群 x 中感染个体的数量仍然只占种群人口的一小部分, $I_x(t) \ll N$。综合以上因素, 通过平均场近似方程, 得到

$$I_x(t_i) \simeq I_x(0) \exp(\vartheta t_i), \quad t_i \leqslant t^y \tag{8.4}$$

再根据近似条件 $\sum_{0<t_i<t} I_x(t_i) = \int_0^t \mathrm{d}\varphi I_x(\varphi)$, 可以计算得到在不采取任何控制策略时, 子种群 y 的零号病人首达时间的概率密度函数为

$$P(t) = p \exp[\vartheta t - (p/\vartheta) \exp(\vartheta t)]. \tag{8.5}$$

公式 (8.5) 从形式上服从 Gumbel 分布 [10], 其平均值为

$$\langle t^F \rangle = (1/\vartheta)(\ln(\vartheta/p) - \gamma), \tag{8.6}$$

其中, γ 是 Euler 常数。如果采用本章所设定的各个模型参数取值, 可以计算得到在不采取控制策略的情形下, 子种群 y 中零号病人的平均首达时间为 $\langle t^F \rangle \simeq 29$ 天。

8.3.2　采取航空管制策略的情形

首先分析采取航空管制控制策略对于延缓子种群 y 被入侵的影响, 然后计算采取航空管制策略后子种群 y 零号病人首达时间的推迟效果。

采取航空管制策略后, 当感染个体首达时间小于响应延时 t_0 时, 首达时间的概率密度仍然可以用 (8.5) 式的 $P(t)$ 表示。当首达时间大于 t_0 时, 这一概率密度则改变为

$$\begin{aligned} P_\alpha(t) &= \left(1 - (1 - (1-\alpha)p)^{I_x(t)}\right) \prod_{0<t_i<t_0} (1-p)^{I_x(t_i)} \prod_{t_0 \leqslant t_j < t} (1 - (1-\alpha)p)^{I_x(t_j)} \\ &\simeq (1-\alpha)p \exp[\vartheta t - (1-\alpha)p\exp(\vartheta t)/\vartheta - \alpha p \exp(\vartheta t_0)/\vartheta] \end{aligned} \tag{8.7}$$

显然, $t_0 > 0$ 时式 (8.7) 过于复杂, 需要根据定义式 $\langle t_\alpha^F \rangle = \int_0^{t_0} \varphi P(\varphi) \mathrm{d}\varphi + \int_{t_0}^{\infty} \varphi P_\alpha(\varphi) \mathrm{d}\varphi$ 通过数值计算求解得到采取航空管制策略后的平均首达时间。由于

$$\Delta t(\alpha) = \langle t_\alpha^F \rangle - \langle t^F \rangle. \tag{8.8}$$

求解得到采取航空管制策略对于推迟零号病人入侵的时间长度 $\Delta t(\alpha)$。当响应延时 t_0 很小时, 可近似为 $t_0 = 0$, 则式 (8.8) 简化为

$$\Delta t(\alpha)|_{t_0=0} = -\ln(1-\alpha)/\vartheta. \tag{8.9}$$

这里计算得到的式 (8.9) 这一结论与文献 [8] 中基于累计概率分布 $P(t^y \leqslant t)$ 得到的结果一致, 然而文献 [8] 中基于累计概率分布的方法无法推广到本章所要研究的其他情形。注意到式 (8.9) 不受参数 p 和 N 的影响, 当 $\vartheta = 0.25$ 时, 除非控制强度 α 被提高到极端程度 ($\alpha > 0.97$), 采取航空管制策略所贡献的零号病人入侵时延 $\Delta t(\alpha)$ 不会多于 14 天。

8.3.3 采取病患隔离策略的情形

采取病患隔离控制策略时, 重点关注感染个体首达时间大于响应延时 t_0 的情况。当 $t_i \leqslant t_0$ 时, $I_x(t_i) \simeq \exp(\vartheta t_i)$; 在 t_0 时刻以后, 由于采取病患隔离控制策略, 马尔萨斯增长率降低为 $\vartheta_\eta = \vartheta - \eta$。因此, 当 $t_0 < t_j \leqslant t^y$ 时, $I'_x(t_j) \simeq \exp(\eta t_0)\exp(\vartheta_\eta t_j)$, 此时概率密度为

$$\begin{aligned}
P_\eta(t) &= (1-(1-p)^{I'_x(t)}) \prod_{0<t_i\leqslant t_0} (1-p)^{I_x(t_i)} \prod_{t_0<t_j<t} (1-p)^{I'_x(t_j)} \\
&\simeq pI'_x(t)\exp\left(-p\int_0^{t_0} I_x(\varphi)\mathrm{d}\varphi\right)\exp(-p\int_{t_0}^{t} I'_x(\varphi)\mathrm{d}\varphi) \\
&= p\exp[\Theta(t_0)]\exp[\vartheta_\eta t - p\exp(\eta t_0 + \vartheta_\eta t)/\vartheta_\eta], \qquad (8.10)
\end{aligned}$$

其中, $\Theta(t_0) = \eta t_0 - p\exp(\vartheta t_0)/\vartheta + p\exp(\vartheta t_0)/\vartheta_\eta$。如果响应延时小到可以被忽略 $(t_0 = 0)$, 式 (8.10) 可进一步简化为

$$P_\eta(t)|_{t_0=0} \simeq p\exp[\vartheta_\eta t - p\exp(\vartheta_\eta t)/\vartheta_\eta], \qquad (8.11)$$

因此, 采取病患隔离控制策略后, 零号病人的平均首达时间为

$$\langle t_\eta^F\rangle|_{t_0=0} = \int_0^\infty \varphi P_\eta(\varphi)|_{t_0=0}\mathrm{d}\varphi \simeq (\ln(\vartheta_\eta/p) - \gamma)/\vartheta_\eta. \qquad (8.12)$$

根据

$$\Delta t(\eta)|_{t_0=0} = \langle t_\eta^F\rangle|_{t_0=0} - \langle t^F\rangle, \qquad (8.13)$$

可以得到 $\Delta t|_{t_0=0}$ 与 η 间的关系。当 $t_0 > 0$ 时, 根据定义, $\langle t_\eta^F\rangle = \int_0^{t_0} \varphi P(\varphi)\mathrm{d}\varphi + \int_{t_0}^\infty \varphi P_\eta(\varphi)\mathrm{d}\varphi$, 通过数值积分求解采取病患隔离策略后零号病人平均首达时间, 则

$$\Delta t(\eta) = \langle t_\eta^F\rangle - \langle t^F\rangle \qquad (8.14)$$

最终计算得到采取病患隔离策略对于延缓零号病人入侵的延时 $\Delta t(\eta)$。

由式 (8.13), 当取 $\vartheta = 0.25$ 时, 中等强度如 $\eta = 0.12$ 的病患隔离策略就可以使得零号病人入侵子种群 y 的时间延缓 21 天以上。因此, 如果在疫情暴发的早

期阶段就能启动病患隔离控制策略 (即 $t_0 = 0$), 会取得显著优于航空管制策略的延缓入侵效果。因为即使采取了航空管制策略, 也不能抑制在疫情暴发早期感染人数以指数形式增长。然而, 响应延时 t_0 的增大对病患隔离策略的影响很大。如图 8.3 所示, t_0 从 0 增大到 20, 采取病患隔离策略的首达时间的延迟 $\Delta t(\eta)$ 明显缩短, 而采取航空管制策略的 $\Delta t(\alpha)$ 基本不受 t_0 改变的影响。

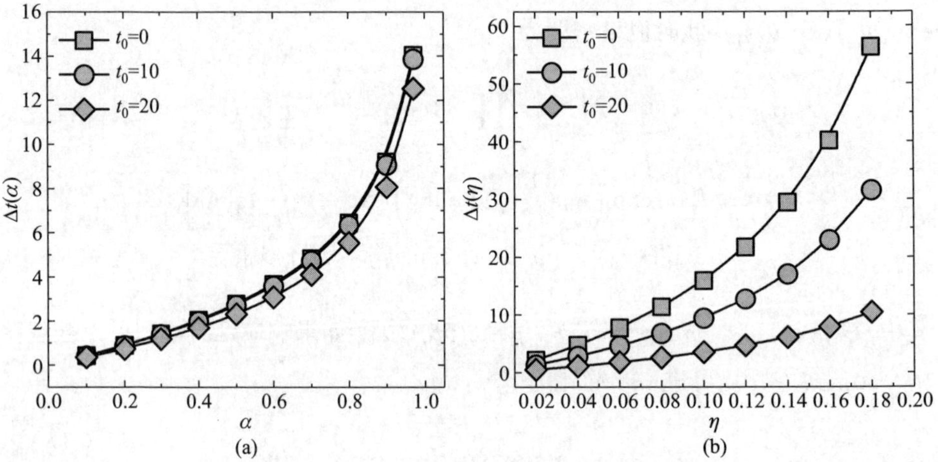

图 8.3 两种控制策略延缓入侵所产生的延迟 Δt 与控制策略强度之间关系的理论结果。(a) 采取航空管制策略的情形; (b) 采取病患隔离策略的情形

8.4 仿真模拟与对比分析

通过蒙特卡罗仿真来模拟采取航空管制和病患隔离控制策略对于延缓双耦合种群网络中零号病人入侵的效果。数值计算模拟过程采用离散时间步, 每个时间步种群内所有个体的状态同步更新。仿真过程的各模型参数取值为: $N = 1\,000\,000$、$p = 0.000\,1$、$R_0 = 1.75$、$\mu^{-1} = 3$ 天。初始化时令子种群 x 存在一个感染个体作为传染源, 即 $I_x(0) = 1, I_y(0) = 0$。如果不采取任何控制策略, 每个时间步内, 各个子种群内个体间的传染过程和个体扩散到另一子种群的仿真模拟

如下:

(1) 传染过程。假设每个子种群的个体均匀混合。在 t 时刻, 子种群 x、y 中任意一个易感个体被感染的概率分别为 $\beta I_x(t)/N$、$\beta I_y(t)/N$。因此, 在 t 时刻, 子种群 x 或 y 中新增感染个体的数量可由概率为 $\beta I_x(t)/N$ 或 $\beta I_y(t)/N$、试验次数为 $S_x(t)$ 或 $S_y(t)$ 的二项分布生成。同时, 在这一时刻, 子种群 x 或 y 中恢复的个体数量由概率为 μ、试验次数为 $I_x(t)$ 或 $I_y(t)$ 的二项分布生成。

(2) 扩散过程。在每个时间步, 两个子种群中的所有个体在传染过程完成后开始扩散过程。在每个单位时间里, 从每个子种群迁出的易感个体的数量由概率为 p、试验次数为 $S_x(t)$ 或 $S_y(t)$ 的二项分布生成, 感染个体和恢复个体的扩散数量也由相应的二项分布生成。

8.4.1 采取航空管制策略的情形

仿真模拟采取航空管制策略对于延缓子种群 y 零号病人入侵首达时间的效果时, 需要先修正前文的模拟仿真过程。在仿真模拟演化至 t_0 时刻之前无需修正, 在 t_0 时刻以后, 将个体扩散率 p 调整为 $(1-\alpha)p$, 参数 α 反映了所采取的航空管制策略的强度。图 8.4 展示了仿真模拟采取航空管制策略后, 零号病人首达时间延缓时长 $\Delta t(\alpha)$ 与管制策略强度 α 之间的关系。为了排除随机性对统计结果的干扰, 图中每个数据点都是 10 000 次蒙特卡罗仿真实验中感染个体成功入侵到 y 种群的平均首达时间, 其中, 每次蒙特卡罗独立仿真实验运行 500 个时间步。图 8.4 中五角星对应的是由式 (8.9) 计算得到的理论结果, 可以看到它们与模拟仿真结果吻合得很好。当 α 分别取 0.3、0.6 和 0.9 且 $t_0=0$ 时, 仿真模拟得到 $\Delta t(\alpha)$ 分别为 2 天、4 天及 11 天。即使在管制强度被提升到极高的程度如 $\alpha=0.97$, $\Delta t(\alpha)$ 仍然小于 21 天。如式 (8.9) 所示, 如果初始指数增长的时间尺度 $1/\vartheta$ 较小, 则航空管制策略对于延缓入侵的效果就比较差。进一步考察响应延时 t_0 对于航空管制策略实施效果的影响, 如图 8.4 所示, 更长的响应延时 t_0 并不会使 $\Delta t(\alpha)$ 显著下降, 除非当 t_0 增大到接近 $\langle t^F\rangle$ (无策略干预下的平均首达时间) 并且 α 的值也很大。

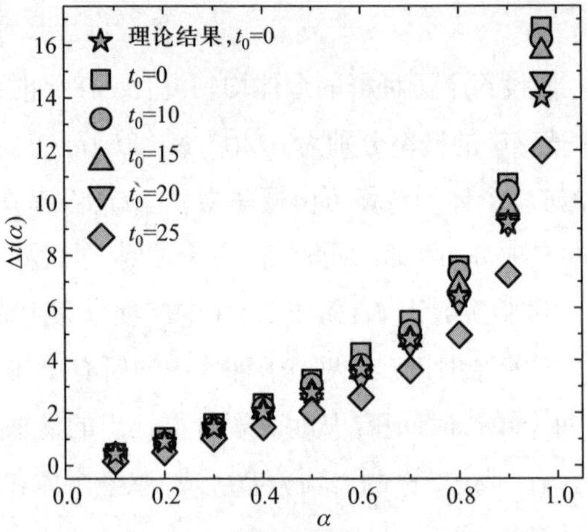

图 8.4 采取航空管制策略时, 零号病人首达时间的延缓时长 $\Delta t(\alpha)$ 与管制策略强度 α 之间的关系

8.4.2 采取病患隔离策略的情形

类似于采取航空管制策略的情形, 在模拟仿真演化到 t_0 时刻以后需要修正仿真模拟算法: 每个时间步在个体之间模拟传染过程之前, 新增一个隔离环节, 参量 η 反映病患隔离策略的强度。每个时间步, 子种群 x 或 y 中新增隔离个体的数量由概率为 η、试验次数为 $I_x(t)$ 或 $I_y(t)$ 的二项分布生成。图 8.5(a) 展示了当 $t_0=0$ 采取病患隔离策略, 零号病人首达时间被延缓 $\Delta t(\eta)$ 与病患隔离策略强度 η 之间的关系。图 8.5 中 η 的每个值都取自于 10 000 次蒙特卡罗仿真的平均值, 每次蒙特卡罗仿真试验运行 500 个时间步。由于模拟过程中随机性的影响, 源子种群 x 中的感染个体可能会在入侵到子种群 y 以前就全部康复了。因此, 每个参数 η 值所对应的 $\Delta t(\eta)$ 都是该组模拟试验中感染个体成功入侵到子种群 y 的结果取平均后得到的。图 8.5(a) 中矩形对应的是仿真模拟结果, 五角星对应的是根据式 (8.13) 计算得到的理论结果。可以发现当采取的病患隔离策略强度不太高时 ($\eta \leqslant 0.18$), 理论结果与模拟结果吻合得非常好。然而, 当病患隔离策略强度比较高时, 理论结果与模拟结果之间存在比较明显的差异, 这主要是因为增长率 ϑ_η 非常小, 在最初一段时间里感染个体极有可能在入侵到子种群 y 以前就康复了, 即疫情并没有暴发。例如取值 η 为 0.2 和 0.22 时, 模拟仿真中未暴发疫情比

例分别为 97.7% 和 99.2%; 而当 $\eta = 0.12$ 时, 这一比例仅为 75.6%, 如图 8.5(a) 所示; 当 $\eta \geqslant 0.25$ 时, 马尔萨斯增长率 $\vartheta \leqslant 0$, 显然流行病不能传播开来。同样, 在 $t_0 = 0$ 条件下, 病患隔离策略的效果强于航空管制的效果: 中等病患隔离强度就能使流行病延缓约 30 天到达。

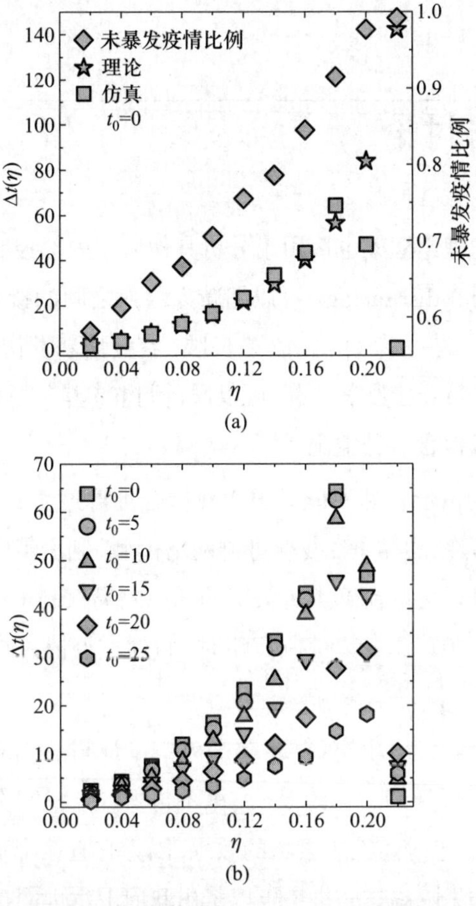

图 8.5 采取病患隔离策略时的仿真模拟结果。(a) $t_0 = 0$ 时, 零号病人首达时间的延缓时长 $\Delta t(\eta)$ 与隔离策略强度 η 之间的关系, (b) t_0 分别为 0、5、10、15、20 以及 25 时的仿真模拟结果

图 8.5(b) 展示了响应延时 t_0 的影响。当 t_0 比 $\langle t^F \rangle$ 小得多如 $t_0 = 10$ 时, 中等强度如 $\eta = 0.14$ 的病患隔离策略能够使流行病延缓 21 天左右到达, 这一表现甚至优于强度极高的航空管制策略的效果。通过仿真模拟实验, 我们也发现病患

隔离策略效果对 t_0 的增长很敏感, 当 t_0 值接近 $\langle t^F \rangle$ 时, $\Delta t(\eta)$ 陡然变小。比如 $t_0 = 25$ 时, 不论 η 取什么值, 病患隔离策略对流行病入侵子种群 y 最多能延缓 14 天左右。

8.5　扩展与讨论

实际上, 本章的理论框架也适用于分析其他城市内部控制策略的效果。比如, 限制社交距离 (Social distancing) 可以缩减人与人之间的接触, 这一策略的效果可以通过将传播率 β 减小为 $(1-\varphi)\beta$ 来反映。在疫情暴发初期, 马尔萨斯增长率变为 $\vartheta_\varphi = (1-\varphi)\beta - \mu$。从数学上看, 可以通过调整参量 φ、η 的值使得 $\vartheta_\varphi = \vartheta_\eta$。因此, 以上分析可以包含这种情况。

然而, 更一般的情形显然不能局限于双耦合种群这一最简单的空间结构, 可以采用本书第 6 章介绍的异质性复合种群网络模型, 利用美国人口统计与航空流量数据, 来模拟和分析美国流感类传染病的病患隔离控制策略的效果。为了更加接近现实情况, 在实施病患隔离控制策略时, 将通过疫情风险评估来反馈调控策略强度。

本节依然沿用第 6 章构建的基于美国人口统计与航空流量数据驱动的复合种群网络模型, 仿真框架细节见附录, 这里不再赘述。我们主要考察在城市社区 (子种群) 层面推行病患隔离控制策略的效果, 因为它直接降低了社会公众接触传染源的机会。实施病患隔离这一举措可以是由政府卫生部门执行, 例如在 2003 年非典型性肺炎疫情中, 感染者都集中在医院病房中治疗; 也可能是个人自行采取的自我隔离, 例如在 2009 年甲型 H1N1 流感疫情期间, 由于病情症状较为缓和, 很多病人选择在家休养直到康复, 这一过程等价于自我隔离。无论是由政府机构强制执行还是由病人自我施行的隔离策略, 往往都需要经历一个权衡收益与代价而做出决策的过程 [1, 2], 常常通过估计疫情的严重程度来决定是否采取病患隔离的控制策略。基于非典型性肺炎、甲型 H1N1 流感疫情等历史经验, 在疫情暴发初期, 确诊病例通常零星出现, 不会引起充分关注, 而政府机构和个人对每日新增感染者数量的持续增长则更为关注。通过了解每日新增感染者数量的变化可以直观地观察到疫情的蔓延速率 [12], 因此可以采用这一指标来评估疫情风险。假设在社区层面采取病患隔离控制策略 [1, 2], 定义 t 时刻每个子种群 j 的归一化社区风险评估函数 (Risk assessment function) 为

$$R_{RAF}^{j}(t) \equiv 1000\mathcal{D}_j^{[I_{new}]}(t)/N_j = 1000\beta\mathcal{D}_j^{[S]}(t)\mathcal{D}_j^{[I]}(t)/N_j^2. \tag{8.15}$$

下面具体解释式 (8.15) 的社区风险评估函数。在 t 时刻, 子种群 j 里有 $\mathcal{D}_j^{[S]}(t)$ 个易感者、$\mathcal{D}_j^{[I]}(t)$ 个染病者, 基于质量作用原理, 他们相互接触后平均生成 $\mathcal{D}_j^{[I_{new}]}(t) = \beta\mathcal{D}_j^{[S]}(t)\mathcal{D}_j^{[I]}(t)/N_j$ 个新增感染个体。令 $\mathcal{D}_j^{[I_{new}]}(t)$ 为 t 时刻子种群 j 中新增感染者数量的期望值。美国人口普查统计数据显示, 美国国内人口共分布在 65334 个普查地段 (Census tracts), 其中, 每个普查地段又由若干人口为 500~3000 不等的社区组成 [7, 13], 因此, 社区是人口普查中最小的统计单元。考虑到不同子种群人口数量的差异, 在式 (8.15) 中引入重整标度 (Rescaling) 因子 $1000/N_j$, 由此将风险评估函数在社区层面归一化, 这里 1000 反映了一个典型社区人口数量的数量级。我们也在 500~3000 范围内考察了其他人口规模数值, 发现归一化的重整因子并不影响主要结论。因此, 本节在重整标度因子中直接采用 1000, 此时 (8.15) 式刻画了 t 时刻子种群 j 在社区层面上每日新增感染者数量的期望值。

定义一个起动阈值 (Triggering threshold) T_{iso}^{j}。当风险评估函数 (8.15) 发现 $R_{RAF}^{j}(t) > T_{iso}^{j}$ 时, 子种群 j 内暴发严重的传染疫情, 需要采取必要的控制措施避免疫情进一步恶化。令有效隔离率 $\rho_j(t)$ 为 t 时刻子种群 j 内的隔离强度, 用于刻画每天子种群 j 内新增隔离个体占染病个体总数的比例, $\rho_j(t) \leqslant 1$。如果 $R_{RAF}^{j}(t) \leqslant T_{iso}^{j}$, 显然 $\rho_j(t) = 0$。为简单起见, 不对强制隔离与自我隔离加以区分。假设 $\rho_j(t)$ 正比于 $R_{RAF}^{j}(t)$:

$$\rho_j(t) \equiv \zeta \cdot R_{RAF}^{j}(t), \tag{8.16}$$

其中, 控制参量 ζ 的具体形式将在第 8.5.2 节给出。处于隔离状态的个体不再参与传染和扩散环节, 并以概率 μ 康复。因此, 当子种群 j 里存在被隔离的个体时,

修正式 (8.15) 为

$$R_{RAF}^{j}(t) \equiv 10^3 \beta \mathcal{D}_j^{[S]}(t) \mathcal{D}_j^{[I]}(t) / [N_j(N_j - D_j^{[Iso]}(t))], \tag{8.17}$$

其中, $D_j^{[Iso]}(t)$ 代表 t 时刻子种群 j 中处于隔离状态的人数。对于感染风险也须做相应调整, 详见附录。

8.5.1 不采取病患隔离策略的情形

基本再生数 R_0 是反映疫情严重程度的关键参量, 这里取$R_0 = \beta/\mu$。结合文献 [14, 15] 对甲型 H1N1 流感的系统分析结果, 首先模拟中等传染性流感的疫情扩散。设定各个参数分别为 $R_0 = 1.75$ (即 $\beta = 1.75/2.5$) , 感染周期 $G_t = 3.6$ 天 ($G_t = \epsilon^{-1} + \mu^{-1}$, $\epsilon^{-1} = 1.1$ 天 [16], $\mu^{-1} = 2.5$ 天)。然后模拟另一组代表更严重疫情的参数, 分别为 $R_0 = 2.3, G_t = 4.1$ 天 ($\epsilon^{-1} = 1.1$、$\mu^{-1} = 3$ 天)。2009 年美国暴发甲型 H1N1 流感时, 最早的两个确诊病例出现在圣迭戈地区 [17], 因此在预设仿真模拟的初始条件时, 假设大圣迭戈都市区的两位传染个体作为此次疫情的源头 (种子)。

在仿真模拟中, 主要关注下面 3 个统计量:

(1) 累计罹患率 (Attack rate): 累计染病个体数量占该种群人口总数的百分比;

(2) 单日患病率 (Prevalence): 一天内染病个体数量占该种群人口总数的百分比;

(3) 引发每个子种群内疫情的外来传染者 (零号病人) 的首达时间 (First arrival time)。

对每组参数进行 1000 次蒙特卡罗随机仿真模拟。一次独立的仿真模拟结束后, 如果整个种群中存在 200 个 (选取其他值不影响最终结论) 以上的染病个体, 则认为这一次仿真模拟中暴发了疫情。

不采取病患隔离策略时, R_0 分别取 1.75 和 2.3, 美国甲型 H1N1 流感疫情模拟统计结果如图 8.6 所示。其中, 图 8.6(a) 和图 8.6(b) 分别报告了单日患病率与累计罹患率的时间序列。显然, 病毒的传染性越高 (R_0 越大), 疫情在地域空间的扩散速度越快。当 $R_0 = 1.75$ 时, 平均经过 115 天后单日患病率达到峰值; 而当

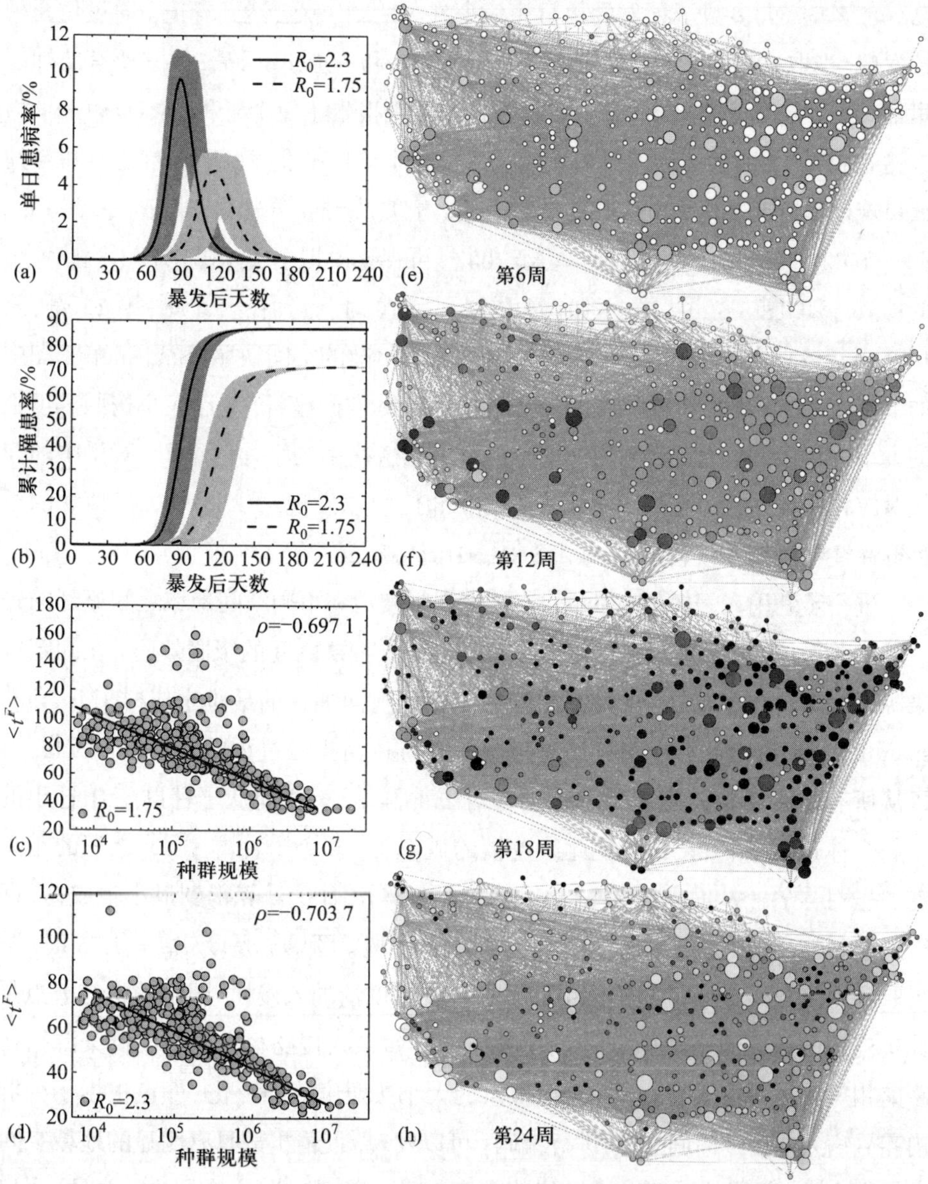

图 8.6　不采取病患隔离策略时, R_0 取 1.75 和 2.3 时的美国甲型 H1N1 流感疫情模拟统计结果。(a) (b) 分别给出了全美单日患病率和累计罹患率的时间序列, 浅灰区域分别为 95% 的置信区间; (c) (d) 分别给出了每个子种群内传染个体平均首达时间的散点图 (不包括传染源子种群); (e)—(h) 给出了取 $R_0 = 1.75$, 在第 6 周、第 12 周、第 18 周以及第 24 周时美国疫情扩散的空间快照

$R_0 = 2.3$ 时，大多数子种群的单日患病率在 89 天内就会达到峰值。通过仿真模拟发现，当取这两组参数，在分别经过 111(±9) 和 80(±5) 天后，几乎所有的社区里都出现了染病个体。图 8.6 (c) 和图 8.6(d) 则报告了每个子种群零号病人平均首达时间 $\langle t^F \rangle$ 的散点图。可以发现，每个子种群的零号病人平均首达时间与其人口规模呈现明显的负相关，其 Spearman 相关系数 ρ 分别为：当 $R_0 = 1.75$ 时，$\rho = -0.6971$；当 $R_0 = 2.3$ 时，$\rho = -0.7037$。可视化模拟全美甲型 H1N1 流感疫情的扩散过程，图 8.6(e)—图 8.6(h) 是取 $R_0 = 1.75$ 时，分别在第 6 周、第 12 周、第 18 周及第 24 周的甲型 H1N1 流感疫情在美国扩散的空间快照 (Snapshots)，图中的节点代表子种群，节点位置基于子种群的实际空间坐标，节点大小按照其度值的大小进行了归一化，颜色则根据子种群当日患病率的平均值编码，背景中的连边对应相应的航线。观察图 8.6(e) 和图 8.6(f) 可以发现，人口众多、度值大的子种群往往在疫情暴发初期就被甲型 H1N1 流感病毒入侵了。

进一步利用入侵树 (Invasion tree) 来观察疫情在不同空间地域之间蔓延的先后层次关系，这也反映了病毒传播扩散时不同子种群之间的级联效应。在固定传染源不变时，从所有可能的传播路径中挖掘出有向加权的最小生成树 (Minimun spanning tree)，由此可以得到甲型 H1N1 流感疫情扩散过程的入侵树。因此，可以从所有仿真模拟的疫情中统计出每对子种群 i、j 之间从子种群 i 中迁出的染病个体造成子种群 j 暴发此次疫情的概率 T_{ij}。令子种群 i、j 之间的距离 $d_{ij} = \sqrt{1 - T_{ij}}$，从而利用 Chu-Liu-Edmunds 算法 [18] 计算得到最小生成树，即得到最可能反映此次疫情空间入侵过程的入侵树。图 8.7 是取 $R_0 = 1.75$ 时，不采取病患隔离策略模拟的美国甲型 H1N1 流感疫情的入侵树，图中的中心节点是此次疫情的传染源子种群，即大圣迭戈地区。每条入侵路径上与初始传染源拓扑距离相等的子种群安置在同一层，节点的大小按照度值归一化，颜色根据子种群内零号病人的首达时间 $\langle t^F \rangle$ 进行编码。可以发现，疫情扩散具有明显的地域空间上的层次性，美国的甲型 H1N1 流感疫情此时可以划分为 3 个层次。并且，人口众多、度值大的子种群往往在初始阶段就会暴发疫情，甲型 H1N1 流感病毒经过这些枢纽节点 (Hub nodes) 扩散到更广阔的区域以至于整个国家最终暴发疫情。

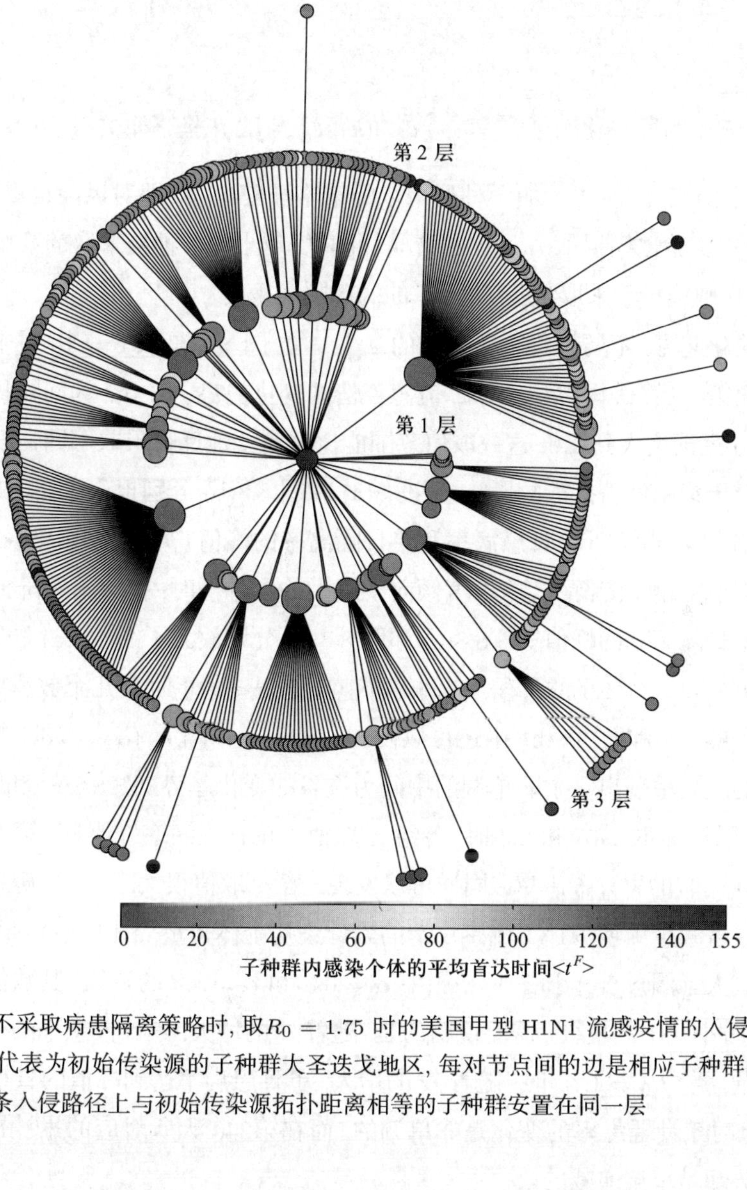

图 8.7 不采取病患隔离策略时, 取$R_0 = 1.75$ 时的美国甲型 H1N1 流感疫情的入侵树。图中中心节点代表为初始传染源的子种群大圣迭戈地区, 每对节点间的边是相应子种群间的传播途径。每条入侵路径上与初始传染源拓扑距离相等的子种群安置在同一层

8.5.2 采取异质病患隔离策略的情形

为了更充分地观察在复合种群网络上采取病患隔离策略的控制效果, 仿真模拟采取异质病患隔离策略后对美国甲型 H1N1 流感疫情的影响。针对具有不同度的子种群采取病患隔离策略, 控制参量 ζ 修正如下:

$$\zeta_k = \frac{\overline{\zeta}}{\langle k^\alpha \rangle} k^\alpha, \tag{8.18}$$

其中, $\overline{\zeta}/\langle k^\alpha \rangle$ 为归一化因子, $\overline{\zeta} = \sum_k \zeta_k P(k)$, ζ_k 与度 k 呈幂律关系。$\alpha > 0$ 时, ζ_k 与度 k 正相关, 此时度大的子种群采取的策略强度也大, 即对风险也更为敏感。作为对比, 实验也模拟了 $\alpha < 0$ 的情况, 此时度越小的子种群采取的策略强度越大。$\alpha = 0$ 则等价于采取统一 (均质) 的病患隔离策略。

为简化起见, 不妨令每个子种群的 $T_{iso}^j = 0$, 图 8.8 是取 $\overline{\zeta} = 10$ 时采取异质病患隔离策略后, 美国甲型 H1N1 流感疫情的变化趋势。以 0.2 为间隔将幂参量 α 从 –1.0 逐渐增大到 1.0, 这一取值范围能比较完整地反映采取不同强度的异质性策略对于抑制疫情扩散的影响。图 8.8(a) 和图 8.8(b) 分别报告了 R_0 取 1.75 与 2.3 时, 各组 α 取值下单日患病率和单日隔离率的峰值。可以发现, 当 α 取值很大时, 即病患隔离策略的实施极度倾向于度大的子种群时, 能够显著降低单日患病率和单日隔离率的峰值。图 8.8(e) 和图 8.8(g) 分别放大了图 8.8(a) 和图 8.8(b) 中 $\alpha = 0.8$ 和 $\alpha = 1.0$ 的片段, 它们的峰值要比 $\alpha \leqslant 0.6$ 时小几个数量级。同样地, 从图 8.8(a) 和图 8.8(b) 中还可以发现, 随着 α 的增大 ($\alpha < 0.6$), 单日患病率峰值的改变呈现出一个非单调的中间为波谷的变化趋势。图 8.8(c) 和图 8.8(d) 分别报告了 R_0 取 1.75 和 2.3 时, 各组 α 取值下单日患病率峰值日、第 240 天以及第 300 天时的累计罹患率。同样可以发现, 当 α 取值很大时, 异质病患隔离策略能够显著减少甲型 H1N1 流感疫情的累计染病个体数量。图 8.8(f) 和图 8.8(h) 也分别放大了图 8.8(c) 和图 8.8(d) 中 $\alpha = 0.8$ 和 $\alpha = 1.0$ 的片段, 其数值同样比 $\alpha \leqslant 0.6$ 时小几个数量级。需要说明的是, 随着 α 的增大, 累计罹患率的变化趋势更为复杂。当 $R_0 = 1.75$ 时, 随着 α 的增大, 单日患病率达到峰值的日期以及在第300 天时累计罹患率的变化是非单调的, 而在第240 天所对应的累计罹患率的变化趋势却是单调递减的。

图 8.9 是当 $R_0 = 1.75$, α 取 6 组不同值时, 采取异质病患隔离策略后的疫情入侵树。图中各入侵树都基于 1000 次蒙特卡罗随机仿真实验, 初始条件和图 8.7 对应的实验。每幅图的中心节点均为大圣迭戈地区这一传染源子种群, 节点之间的连边代表甲型 H1N1 流感病毒在子种群间的入侵路径, 节点的大小按照度值归一化, 节点与边的颜色根据相应子种群零号病人的平均首达时间 $\langle t^F \rangle$ 编码。与图

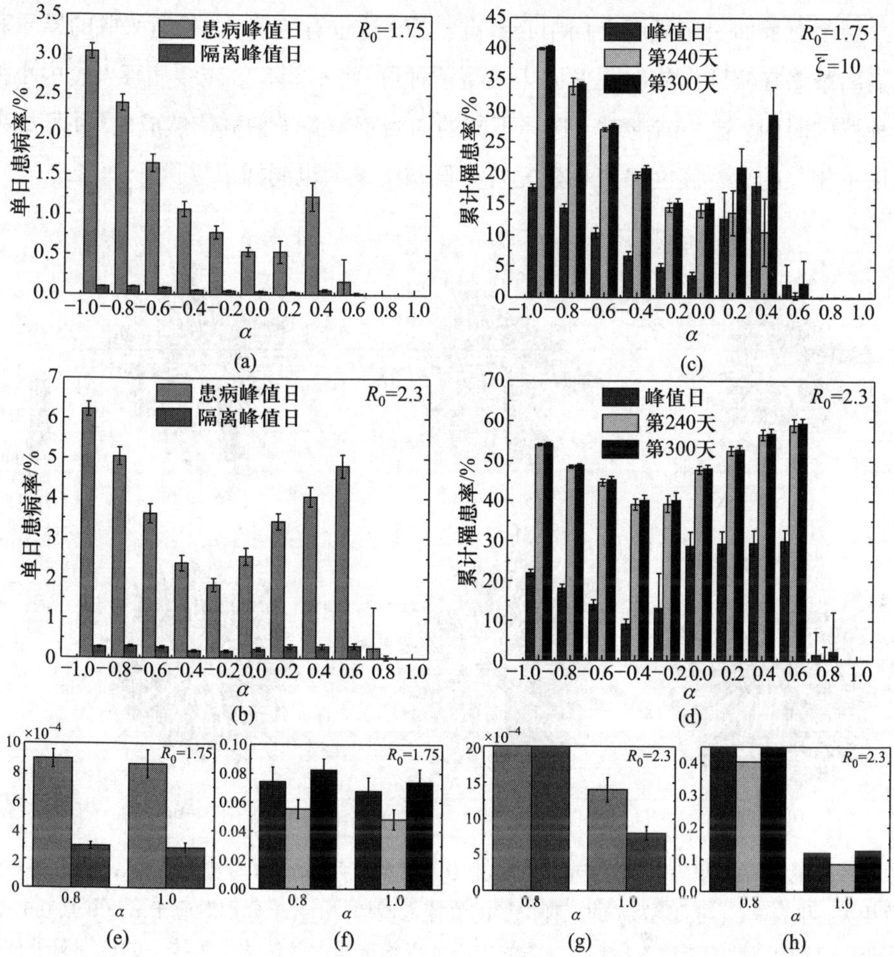

图 8.8　采取异质病患隔离策略后疫情的变化趋势

8.7 不同的是, 图 8.9 中边缘端节点的每条边的长度也按照平均首达时间来归一化, 以便通过节点的大小、边的长度与色调, 直接反映所采取的异质病患隔离策略对于推迟甲型 H1N1 流感病毒空间入侵的效果。综合图 8.8, 我们认为, 当异质病患隔离策略的实施倾向于针对中小型子种群时, 并不能达到抑制疫情扩散的效果。而当 $\alpha > 0$ 时, 对比图 8.9(d)—图 8.9(f) 可以发现, 增大 α 对于推迟零号病人到达那些大种群是有利的, 对于中小型子种群则不然。特别地, 可以明显发现, 图 8.9(d) 里中层与外层节点之间的分散度最广, 图 8.9(e) 次之, 图 8.9(f) 的中层与外层节点反而一定程度上向中心节点收缩。这也意味着, 如果所采取的异质病患隔离策略在实际实施时更倾向于大型子种群, 将不能有效减缓病毒入侵中小型子种群的时间。这一结论对于选择不同的初始感染源子种群依然成立, 并且如果采用不相关的无标度网络来构建复合种群网络模型也同样成立。

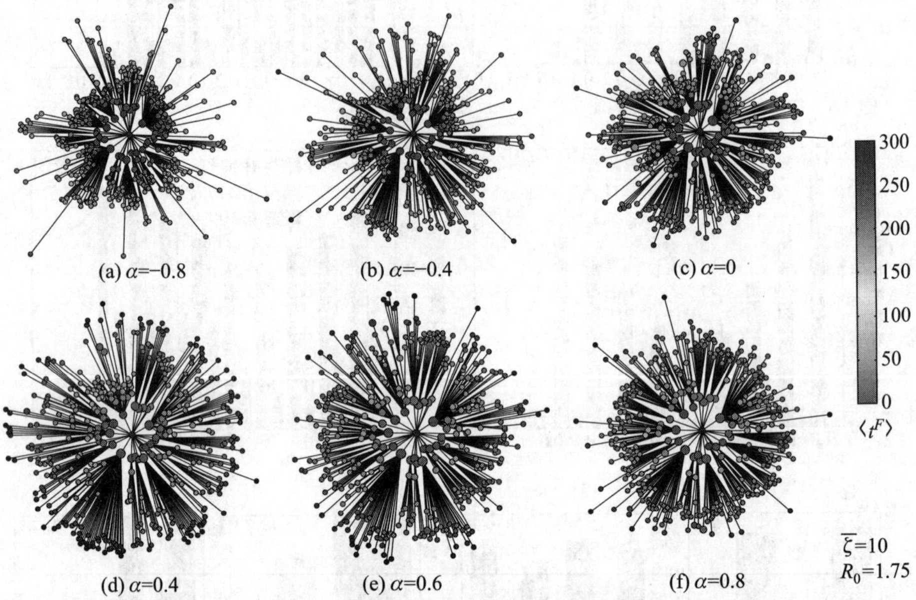

图 8.9　采取异质病患隔离策略后的疫情入侵树。从左至右, (a)–(c) 分别对应于 $\alpha = -0.8$、-0.4 (负相关) 和 $\alpha = 0$ (均质隔离) 的三种情形的疫情入侵树, (d)–(f) 分别对应于 $\alpha = 0.4$、0.6、0.8 三种正相关的情形的疫情入侵树。各图的中心节点均选择大圣迭戈作为统一的传染源子种群, 连边代表疫情在子种群间的入侵路径。图中节点的大小均按照度值归一化

8.6　本章小结

在疫情暴发的初期, 延缓疫情的扩散可以为医学应对措施 (比如疫苗制备等) 争取更多缓冲时间, 其重要性也不言而喻。本章从双耦合种群网络入手, 研究了病

患隔离策略和航空管制策略对延缓零号病人首达时间的影响。相比之下, 在疫情暴发初期, 如果所采取的策略响应及时, 即策略响应的时延 t_0 比较小, 病患隔离策略比航空管制在延缓疫情入侵时更为有效。换言之, 航空管制策略虽然可以通过停航等方式来切断尚未被病毒入侵的区域与疫区之间的直接联系, 但人们 (或病毒携带者) 依然可以通过借道其他航线中转, 从而只是稍微延缓抵达计划中的目的地, 即零号病人的入侵只是被稍许延缓而已。针对更一般性的复合种群网络, 本章只是探讨了异质病患隔离策略带来的影响, 针对枢纽中心种群节点迅速采取病患隔离策略显然更为有效, 而如果能将本章的控制策略与本书第 3—5 章中针对单种群层面的免疫策略有机结合起来, 或许能构成从个体到种群层面的复合控制方案, 无论是延缓疫情入侵抑或是控制疫情扩散, 都值得系统思考。

参考文献

[1] World Health Organization, Pandemic Influenza Preparedness and Response (WHO, Geneva, 2009).

[2] United States Department of Health and Human Services, HHS Pandemic Influenza Plan (HSS, Washington, DC, 2005).

[3] PASTOR-SATORRAS R, VESPIGNANI A. Immunization of complex networks[J]. Physical Review E, 2002, 65(3): 036104.

[4] COHEN R, HAVLIN S, BEN-AVRAHAM D. Efficient immunization strategies for computer networks and populations[J]. Physical Review Letters, 2003, 91(24): 247901.

[5] CHRISTAKIS N. How social networks predict epidemics, TED Talks.

[6] LIANG D, LI X, ZHANG Y Q. Identifying familiar strangers in human encounter networks[J]. Europhysics Letters, 2016, 116(1): 18006.

[7] LONGINI I M, NIZAM A, XU S, et al. Containing pandemic influenza at the source[J]. Science, 2005, 309(5737): 1083-1087.

[8] BAJARDI P, POLETTO C, RAMASCO J J, et al. Human mobility networks, travel restrictions, and the global spread of 2009 H1N1 pandemic[J]. PloS One, 2011, 6(1): e16591.

[9] ANDERSON R M, ANDERSON B, MAY R M. Infectious Diseases of Humans: Dy-

namics and Control[M]. Oxford: Oxford University Press, 1991.

[10] GAUTREAU A, BARRAT A, BARTHÉLÉMY M. Global disease spread: Statistics and estimation of arrival times[J]. Journal of Theoretical Biology, 2008, 251(3): 509-522.

[11] HALLORAN M E, FERGUSON N M, EUBANK S, et al. Modeling targeted layered containment of an influenza pandemic in the United States[J]. Proceedings of the National Academy of Sciences, 2008, 105(12): 4639-4644.

[12] FERGUSON N M, KEELING M J, EDMUNDS W J, et al. Planning for smallpox outbreaks[J]. Nature, 2003, 425(6959): 681.

[13] Census 2000, United States Bureau of the Census.

[14] YANG Y, SUGIMOTO J D, HALLORAN M E, et al. The transmissibility and control of pandemic influenza A (H1N1) virus[J]. Science, 2009, 326(5953): 729-733.

[15] FRASER C, DONNELLY C A, CAUCHEMEZ S, et al. Pandemic potential of a strain of influenza A (H1N1): early findings[J]. Science, 2009, 324(5934): 1557-1561.

[16] LESSLER J, REICH N G, BROOKMEYER R, et al. Incubation periods of acute respiratory viral infections: A systematic review[J]. The Lancet Infectious Diseases, 2009, 9(5): 291-300.

[17] Centers for Disease Control and Prevention (CDC), United States. Swine Influenza A (H1N1) Infection in Two Children, Southern California, March-April 2009.

[18] CHU Y J, LIU T H. On the shortest arborescence of a directed graph[J]. Science Sinica, 1965, 14:1396-1400.

[19] WANG L, ZHANG Y, HUANG T, et al. Estimating the value of containment strategies in delaying the arrival time of an influenza pandemic: A case study of travel restriction and patient isolation[J]. Physical Review E, 2012, 86(3): 032901.

第 9 章 复合种群网络的疫情入侵路径推断与参数估计

9.1 问题的引出

书至本章, 我们在审视网络上种种疫情传播现象的机理规律时都基于所立足的“白盒子”角度, 即病毒在网络上传播过程的各个环节, 都假设模型的结构参数是已知的, 或在计算模拟中遍历相应的参数取值范围来观察输出。这些结构参数既包括流行病学仓室模型的关键参数例如传播率、恢复率等 [1–3], 也包括网络具体拓扑结构的参数信息 [4, 5]。在复合种群网络框架下, 还包括各个子种群的内部参数以及子种群之间如扩散率等参数的相互影响等 [6]。在一次疫情暴发的初期, 这些“先验已知”条件在预测疫情演化趋势时无疑急剧增大了依赖模拟参数取值范围的计算复杂度, 同时也带来了预测结果与所设定参数是否合理的可靠性陷阱。本章将从未知传播参数和入侵路径这两个方面 [7, 8], 探讨在疫情暴发的早期阶段依据所获取的确诊病例数据推断和估计网络模型的未知参数。

9.2 病毒传播参数估计

本章采用 SI 仓室模型描述疫情暴发的早期阶段 [9, 10], 首先考虑双耦合种群网络的情形, 然后推广到更一般的复合种群网络。

9.2.1 双耦合种群网络情形

图 9.1 是带有 SI 仓室传染过程的双耦合种群网络的示意图。在初始时刻, 子种群 1 为已感染的子种群。在每个单位时间步, 子种群中的感染个体和易感个体接触并被感染的概率为 β。个体从子种群 1 或子种群 2 以概率 p_{12} 或 p_{21} 扩散到子种群 2 或子种群 1 中 (通常 $p_{12} \neq p_{21}$), 定义 p_{12} 为子种群 1 中个体的扩散率 (也称为迁移率或散射率)。因此, 子种群 1 或子种群 2 中的个体停留在原子种群 1 或子种群 2 的概率为 $1-p_{12}$ 或 $1-p_{21}$。

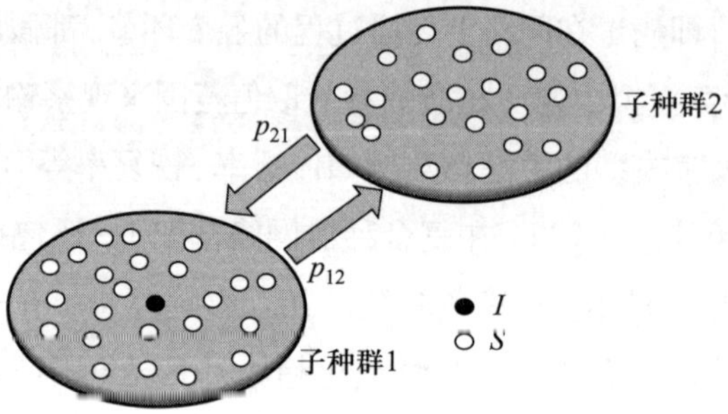

图 9.1 带有 SI 仓室传染过程的双耦合种群网络的示意图。初始时刻, 子种群 1 已至少包含一个感染个体 (标为黑色), 即呈感染状态, 而子种群 2 是易感状态, 所有个体为易感个体 (标为白色)

为简单起见, 不考虑在同一单位时间段内新增感染个体扩散到其他子种群的情形, 即易感个体在被感染后至少要在该子种群停留到下一个单位时间步才有可能迁移到另一个子种群中。因此, SI 仓室传染过程的双耦合种群网络的感染个体

数量演化方程可以写为

$$\begin{cases} I_1(t+1) - I_1(t) = \beta I_1(t)\dfrac{S_1(t)}{N_1(t)} + p_{21}I_2(t) - p_{12}I_1(t), \\ I_2(t+1) - I_2(t) = \beta I_2(t)\dfrac{S_2(t)}{N_2(t)} + p_{12}I_1(t) - p_{21}I_2(t), \end{cases} \tag{9.1}$$

其中, $N_1(t)$、$N_2(t)$ 分别为在时刻 t 时子种群 1 或子种群 2 的个体总数, $I_1(t)$、$I_2(t)$ 分别为时刻 t 时子种群 1 或子种群 2 中感染个体的数量, $S_1(t)$、$S_2(t)$ 分别为时刻 t 时子种群 1 或子种群 2 中易感个体的数量。公式 (9.1) 等号右边的第一项表示在时刻 t 到时刻 $t+1$ 之间的时间段里新增的感染个体数量, 等号右边的第二项与第三项是两个子种群之间由于个体迁移所带来的感染个体的变化量。

考虑在两个子种群之间发生的一次病毒入侵过程。假设在初始时刻子种群 1 中有一个已经感染病毒的个体, 即子种群 1 是染病子种群, 子种群 2 是健康子种群 (所有个体都是健康且易感的)。随着时间推移, 子种群 1 中的易感个体与染病个体接触而按照 SI 仓室模型受到感染, 子种群 1 的感染个体数 $I_1(t)$ 增长。与此同时, 子种群 1 的个体也会根据扩散率 p_{12} 迁移到子种群 2 中, 其中包括 $I_1(t)$ 个染病个体。由于假设双耦合种群网络在 SI 仓室模型下进行传染过程, 而所有在两个子种群之间发生迁移的个体不再有回归源子种群的要求, 如图 9.1 所示。在某一时刻子种群 1 的染病个体首次到达健康的子种群 2, 这一时刻称为子种群 2 的病毒首达时间, 记为 t^F。记录从初始时刻到病毒首达时间这期间每个单位时间步各个子种群的染病个体数量, 在现实中即为疾病预防控制中心所监测的确诊病例数据 (Surveillance data)。

在双耦合种群网络模型中, 病毒传播参数主要为传播率 β 和扩散率 p_{12}、p_{21}。由于假设在初始时刻子种群 1 包含染病个体, 子种群 2 是健康子种群, 因此, 本节考虑传播率 β 和扩散率 p_{12} 是需要估计的病毒传播参数。

先估计传播率 β。由于 $I_i(0) \ll N_i(0)$, 在病毒传播的早期阶段, $S_i(t) \approx N_i(t), i = 1, 2$, 将式 (9.1) 上下两式相加后可以近似得到

$$I_1(t+1) - I_1(t) + I_2(t+1) - I_2(t) \approx \beta(I_1(t) + I_2(t)). \tag{9.2}$$

令 $I(t) = I_1(t) + I_2(t)$ 为双耦合种群网络在 t 时刻的感染个体总数。那么式 (9.2) 可以写为 $I(t+1) - I(t) \approx \beta I(t)$。可以得到这样的近似关系: $\beta \sim$

$\dfrac{\sum_{i=1}^{2}(I_i(t+1)-I_i(t))}{\sum_{i=1}^{2}I_i(t)}$。根据在 $t_1,t_2,\cdots,t_{m'}$ 时刻所获得的感染病例数据, 可以求得传播率

$$\hat{\beta}=\arg\min_{\beta^*}\sum_{t=t_1}^{t_{m'}}|(I(t+1)-I(t))-\beta^*I(t)|^2=(\boldsymbol{X}^{\mathrm{T}}\boldsymbol{X})^{-1}\boldsymbol{X}^{\mathrm{T}}\boldsymbol{Y}, \tag{9.3}$$

其中, β^* 为备选值, $\boldsymbol{X}^{\mathrm{T}}$ 是 $\boldsymbol{X}$ 的转置, $\boldsymbol{X}=[I(t_1),I(t_2),\cdots,I(t_{m'})]^{-1}$, $\boldsymbol{Y}=[(I(t_1+1)-I(t_1)),(I(t_2+1)-I(t_2)),\ldots,(I(t_{m'}+1)-I(t_{m'}))]^{-1}$。

扩散率 p_{12} 是反映在两个子种群之间发生迁移扩散过程的一个统计量, 仅仅通过一次病毒入侵过程的首达时间等数据难以准确估计求得, 需要重复多次入侵过程来计算推断 p_{12}。考查从初始时刻 $t=0$ 到病毒首达时间 t^F 有 $\mathcal{H}_{12}$ 个首达感染个体从子种群 1 入侵子种群 2, 即令 $\mathcal{H}_{12}$ 为从子种群 1 首次到达子种群 2 的感染病例的数量。

对于一次病毒入侵过程, 可以写出在 t^F 时刻, 子种群 1 的 $\mathcal{H}_{12}$ 个感染个体首次入侵到达子种群 2 的概率函数为

$$P(\mathcal{H}_{12},t^F-1)=\binom{\mathcal{H}_{12}}{I_1(t^F-1)}(1-p_{12})^{I_1(t^F-1)-\mathcal{H}_{12}}p_{12}^{\mathcal{H}_{12}}\times\prod_{t=1}^{t^F-2}(1-p_{12})^{I_1(t)}. \tag{9.4}$$

即从初始时刻到时刻 t^F-1, 没有感染个体从子种群 1 能够到达子种群 2; 在时刻 t^F-1 到 t^F 期间, 通过概率函数可以计算得到 $\mathcal{H}_{12}$ 个感染个体首次从子种群 1 入侵到达子种群 2 的概率。

假设重复发生了 s 次入侵过程。令 $\mathcal{H}_{12}^{\{1\}},\mathcal{H}_{12}^{\{2\}},\cdots,\mathcal{H}_{12}^{\{s\}}$ 分别为第 $1,2,\cdots,s$ 次入侵过程的首达感染个体的数量, $t^{F,\{1\}},t^{F,\{2\}},\cdots,t^{F,\{s\}}$ 分别为第 $1,2,\cdots,s$ 次入侵过程的病毒首达时间。这个重复入侵过程的联合概率函数可以写为

$$\begin{aligned}&P(\mathcal{H}_{12}^{\{1\}},t^{F,\{1\}}-1;\mathcal{H}_{12}^{\{2\}},t^{F,\{2\}}-1;\cdots;\mathcal{H}_{12}^{\{s\}},t^{F,\{s\}}-1)\\&=P(\mathcal{H}_{12}^{\{1\}},t^{F,\{1\}}-1)\times P(\mathcal{H}_{12}^{\{2\}},t^{F,\{2\}}-1)\times\cdots P(\mathcal{H}_{12}^{\{s\}},t^{F,\{s\}}-1)\\&=\binom{\mathcal{H}_{12}^{\{1\}}}{I_1(t^{F,\{1\}}-1)}(1-p_{12})^{I_1(t^{F,\{1\}}-1)-\mathcal{H}_{12}^{\{1\}}}p_{12}^{\mathcal{H}_{12}^{\{1\}}}\times\prod_{t=1}^{t^{F,\{1\}}-2}(1-p_{12})^{I_1(t)}\end{aligned}$$

$$\times \ldots$$
$$\times \binom{\mathcal{H}_{12}^{\{s\}}}{I_1(t^{F,\{s\}}-1)}(1-p_{12})^{I_1(t^{F,\{s\}}-1)-\mathcal{H}_{12}^{\{s\}}}p_{12}^{\mathcal{H}_{12}^{\{s\}}} \times \prod_{t=1}^{t^{F,\{s\}}-2}(1-p_{12})^{I_1(t)} \tag{9.5}$$

对式 (9.5) 两边取对数, 结合式 (9.4) 和式 (9.5) , 则联合概率函数可以进一步写为

$$\begin{aligned} L(P) &= \ln(P(\mathcal{H}_{12}^{\{1\}}, t^{F,\{1\}}-1; \mathcal{H}_{12}^{\{2\}}, t^{F,\{2\}}-1; \cdots; \mathcal{H}_{12}^{\{s\}}, t^{F,\{s\}}-1)) \\ &= \sum_{i=1}^{s} \ln\binom{\mathcal{H}_{12}^{\{i\}}}{I_1(t^{F,\{i\}}-1)} + \ln(p_{12})\sum_{i=1}^{s}\mathcal{H}_{12}^{\{i\}} \\ &\quad + (\sum_{i=1}^{s}(I_1^{\{i\}}(t^{F,\{i\}}-1)-\mathcal{H}_{12}^{\{i\}}) + \sum_{i=1}^{s}\sum_{t=1}^{t^{F,\{i\}}-2} I_1^{\{i\}}(t))\ln(1-p_{12}) \end{aligned} \tag{9.6}$$

对 $L(P)$ 中的待推断参数 p_{12} 求导, 可以计算得到

$$\begin{aligned} \frac{\mathrm{d}L(P)}{\mathrm{d}p_{12}} &= \frac{1}{p_{12}-1}\left(\sum_{i=1}^{s}(I_1^{\{i\}}(t^{F,\{i\}}-1)-\mathcal{H}_{12}^{\{i\}}) + \sum_{i=1}^{s}\sum_{t=1}^{t^{F,\{i\}}-2} I_1^{\{i\}}(t)\right) \\ &\quad + \frac{1}{p_{12}}\sum_{i=1}^{s}\mathcal{H}_{12}^{\{i\}}. \end{aligned} \tag{9.7}$$

根据最大似然估计, 令 $\frac{\mathrm{d}L(P)}{\mathrm{d}p_{12}}=0$, 则可得

$$\frac{1}{\hat{p}_{12}-1}\left(\sum_{i=1}^{s}(I_1^{\{i\}}(t^{F,\{i\}}-1)-\mathcal{H}_{12}^{\{i\}}) + \sum_{i=1}^{s}\sum_{t=1}^{t^{F,\{i\}}-2} I_1^{\{i\}}(t)\right) + \frac{1}{\hat{p}_{12}}\sum_{i=1}^{s}\mathcal{H}_{12}^{\{i\}} = 0, \tag{9.8}$$

其中, $\hat{p}_{12}$ 为真实扩散率 p_{12} 的估计值。

由上式进一步简化,

$$\hat{p}_{12}\left(\sum_{i=1}^{s}(I_1^{\{i\}}(t^{F,\{i\}}-1)-\mathcal{H}_{12}^{\{i\}}) + \sum_{i=1}^{s}\sum_{t=1}^{t^{F,\{i\}}-2} I_1^{\{i\}}(t)\right) + (\hat{p}_{12}-1)\sum_{i=1}^{s}\mathcal{H}_{12}^{\{i\}} = 0. \tag{9.9}$$

即可求得

$$\hat{p}_{12}=\frac{\sum_{i=1}^{s}\mathcal{H}_{12}^{\{i\}}}{\sum_{i=1}^{s}\left[I_1^{\{i\}}(t^{F,\{i\}}-1)-\mathcal{H}_{12}^{\{i\}}+\mathcal{H}_{12}^{\{i\}}+\sum_{t=1}^{t^{F,\{i\}}-2}I_1^{\{i\}}(t)\right]}=\frac{\sum_{i=1}^{s}\mathcal{H}_{12}^{\{i\}}}{\sum_{i=1}^{s}\sum_{t=1}^{t^{F,\{i\}}-1}I_1^{\{i\}}(t)}. \tag{9.10}$$

9.2.2 复合种群网络情形

一个具有 SI 仓室传染过程的多个子种群组成的复合种群网络如图 9.2 所示。与双耦合种群网络不同的是, 在一个单位时间步内每个子种群内的个体反应完成后, 在扩散环节可以向任一邻居以相应的扩散率扩散, 例如子种群 i 中的个体以扩散率 p_{ij} 向其邻居子种群 j 扩散。

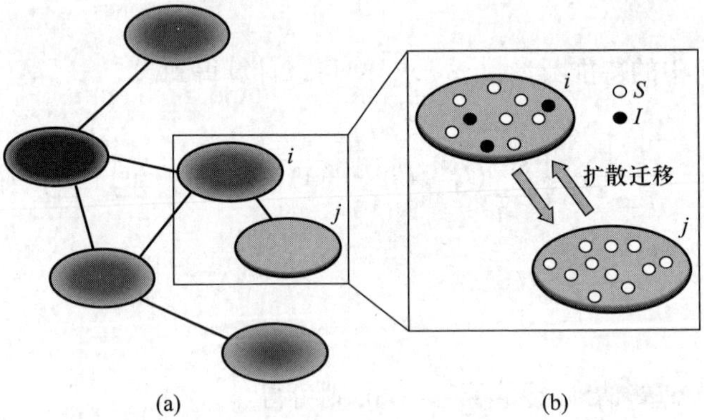

图 9.2 具有 SI 仓室传染过程的复合种群网络。(a) 有多个子种群的复合种群网络, 子种群内部个体间遵循 SI 仓室传染过程, 子种群之间个体的移动通过连边耦合。白色代表易感子种群, 黑色代表感染子种群, 颜色越深, 表示所含的感染个体越多。每个个体均可按照其所在子种群到邻居子种群的有向边的扩散率在子种群间移动; (b) 网络上的两个子种群 i, j 内部的易感个体和感染个体传染和扩散示意图。在每个子种群中, 个体具有两种状态, 即易感态和感染态, 分别用白色和黑色表示

9.2.2.1 个体扩散操作器

在子种群内部, 个体间的传染过程遵循 SI 仓室流行病动力学; 而在子种群之间, 个体的迁移扩散遵循如下的个体扩散操作器。基于个体移动的随机性和独立

性, 个体从一个子种群出发到邻居子种群的扩散过程可以被描述为二项分布或多项分布。令 $\mathcal{X}$ 为 S 或 I 的占位符, $\mathcal{X}_i(t)$ 为子种群 i 在传染过程后的 $\mathcal{X}$ 类个体数。假设该感染子种群 i 只有一个邻居子种群j, 令$\mathcal{X}_{ij}(t)$ 表示子种群 i 扩散到子种群 j 的 $\mathcal{X}$ 类个体数。在每个单位时间的传染过程后的扩散阶段, 随机变量 $\mathcal{X}_{ij}(t)$ 遵循如下的二项分布:

$$Binomial(\mathcal{X}_{ij}(t);\mathcal{X}_i(t);p_{ij}) = \frac{\mathcal{X}_i(t)!}{\mathcal{X}_{ij}(t)!(\mathcal{X}_i(t)-\mathcal{X}_{ij}(t))!}p_{ij}^{\mathcal{X}_{ij}(t)}(1-p_{ij})^{(\mathcal{X}_i(t)-\mathcal{X}_{ij}(t))}, \tag{9.11}$$

假设感染子种群 i 有 $k(k \geqslant 2)$ 个邻居子种群 (标记为 $j_1, j_2, \cdots, j_k$) , 令 $\mathcal{X}_{ij_\ell}(t)$ 表示从子种群 i 扩散到子种群 j_ℓ 的 $\mathcal{X}$ 类个体数, 其中, $\ell \in \{1,2,\cdots,k\}$。在每个单位时间步内传染过程后的扩散阶段, 随机变量 $\mathcal{X}_{ij_\ell}(t)$ 遵循如下的多项分布:

$$\begin{aligned}
&Multinominal(\{\mathcal{X}_{ij_1}(t),\mathcal{X}_{ij_2}(t),\cdots,\mathcal{X}_{ij_k}(t)\};\mathcal{X}_i(t);\{p_{ij_1},p_{ij_2},\cdots,p_{ij_k}\})\\
&=\frac{\mathcal{X}_i(t)!}{\prod\limits_{\ell=1}^{k}\mathcal{X}_{ij_\ell}(t)!\left(\mathcal{X}_i(t)-\sum\limits_{\ell=1}^{k}\mathcal{X}_{ij_\ell}(t)\right)!}\left(\prod_{\ell=1}^{k}p_{ij_\ell}^{\mathcal{X}_{ij_\ell}(t)}\right)\\
&\cdot\left(1-\sum_{\ell=1}^{k}p_{ij_\ell}\right)^{(\mathcal{X}_i(t)-\sum\limits_{\ell=1}^{k}\mathcal{X}_{ij_\ell}(t))},
\end{aligned} \tag{9.12}$$

其中, p_{ij_ℓ} 为一个个体从子种群i 到子种群j_ℓ 的扩散率。

9.2.2.2 复合种群网络上传播率 β 的推断

现在将双耦合种群上传播率 β 的推断推广到一般的复合种群网络上。依然考虑 SI 仓室传染过程, 忽略单位时间内新增感染个体的扩散。那么在 SI 复合种群网络上, 感染子种群 i 的感染个体数量演化方程可以写为

$$I_i(t+1)-I_i(t)=\beta I_i(t)\frac{S_i(t)}{N_i(t)}+\sum_{j=1,j\neq i}^{N}p_{ji}I_j(t)-\sum_{j=1,j\neq i}^{N}p_{ij}I_i(t). \tag{9.13}$$

对所有 (感染) 子种群 i, 将式 (9.13) 累加, 可得 $\sum\limits_{i=1}^{N}I_i(t+1)-I_i(t)=$

$\sum_{i=1}^{N} \beta I_i(t) S_i(t)/N_i(t)$。在病毒传播的早期阶段，由于$I_i(t) \ll N_i(t)$，可以进一步简化为 $\sum_{i=1}^{N} I_i(t+1) - I_i(t) \approx \beta \sum_{i=1}^{N} I_i(t)$。然后，可以得到

$$\beta \sim \frac{\sum_{i=1}^{N}(I_i(t+1) - I_i(t))}{\sum_{i=1}^{N} I_i(t)}. \tag{9.14}$$

因此，同前面的双耦合种群情形，由 $t_1, t_2, \cdots, t_{m'}$ 时刻的感染数据，传播率 β 可以估计为

$$\hat{\beta} = \arg\min_{\beta^*} \sum_{t=t_1}^{t_{m'}} \left|(I(t+1) - I(t)) - \beta^* I(t)\right|^2 = (\boldsymbol{X}^{\mathrm{T}}\boldsymbol{X})^{-1}\boldsymbol{X}^{\mathrm{T}}\boldsymbol{Y}, \tag{9.15}$$

其中，β^* 为备选值，$\boldsymbol{X} = [I(t_1), I(t_2), \cdots, I(t_{m'})]^{-1}$，$\boldsymbol{Y} = [(I(t_1+1)-I(t_1)), (I(t_2+1) - I(t_2)), \cdots, (I(t_{m'}+1) - I(t_{m'}))]^{-1}$，$I(t) = \sum_{i=1}^{N} I_i(t)$。

9.2.3 传播参数的仿真验证

为了验证上述的理论分析结果，本节将进行双耦合种群网络扩散率 p_{12} 与复合种群网络传播率 β 估计的仿真验证。首先给出一个关于扩散率 p_{12} 估计的仿真实验。在双耦合种群网络上，假设初始时刻子种群 1 中的个体数 $N_1(0) = 10\,000$，其中初始感染个体数 $I_1(0) = 1$；假设子种群 2 有 $N_2(0) = 10\,000$ 个个体，全部为易感个体；扩散率的真实值 $p_{12} = p_{21} = 0.01$。在上述条件下，通过仿真模拟获得多次双耦合种群网络入侵过程的数据。如图 9.3 所示，随着仿真次数的增加，p_{12} 的估计值 $\hat{p}_{12}$ 越来越接近于真实值，最终其差值 $|\hat{p}_{12} - p_{12}|$ 接近于 0，远远小于 p_{12} 的 5%，证明了估计理论的正确性。

再给出一个估计传播率 β 的仿真实验。由于双耦合种群网络和一般复合种群网络在传播率的估计上有非常类似的结果，不失一般性，这里直接给出利用一个典型的实际复合种群网络——美国航空网上的仿真传播数据来估计传播率的例子，用来构建航空网的真实人口统计学和流量统计数据来源与文献 [16] 一致，即

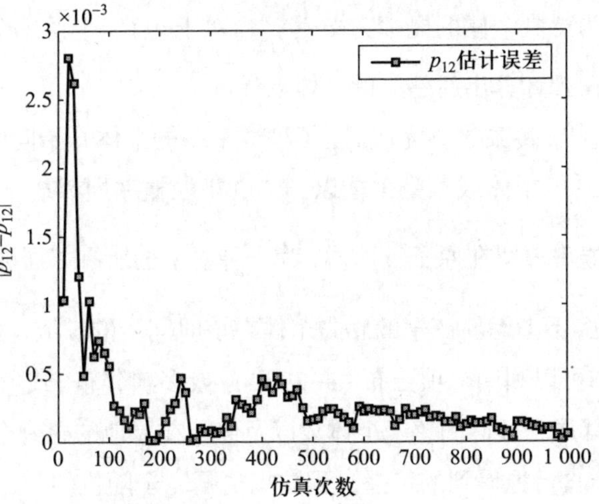

图 9.3　扩散率 p_{12} 随入侵过程仿真次数的估计误差曲线

与本书第 6 章一致。略有不同的是, 这里采用了2009 年某个月的平均航空流量数据, 而第 6 章则使用了该年的平均数据。每个节点即子种群代表一个机场及其所服务地区的人口, 两个节点间的有向流量对应于其有向航线上的日平均流量。整理航空流量数据选取最大连通子图作为实验对象, 共 404 个节点, 6480 条有向边, 最大度为 158, 最小度为 1, 平均度 $\langle k\rangle = 16$。两个子种群间有向流量 $\langle w_{ij}\rangle$ 和扩散率 p_{ij} 的分布分别为 $[1, 9100]$ 和 $[7.4\times10^{-8}, 0.03]$, 机场对应的服务区人口数$\langle N_i\rangle$的分布为 $[6100, 1.907\times10^7]$, 整个复合种群网络总人口数 $N_{total} \approx 2.43\times10^8$, 覆盖了美国绝大部分人口。

接下来介绍基于离散时间步的随机 SI 型流行病传染扩散过程仿真模拟方法。初始时刻, 假设其中一个子种群为感染的种子节点, 即所谓的零号病人 (也可以假设数个子种群初始感染, 算法仍然适用)。假定 $I_1(0) = 5, I_i(0) = 0(i = 2, 3, \cdots, 404)$, 记录和更新每个单位时间步每个个体的状态 (是易感态还是感染态)。在每个单位时间步 Δt, 传播率 β 和扩散率 p_{ij} 的数值即为相应的概率。因此只要处理好每个单位时间步的子种群中个体传染和扩散两个过程, 再依时间步迭代更新就能仿真复合种群网络上任意时间的流行病传播过程。不失一般性, 在时刻 t 子种群 i 中个体传染和扩散两个过程如下:

(1) 传染过程: 子种群 i 中的个体是均匀混合的, 任一个易感个体接触一个感染个体并且变为感染个体的概率为 $\beta\dfrac{I_i(t)}{N_i(t)}$。对于 $S_i(t)$ 个易感个体, 在仿真中可以用二项分布模拟计算出新感染的个体数量。

(2) 扩散过程: 传染过程完成后, 子种群 i 中的个体开始向邻居子种群扩散。子种群 i 中的易感个体或感染个体以 p_{ij} 的扩散概率向邻居子种群 j 移动, 以 $1-\sum\limits_{\ell=1}^{k_i}p_{ij_\ell}$ 的概率停留在原子种群, k_i 为子种群 i 的所有邻居数。在本章的研究中, 为简便起见, 不考虑新产生的感染个体在该时间步的扩散。对于 $I_i(t)$ 个感染个体, 在仿真中可以利用二项分布 (式 (9.11)) 或多项分布 (式 (9.12)) , 模拟计算出扩散到各个邻居子种群的感染个体数以及停留在原地的感染个体数。从这一过程可以看到, 仿真模拟得到的传播过程数据也是完全随机的。

在仿真中, 设定源感染子种群的初始感染个体数 $I_1(0)=5$, 传播率 β 的真实值为 0.05。如图 9.4 所示, 利用一次传播的数据, 得到传播率的估计值。图 9.4 的横坐标为网络总感染个体数 $I(t)$, 纵坐标为 $I(t+\Delta t)-I(t)$, $\Delta t=1$。通过最小二乘法拟合得到传播率的估计值 $\hat{\beta}$ 为 0.046 (即图中的斜率) , 与真实值 0.05 非常接近。图 9.4 中的插图为全网络的感染数据随时间 t 的变化图。

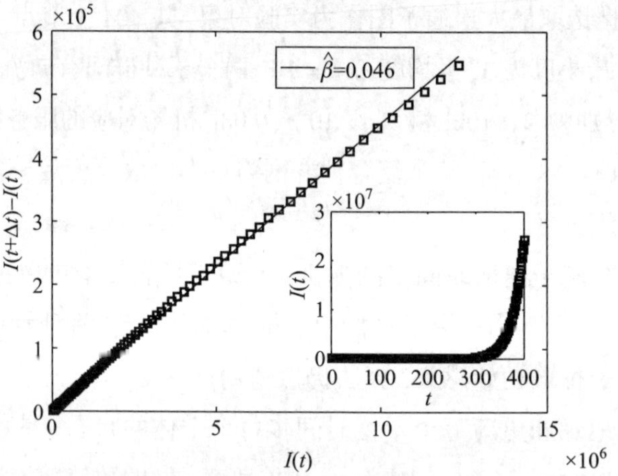

图 9.4　一般复合种群网络 (美国航空网) 上传播率 β 的估计。插图为相同的原始感染数据

9.3 疫情入侵路径的推断

本节将详细讨论复合种群网络上入侵路径的推断问题, 以下给出若干定义:

(1) 入侵路径①: 易感子种群 j 在首达时间被来自子种群 i 的感染个体入侵, 那么, 从 i 指向 j 的有向边就称为一条入侵路径 (Invasion pathways, IP), 记为 IP_{ij}。一个易感子种群可能同时被多个感染子种群感染。

(2) 全局入侵路径: 病毒从初始的感染源子种群开始入侵到整个复合种群网络的过程, 称为一次入侵感染过程。假设疫情暴发于一个感染子种群, 这个传播源中的感染个体入侵它的邻居易感子种群, 并且新感染的邻居子种群再入侵其他未感染的邻居子种群, 这一级联入侵感染过程所形成的整个入侵路径链称为全局入侵路径 (Global invasion pathways, GIP)。定义 GIP 为一次入侵过程的全局入侵路径。

(3) 子种群被入侵: 只有易感子种群在首达时间 (即首次) 进入了感染个体才能称为子种群被入侵。子种群被入侵与子种群处于感染状态有一定区别。子种群只要包含一个感染个体就表示其处于感染状态, 称为感染子种群。子种群被入侵后必然处于感染状态。

在每个观测到有新增感染个体出现的时刻, 记录每个子种群的感染数据 (感染个体数与时间)。从感染数据, 可以得知一个子种群何时被感染个体入侵感染和有多少个感染个体入侵它, 以及该子种群在哪些时间步处于感染状态 (有感染个体在内部)。如果该子种群在感染前一时间步有多个 (两个或两个以上) 感染的邻居子种群, 就难以确认是哪个或哪些子种群的感染个体入侵了该子种群。因此, 我们感兴趣的是如何根据观察到的感染数据和复合种群网络拓扑信息 (例如美国航空网, 包括机场对应服务区的人口和流量) 来有效推断病毒的全局入侵路径。

① 实际上, 本节所讨论的子种群之间的入侵跨越两子种群之间的空间距离, 称之为空间入侵路径更为合适。为行文叙述简洁, 简称为入侵路径。

依然以 SI 仓室模型为例, 为了解决入侵路径推断问题, 我们提出入侵路径推断算法, 下面详细介绍。

9.3.1 入侵分割与入侵类

在 SI 仓室模型下, 基于前面讨论的双耦合种群, 我们定义在一般复合种群网络上某个易感子种群的病毒首达时间, 是感染个体从一个感染子种群首次抵达一个邻居易感子种群的时刻。

在一次入侵感染过程中, 一般会出现多个病毒首达时间, 分别对应于不同的易感子种群被病毒入侵。每个子种群对应于一个首达时间, 一个首达时间可能有一个易感子种群被入侵感染, 也可能有多个易感子种群同时被感染。用 t^F 泛指所讨论的问题特定的首达时间数值。

在一个首达时间, 为了便于分析推断入侵路径, 将新感染子种群和其感染邻居构成的子图分为 4 种入侵类。对于每个入侵类, 从感染邻居指向这些新感染子种群的有向边就包含真实的入侵路径, 其所有易感子种群构成集合 $\mathbb{S}$, 即在该首达时间的前一时间步这些易感子种群没有感染, 而在该首达时间感染; 其所有感染子种群形成集合 $\mathbb{I}$, $\mathbb{I}$ 中的每个元素至少在 $\mathbb{S}$ 集合中有一个邻居。

四种入侵类具体介绍如下:

(1) 一对一入侵类 ($I \mapsto S$): 集合 $\mathbb{I}$ 和 $\mathbb{S}$ 都只有一个元素, 分别用 I_1 和 S_1 表示, 且 I_1 是 S_1 在病毒首达时间的前一时间步唯一的感染邻居。该入侵类如图 9.5(a) 所示。

(2) 一对多入侵类 ($I \mapsto nS, n > 1$): 集合 $\mathbb{I}$ 中只有一个感染子种群, 集合 $\mathbb{S}$ 中有 n 个子种群。即感染子种群 I_1 入侵感染多个易感子种群, 这 n 个易感子种群在病毒首达时间前一时间步除 I_1 外都没有其他感染邻居。该入侵类如图 9.5(b) 所示。

(3) 多对一入侵类 ($mI \mapsto S, m > 1$): 集合 $\mathbb{I}$ 中有多于一个子种群, 而集合 $\mathbb{S}$ 中只有一个子种群 S_1。即 S_1 在病毒首达时间的前一时间步 (被感染之前) 有且

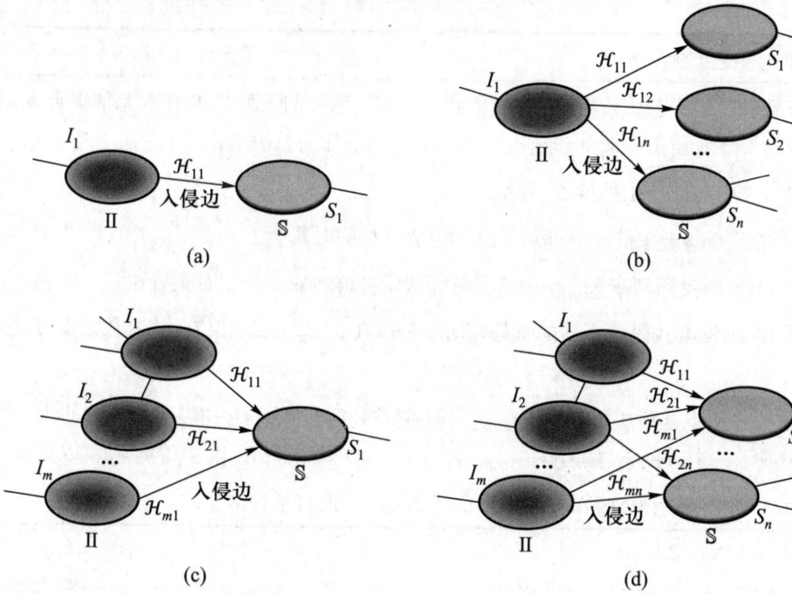

图 9.5　4 种入侵类的示意图。黑色圆圈表示感染子种群, 灰色圆圈表示易感子种群 (在 t^F 时刻之前是易感态, 在 t^F 时刻被病毒入侵感染)。(a) 一对一入侵类 $I \mapsto S$; (b) 一对多入侵类 $I \mapsto nS(n>1)$; (c) 多对一入侵类 $mI \mapsto S(m>1)$; (d) 多对多入侵类 $mI \mapsto nS(m,n>1)$

仅有这 m 个感染邻居子种群, 而这 m 个邻居子种群在该病毒首达时间也只入侵感染了S_1。该入侵类如图 9.5(c) 所示。

(4) 多对多入侵类 $(mI \mapsto nS, m,n>1)$: 集合 $\mathbb{I}$ 和 $\mathbb{S}$ 中均有不少于两个子种群。即多个感染子种群在病毒首达时间前一时间步到病毒首达时间的期间, 同时入侵感染多个易感子种群。每个感染子种群至少与一个易感子种群有连边, 且集合 $\mathbb{I}$ 与 $\mathbb{S}$ 之间的连边就可以构成连通子图。该入侵类如图 9.5(d) 所示。

需要利用入侵分割算法来划分得到各个入侵类。在每个病毒首达时间进行入侵类的划分时, 要确保这 4 种入侵类是独立的。这就要求将病毒首达时间前一时间步时未感染而在病毒首达时间感染的子种群放入集合 $\mathbb{S}$ 中, 同时将集合 $\mathbb{S}$ 中子种群在病毒首达时间前一时间步的感染邻居子种群都放入集合 $\mathbb{I}$ 中。入侵分割算法流程如算法 9.1 所示。

算法 9.1 入侵分割算法

1: 当有新的子种群被入侵感染时, 收集此时所有新感染的子种群 S 作为总的集合 $\mathbb{S}_{total}$, 以及这些子种群前一时间步所有感染邻居子种群作为总的集合 $\mathbb{I}_{total}$;

2: 从 $\mathbb{S}_{total}$ 中的任一子种群 S_i 开始;

3: 找到 S_i 在 $\mathbb{I}_{total}$ 中的所有邻居子种群组成一个临时集合 $\mathbb{I}^*$;

4: 从 $\mathbb{I}^*$ 出发再找到其在 $\mathbb{S}_{total}$ 中的所有邻居子种群组成一个临时集合 $\mathbb{S}^*$;

5: 再从 $\mathbb{S}^*$ 出发查找是否有新的感染邻居子种群在 $\mathbb{I}_{total}$ 中, 如果有, 将其放入 $\mathbb{I}^*$ 并更新 $\mathbb{I}^*$;

6: 重复 4、5 两步直到在 $\mathbb{S}_{total}$ 和 $\mathbb{I}_{total}$ 中不能找到新的邻居子种群。此时得到的 $\mathbb{I}^*$ 和 $\mathbb{S}^*$ 就构成了一个入侵类, 然后在 $\mathbb{S}_{total}$ 和 $\mathbb{I}_{total}$ 中分别除去 $\mathbb{I}^*$ 和 $\mathbb{S}^*$ 的子种群以更新之;

7: 重复 2—6 步不断得到新的入侵类, 直到 $\mathbb{S}_{total}$ 中没有子种群。

9.3.2 子种群及其边的能观性

对于每个待推断的入侵类, 通过分析该入侵类中子种群的感染个体数的变化而定义相应的能观性 (Observability)。能观性反映了该子种群潜在的感染个体扩散信息。在此, 符号 I_i 表示子种群 i 是处于感染状态, 符号 $I_i(t)$ 表示 t 时刻子种群 i 的感染个体数。

(1) 能观子种群: 子种群 i 是能观子种群, 则子种群 i 在病毒首达时间前一时间步到病毒首达时间这期间状态为以下 3 种情况之一: 第一种情形是子种群 i 发生变化 $S_i \to I_i$, 也就是子种群从易感到被入侵感染; 第二种情形是子种群 i 发生变化$I_i \to S_i$, 即 i 中的感染个体全部扩散出去; 第三种情形是子种群 i 易感状态未发生变化, 即 $S_i \to S_i$。

(2) 部分能观子种群: 如果子种群 i 在病毒首达时间前一时间步到病毒首达时间期间, 有 $I_i(t^F) < I_i(t^F-1)$ 及 $I_i(t^F) > 0$, 则称该子种群为部分能观的, 这意味着至少有 $\Delta I_i(t^F) = |I_i(t^F) - I_i(t^F-1)|$ 个感染个体离开子种群 i。

(3) 不能观子种群: 如果子种群 i 在病毒首达时间前一时间步到病毒首达时间期间, 有 $I_i(t^F) \geqslant I_i(t^F-1)$ 及 $I_i(t^F-1) > 0$, 则称该子种群为不能观的, 即仅从感染个体数的变化无法判断是否有或有多少感染个体迁移出去。

以上三类子种群的能观性如图 9.6 所示。相应地, 可以把由感染子种群 i 发出的边定义为 4 类: ① 入侵边 (Invasion edge): 特指从 $\mathbb{I}$ 中的子种群指向$\mathbb{S}$ 中的邻居子种群的所有有向边; ② 能观边: 从感染子种群 i 出发指向除了集合 $\mathbb{S}$ 中其他能观的邻居子种群的边; ③ 部分能观边: 从感染子种群 i 出发指向部分能观的邻居子种群的边; ④ 不能观边: 从感染子种群 i 出发指向不能观的邻居子种群的边。

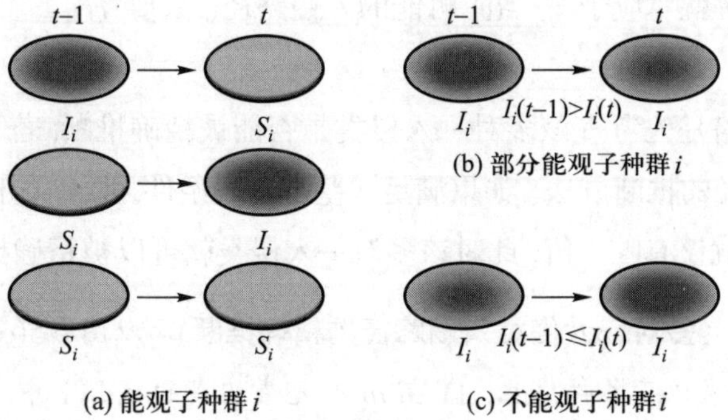

图 9.6　子种群的能观性分类

在关于入侵类的入侵路径推断分析中, 子种群及其边的能观性分类将发挥作用。

9.3.3　入侵路径的精确推断

在四种入侵类中, 有两种情形, 即一对多入侵类和一对一入侵类, 可以直接推断得到入侵路径。因为在其感染时仅有一个感染的共同邻居, 也就是只有唯一的入侵路径。因此入侵路径推断算法主要针对另外两种情形, 即多对一入侵类和多对多入侵类。对于这两种入侵类, 将其分为入侵路径的精确推断和可能的入侵路径推断。下面讨论入侵路径的精确推断。

9.3.3.1　多对一入侵类

如图 9.5(c) 所示, 一个多对一入侵类包含两个子种群集合: $\mathbb{I} = \{I_i|i = 1, 2, \cdots, m\}$ 和 $\mathbb{S} = \{S_1\}$。令子种群S_1 中的首达入侵感染个体数为 $\mathcal{H}_1$。定义 $\sigma = \{\mathcal{H}_{i1}|i = 1, 2, \cdots, m\}$, 其中, $\mathcal{H}_{i1}(i = 1, 2, \cdots, m)$ 为大于等于 0 的整数, 表示在该

首达时间从子种群 $I_i(i=1,2,\cdots,m)$ 扩散出去首达入侵 S_1 的可能感染个体数。如果σ满足关于 S_1 首达感染个体数 $\mathcal{H}_1$ 的以下条件:

$$\sum_{i=1}^{m}\mathcal{H}_{i1}=\mathcal{H}_1, \tag{9.16}$$

其中, $\forall\mathcal{H}_{i1}$, 有 $\mathcal{H}_{i1}\leqslant I_i(t^F-1)$, 则称 σ为关于多对一入侵类子种群 S_1 首达感染个体数 $\mathcal{H}_1$ 方程的一个可能解。式 (9.16) 称为多对一入侵类的方程。注意到该方程的一个可能解就对应于 (一组) 可能的入侵路径。只要 $\mathcal{H}_{i1}>0$ 就对应一条入侵路径。

我们的思路是先考查该多对一入侵类是否能被精确推断, 若不能, 则继续执行可能入侵路径的推断方法。如果满足一些特定的条件, 那么关于多对一入侵类的方程 (9.16) 就仅有唯一解, 此时该多对一入侵类就可以被精确推断了。

定理 9.3.1 (多对一入侵类入侵路径的精确推断) *以图 9.5(c) 所示的多对一入侵类为例, 如果以下条件成立: 1) 在 m 个元素组成的集合 $\mathbb{I}$ 中, 有 $m'(m'\leqslant m)$ 个子种群是由部分能观或在该 t^F-1 到 t^F 期间经历 $I\rightarrow S$ 状态变化的子种群构成集合 $\mathbb{I}'$, 且其邻居除了 S_1 子种群之外都是经历 $S\rightarrow S$ 和 $I\rightarrow S$ 状态变化的子种群; 2) $\sum\limits_{i\in\mathbb{I}'}\left[I_i(t^F-1)-I_i(t^F)\right]=\mathcal{H}_1$。则该多对一入侵类 $(mI\mapsto S, m>1)$ 的入侵路径可以精确推断。*

证明: 根据子种群能观性的定义, 在一个入侵类中, 因为感染个体的扩散, 在 t^F-1 到 t^F 期间, $\mathbb{I}$ 中的一个部分能观子种群 i 的感染个体数减小 $[I_i(t^F-1)-I_i(t^F)]$ 个。假设 i 的邻居子种群 j 在该 t^F-1 到 t^F 期间, 只发生状态转变 $S_j\rightarrow S_j$ 或 $I_j\rightarrow S_j$, 那么就证明在此期间, 它没有接收到来自邻居子种群 i 的感染个体。因此, 在该多对一入侵类中, 新感染的子种群 S_1 是该类部分能观子种群中唯一接收到那些扩散的感染个体的目标子种群。又因为 $m'\leqslant m$, 第二个条件保证了方程 (9.16) 只有唯一解, 而这个唯一解正对应了该多对一入侵类可以被精确推断的唯一 (一组) 入侵路径。证明完毕。 ■

9.3.3.2 多对多入侵类

对于多对多入侵类的入侵路径精确推断, 处理起来稍微复杂一些。如图 9.5(d) 所示, 一个多对多入侵类包含两个集合 $\mathbb{I}=\{I_i|i=1,2,\cdots,m\}$ 和 $\mathbb{S}=\{S_i|i=$

$1,2,\cdots,n\}$。$\mathbb{S}$ 中子种群的首达入侵感染个体数分别为 $\{\mathcal{H}_i|i=1,2,\cdots,n\}$。令 $U_i(i=1,2,\cdots,m)$ 表示 I_i 在集合 $\mathbb{S}$ 的邻居子种群, $Y_j(j=1,2,\cdots,n)$ 表示 S_j 在集合 $\mathbb{I}$ 中的邻居子种群。类似于多对一入侵类, 令$\sigma=\{\{\mathcal{H}_{i1}|i\in Y_1\},\cdots,\{\mathcal{H}_{in}|i\in Y_n\}\}$, 其中, $\mathcal{H}_{ij}(j=1,2,\cdots,n)$ 为大于等于 0 的整数, 表示在该首达时间从子种群 $I_i(i=1,2,\cdots,m)$ 扩散出去首达入侵 $S_j(j=1,2,\cdots,n)$ 的可能感染个体数。对任意 i 和 k, 如果 σ 满足以下两个条件, 则称 σ为关于多对多入侵类首达感染个体数 $\mathcal{H}_k$ 方程组的一个可能解。

(1)

$$\begin{cases}\sum\limits_{i\in Y_1}\mathcal{H}_{i1}=\mathcal{H}_1,\\ \sum\limits_{i\in Y_2}\mathcal{H}_{i2}=\mathcal{H}_2,\\ \cdots\cdots\cdots\cdots\\ \sum\limits_{i\in Y_k}\mathcal{H}_{ik}=\mathcal{H}_k,\\ \cdots\cdots\cdots\cdots\\ \sum\limits_{i\in Y_n}\mathcal{H}_{in}=\mathcal{H}_n,\end{cases} \tag{9.17}$$

其中, $\mathcal{H}_{ik}\geqslant 0,\ 1\leqslant i\leqslant m,\ 1\leqslant k\leqslant n$。

(2) 对任意 $\mathcal{H}_{ik}$(表示 t^F 时刻从 I_i 出发到达子种群 S_k 的感染个体数), 有 $\sum\limits_{k\in U_i}\mathcal{H}_{ik}\leqslant I_i(t-1)$, 其中, $1\leqslant i\leqslant m,\ 1\leqslant k\leqslant n$。

方程组 (9.17) 简称为关于多对多入侵类的方程组。同样, 该方程组的一个可能解也对应于 (一组) 可能的入侵路径。

如果一个多对多入侵类有 O 组可能的解, 令其中一组解为 $\sigma_j=\{\{\mathcal{H}_{i1}^{(j)}|i\in Y_1\},\cdots,\{\mathcal{H}_{in}^{(j)}|i\in Y_n\}\},\ 1\leqslant j\leqslant O$。

若满足一些特定条件时 (见定理 (9.3.2)) , 对$\forall k\in U_i, i\in Y_k$, 方程组 (9.17) 有唯一解, 即此时该多对多入侵类的入侵路径可以被精确推断。

定理 9.3.2 (多对多入侵类入侵路径的精确推断) 令 $E_{in}\leqslant n+m$ 为多对多入侵类的入侵边的数目, 以图 9.5(d) 所示的多对多入侵类为例, 如果以下条件成立: 1) 入侵边的数目 $E_{in}\leqslant n+m$; 2) 在 t^F-1 到 t^F 期间, 集合 $\mathbb{I}$ 中每个子种群的邻居子种群 (不在 $\mathbb{S}$ 中) 都是经历 $S \to S$ 或 $I \to S$ 状态变化的; 3) $\sum_{i=1}^{m} \triangle I_i(t^F) = \sum_{k=1}^{n} \mathcal{H}_k$, 则该多对多入侵类 $mI \mapsto nS, m, n > 1$的入侵路径可以精确推断。

证明: 该多对多入侵类中一个部分能观子种群 i 中的感染个体数在时间 t^F 减小, 即 $I_i(t^F) < I_i(t^F - 1)$, $I_i(t^F) > 0$, 说明有感染个体从子种群 i 扩散出去。若子种群 i 的邻居子种群 j (排除 $\mathbb{S}$ 中的子种群) 在时间 $t^F - 1$ 到 t^F期间, 都经历$S_j \to S_j$ 或 $I_j \to S_j$ 的状态变化, 说明这些邻居子种群未接收到感染个体, 那么从部分能观子种群 i 迁移出去的感染个体只可能到达 $\mathbb{S}$ 中的邻居子种群 $S_k(k \in U_i)$。

此时, 条件 $E_{in} \leqslant n + m$ 和 $\sum_{i=1}^{m} \Delta I_i(t^F) = \sum_{k=1}^{n} \mathcal{H}_k$ 保证了由 $\sum_{i \in Y_k} \mathcal{H}_{ik} = \mathcal{H}_k$ 和 $\sum_{k \in U_i} \mathcal{H}_{ik} = \Delta I_i(t^F)$ 组成的联合方程组有唯一解 $\sigma = \{\{\mathcal{H}_{i1} | i \in Y_1\}, \cdots, \{\mathcal{H}_{in} | i \in Y_n\}\}$。若令 $\boldsymbol{A}_{coef}$ 是联合方程组 $\sum_{i \in Y_k} \mathcal{H}_{ik} = \mathcal{H}_k$ 和 $\sum_{k \in U_i} \mathcal{H}_{ik} = \Delta I_i(t^F)$ 的系数矩阵, 则有秩 $\text{rank}(\boldsymbol{A}_{coef})=E_{in}$。这样多对多入侵类 $mI \mapsto nS(m, n > 1)$ 的入侵路径就可以被精确推断, 上述联合方程组的唯一解对应的入侵路径即为所求的精确推断解。证明完毕。 ■

9.3.4　可能的入侵路径推断

SI 复合种群网络入侵路径推断算法的框架如下:

(1) 入侵分割: 在每一个首达时间, 通过入侵分割, 将全局入侵路径(GIP) 分割并分散于 4 种类型的入侵类的入侵边中。假设 GIP 包含于 Λ 个入侵类中, $\Lambda \geqslant 1$ 为分割 GIP 所得的所有入侵类的数目。定义 IP_i 为编号为 i 的入侵类 INC_i 推断所得的空间入侵路径, 那么全局入侵路径可以根据随机动态规划 [11, 12] 来求解这一优化问题:

$$GIP_{\text{est}} = \text{opt} \sum_{i=1}^{\Lambda} \hat{IP}_{INC_i}, \tag{9.18}$$

其中, opt 表示动态规划下求得的最优解, GIP_{est} 为推断所得的全局入侵路径。

(2) 精确推断: 入侵类 $I \mapsto S$ 和 $I \mapsto nS(n > 1)$ 很容易推断。对于另外两种

入侵类 $mI \mapsto S(m>1)$和$mI \mapsto nS(m>1, n>1)$, 先判断其能否被精确地推断, 即是否满足定理 9.3.1 和定理 9.3.2 的条件, 若满足则可以被精确推断。

(3) 推断可能的入侵路径: 若不满足精确推断的条件, 则采用基于最大似然估计的有效算法推断其最有可能的入侵路径。定义如下的最大似然估计器:

$$\hat{IP}_{INC_i} = \mathop{\arg\max}_{IP_{INC_i} \in INC_i} P(IP_{INC_i}|INC_i), \tag{9.19}$$

其中, $P(IP_{INC_i}|INC_i)$ 表示可能的入侵路径 IP_{INC_i} 是真实入侵路径的概率, 假设真实入侵路径是 $IP^*_{INC_i}$。计算每一个可能入侵路径$IP_{INC_i} \in INC_i$ 的概率$P(IP_{INC_i}|INC_i)$, 并选择概率最大的入侵路径作为 $IP^*_{INC_i}$。

(4) 最后, 将每个入侵类推断出来的最有可能入侵路径根据首达时间的顺序组装起来, 即构成推断的全局入侵路径。

9.3.4.1 多对一入侵类

当定理 9.3.1 所述的精确推断条件不满足时, 方程 (9.16) 有多个可能的解, 每个可能解对应于该多对一的一组可能的入侵路径。将多对一入侵类方程 (9.16) 的所有可能解的集合定义为 Φ。假设 Φ 包含O 个解, 第 j个解可以表示为 $\sigma_j = \{\mathcal{H}^{(j)}_{i1}|i=[1,2,\cdots,m]\}$。

令 $\mathcal{E}_{mIS}$为观察到该多对一入侵类发生的事件, 则可能解 σ_j所对应的入侵路径若发生也必然会观察到 $\mathcal{E}_{mIS}$。因此, $\forall j \in \{1,2,\cdots,O\}$, 都有概率 $P(\mathcal{E}_{mIS}|\sigma_j)=1$。根据贝叶斯定理, 在 $\mathcal{E}_{mIS}$ 发生的条件下可能解 σ_j所对应的入侵路径是真实入侵路径的概率可以写为

$$\begin{aligned} P(\sigma_j|\mathcal{E}_{mIS}) &= P(\mathcal{E}_{mIS}|\sigma_j)P(\sigma_j)/P(\mathcal{E}_{mIS}) \\ &= P(\mathcal{E}_{mIS}|\sigma_j)P(\sigma_j)\Big/\sum_{j=1}^{O}\left[P(\mathcal{E}_{mIS}|\sigma_j)P(\sigma_j)\right] \\ &= P(\sigma_j)\Big/\sum_{j=1}^{O}\left[P(\sigma_j)\right] \\ &= \prod_{k=1}^{m}\Omega(\mathcal{H}^{(j)}_{k1})\Big/\sum_{i=1}^{O}\prod_{k=1}^{m}\Omega(\mathcal{H}^{(i)}_{k1}), \end{aligned} \tag{9.20}$$

其中, O 表示所有可能解的数目, $\Omega(\mathcal{H}^{(i)}_{k1})$ 是在可能解 σ_i 下, 集合 $\mathbb{I}$ 中子种群 I_k

扩散 $\mathcal{H}_{k1}^{(i)}$ 个感染个体到子种群 S_1 的个体扩散估计器。

下面根据不同的子种群分类, 分别计算子种群 I_i 的个体扩散估计器, 设子种群 I_i发出 k_i 条边。为方便讨论, 设可能解 $\sigma = \{\mathcal{H}_{i1}|i = [1,2,\cdots,m]\} = \{\mathcal{H}_{i1},\mathcal{H}_{i2},\cdots,\mathcal{H}_{im}\}$ 泛指所有 O 个可能解中的一个, 下面以 σ 为例展示如何求解子种群 I_i 的个体扩散估计器。

(1) 不能观子种群 I_i

由于发生了多对一入侵, 从子种群 I_i 发出的所有 k_i 条边中, 只有一条是入侵边, 不妨设其对应的扩散率为 p_{k_i}, $\mathcal{H}_{i1}$ 为首达 S_1 的感染个体数。假设有 ℓ_i $(1 \leqslant \ell_i < k_i)$条不能观边和部分能观边, 记为 $1,2,\cdots,\ell_i$。沿着每条不能观边和部分能观边, 扩散率为 $p_\ell, \ell = [1,2,,\cdots,\ell_i]$, 从 I_i 发出x_ℓ 个感染个体。因此, 共有 $\eta_i = \sum\limits_{\ell} x_\ell$ 个感染个体从这些不能观边和部分能观边离开 I_i。余下的$k_i-\ell_i-1$条能观边, 记为 $\ell_i+1,\ell_i+2,\cdots,k_i-1$, 设其对应的扩散率为 $p_\varkappa$, $\varkappa=[\ell_i+1,\ell_i+2,\cdots,k_i-1]$, $x_\varkappa$ 感染个体从 I_i 扩散出去。以概率 $\overline{p_i} = 1-p_{k_i}-\sum\limits_{\ell} p_\ell - \sum\limits_{\varkappa} p_\varkappa$, 一个感染个体仍旧停留在子种群 I_i。

多对一 (或多对多) 入侵类有可能不满足精确推断所需要的条件而难以被精确地推断, 这主要是因为感染子种群中的感染个体从不能观边和部分能观边扩散出去的个数信息往往是不容易获得的。另外, 可以通过收集和分析人类的移动数据得到例如交通网络上有向边的扩散率, 这样多项分布式 (9.12) 就可以被用于估计 $\mathcal{H}_{i1}$ 个感染个体从子种群 I_i 扩散到目标子种群 S_1 的条件概率。对于不能观子种群 i, 其个体扩散估计器 $\Omega_u(\mathcal{H}_{i1})$ 是包含如下变量的概率:

$$\Omega_u(\mathcal{H}_{i1}) = P\big(\mathcal{H}_{i1}, p_{k_i}, I_i(t^F-1), x_\ell, p_\ell, x_\aleph, p_\aleph, \overline{x_i}, \overline{p_i}\big), \tag{9.21}$$

其中, $\ell=[1,2,\cdots,\ell_i]$, $\varkappa=[\ell_i+1,\ell_i+2,\cdots,k_i-1]$, $\overline{x_i}$为在形成该入侵类时没有离开 I_i 的感染个体数。由于假设在传染过程新产生的感染个体在该时间步不参与扩散, 所以这里 $I_i(t^F-1)$ 即为子种群i 在传染反应后并且扩散前的感染个体数。结合该不能观子种群 i 能观边的信息 (即对任意 $\aleph$ 扩散出去的感染个体数 $x_\aleph$) , 可得 $I_i(t^F-1) = \mathcal{H}_{i1}+\sum\limits_{\ell} x_\ell+\overline{x_i} = \mathcal{H}_{i1}+\eta_i+\overline{x_i}$。考虑 $\eta_i' = \eta_i+\overline{x_i} = I_i(t^F-1)-\mathcal{H}_{i1}$

的所有情况, 个体扩散估计器可简化为

$$\begin{aligned}\Omega_u(\mathcal{H}_{i1}) &= \sum_{\eta_i'=I_i(t^F-1)-\mathcal{H}_{i1}} P\Big(\overline{x_i}, x_\ell\Big) \\ &= \sum_{\eta_i'=I_i(t^F-1)-\mathcal{H}_{i1}} \frac{I_i(t^F-1)!}{\mathcal{H}_{i1}!\prod\limits_{\ell} x_\ell!\overline{x_i}!} p_{k_i}^{\mathcal{H}_{i1}} \prod_{\ell} p_\ell^{x_\ell} \overline{p_i}^{\overline{x_i}},\end{aligned} \tag{9.22}$$

其中, $\ell=[1,2,\cdots,\ell_i]$。

由$\eta_i'=\eta_i+\overline{x_i}=I_i(t^F-1)-\mathcal{H}_{i1}$ 对应所有情况之和, 该不能观子种群 i 的个体扩散估计器可以进一步写为

$$\Omega_u(\mathcal{H}_{i1}) = \frac{I_i(t^F-1)!}{\mathcal{H}_{i1}!\eta_i'!} p_{k_i}^{\mathcal{H}_{i1}} \Big[\sum_{\ell} p_\ell + \overline{p_i}\Big]^{\eta_i'}. \tag{9.23}$$

(2) 能观子种群 I_i (在 t^F-1 到 t^F 期间经历$I_i \to S_i$ 类型)

假如 I_i 的感染个体全部在首达时间扩散出去, 则 I_i 为能观的, 那么可得 $I(t^F)=0$, $\Delta I_i(t^F)=I(t^F-1)$, 且 $\mathcal{H}_{i1} \leqslant \Delta I_i(t^F)$。该能观子种群有 $\mathcal{H}_{i1}$ 个感染个体到达 S_1 的个体扩散估计器 $\Omega_o(\mathcal{H}_{i1})$ 为

$$\Omega_o(\mathcal{H}_{i1}) = \binom{\Delta I_i(t^F)}{\mathcal{H}_{i1}} \left[\frac{p_{k_i}}{\sum\limits_{\ell} p_\ell + p_{k_i}}\right]^{\mathcal{H}_{i1}} \left[1-\frac{p_{k_i}}{\sum\limits_{\ell} p_\ell + p_{k_i}}\right]^{\left[\Delta I_i(t^F)-\mathcal{H}_{i1}\right]}, \tag{9.24}$$

其中, $\binom{\Delta I_i(t)}{\mathcal{H}_{i1}}$ 表示从 $\Delta I_i(t^F)$ 中随机抽取 $\mathcal{H}_{i1}$ 的组合数。

(3) 部分能观子种群 I_i

由于子种群 I_i 部分能观, 那么至少有 $\Delta I_i(t^F)=|I_i(t^F)-I_i(t^F-1)| \geqslant 1$ 离开 I_i。由 $\Delta I_i(t^F)$ 与 $\mathcal{H}_{i1}$ 的关系, 可以分为以下两种类型讨论, 然后再累加。

① 类型 1: $\Delta I_i(t^F) \leqslant \mathcal{H}_{i1}$, 即观察到的感染个体的变化量小于子种群 I_i 扩散到 S_1 的感染个体数。可以分别计算如下的情形。

假设确认的感染个体变化量 $\Delta I_i(t^F)$ 都是因为从 I_i 扩散到 S_1 (即来自 $\mathcal{H}_{i1}$), 可由剩下的 $\mathcal{H}_{i1}-\Delta I_i(t^F)$ 个感染个体也扩散到 S_1, 得到该部分能观子种群的个

体扩散估计器 $\Omega_p(\mathcal{H}_{i1})$ 为

$$\begin{aligned}\Omega_p(\mathcal{H}_{i1}) &= \Omega_p\big(\mathcal{H}_{i1}-\Delta I_i(t)|I_i(t-1)-\Delta I_i(t)\big)\\ &= \frac{\big[I_i(t-1)-\Delta I_i(t)\big]!}{\big[\mathcal{H}_{i1}-\Delta I_i(t)\big]!\eta_i'!}p_{k_i}^{[\mathcal{H}_{i1}-\Delta I_i(t)]}\left[\sum_{\ell}p_\ell+\overline{p_i}\right]^{\eta_i'}\left[\frac{p_{k_i}}{\sum\limits_{\ell}p_\ell+p_{k_i}}\right]^{\Delta I_i(t)},\end{aligned} \tag{9.25}$$

其中，$p_{k_i}\Big/\left[\sum\limits_{\ell}p_\ell+p_{k_i}\right]$ 表示一个感染个体从 I_i 到 S_1 的相对扩散率，$\left[\dfrac{p_{k_i}}{\sum\limits_{\ell}p_\ell+p_{k_i}}\right]^{\Delta I_i(t^F)}$ 表示已确定的 $\Delta I_i(t^F)$ 个感染个体扩散到 S_1 的概率。

假设 $\Delta I_i(t^F)$ 个感染个体的减少只有一部分是因为从I_i 扩散到 S_1, 这种情况较为复杂。令 $\Delta I_i(t^F)-\phi$ $(1\leqslant\phi<\Delta I_i(t^F))$ 个感染个体扩散到 S_1, 那么对应的个体扩散估计器为

$$\begin{aligned}&\Omega_p(\mathcal{H}_{i1}-\Delta I_i(t^F)+\phi|I_i(t^F-1)-\Delta I_i(t^F))\\ &=\binom{\Delta I_i(t^F)}{\phi}\left[\frac{p_{k_i}}{\sum\limits_{\ell}p_\ell+p_{k_i}}\right]^{\left[\Delta I_i(t^F)-\phi\right]}\left[1-\frac{p_{k_i}}{\sum\limits_{\ell}p_\ell+p_{k_i}}\right]^{\phi}\\ &\quad\times\frac{[I_i(t^F-1)-\Delta I_i(t^F)]!}{[\mathcal{H}_{i1}-\Delta I_i(t^F)+\phi]!\eta_i'!}p_{k_i}^{[\mathcal{H}_{i1}-\Delta I_i(t^F)+\phi]}\left[\sum_{\ell}p_\ell+\overline{p_i}\right]^{\eta_i'},\end{aligned} \tag{9.26}$$

其中右边第一项表示确定的 $\Delta I_i(t^F)-\phi$ 个感染个体入侵 S_1 的概率。

假设引起 I_i感染个体数变化的 $\Delta I_i(t^F)$ 个感染个体都不是因为从I_i 扩散到 S_1, 而是扩散到其他子种群，那么对应的个体扩散估计器可以转化为在剩下的 $I_i(t^F-1)-\Delta I_i(t^F)$ 个感染个体中有 $\mathcal{H}_{i1}$ 个扩散到 S_1 的条件概率，即

$$\begin{aligned}\Omega_p(\mathcal{H}_{i1})=\Omega_p(\mathcal{H}_{i1}|I_i(t^F-1)-\Delta I_i(t^F))&=\frac{[I_i(t^F-1)-\Delta I_i(t^F)]!}{\mathcal{H}_{i1}!\eta_i'!}\\ &\quad\times p_{k_i}^{\mathcal{H}_{i1}}\left[\sum_{\ell}p_\ell+\overline{p_i}\right]^{\eta_i'}\left[1-\frac{p_{k_i}}{\sum\limits_{\ell}p_\ell+p_{k_i}}\right]^{\Delta I_i(t^F)},\end{aligned} \tag{9.27}$$

其中右边最后一项表示 I_i 中的 $\Delta I_i(t^F)$ 个感染个体都不扩散到 S_1 的概率。

综合以上 3 种情况, 分析可得类型 1 的部分能观子种群 I_i 有 $\mathcal{H}_{i1}$ 个感染个体扩散到 S_1 的个体扩散估计器为

$$\Omega_p(\mathcal{H}_{i1}) = \sum_{\phi=0}^{\Delta I_i(t^F)} \binom{\Delta I_i(t^F)}{\phi} \left[\frac{p_{k_i}}{\sum\limits_{\ell} p_\ell + p_{k_i}}\right]^{\left[\Delta I_i(t^F)-\phi\right]} \left[1 - \frac{p_{k_i}}{\sum\limits_{\ell} p_\ell + p_{k_i}}\right]^{\phi}$$

$$\times \frac{[I_i(t^F-1) - \Delta I_i(t)]!}{[\mathcal{H}_{i1} - \Delta I_i(t^F) + \phi]!\eta_i'!} p_{k_i}^{[\mathcal{H}_{i1} - \Delta I_i(t^F)+\phi]} \left[\sum_{\ell} p_\ell + \overline{p_i}\right]^{\eta_i'}. \tag{9.28}$$

② 类型 2: $\Delta I_i(t) > \mathcal{H}_{i1}$, 即观察到的感染个体变化量 $\Delta I_i(t)$ 超过了扩散到子种群 S_1 的感染个体数。类似于类型 1, 同样分析类型 2 所有情形下对应的个体扩散估计器。

假设可能感染个体数$\mathcal{H}_{i1}$ 都来自 $\Delta I_i(t)$, 则个体扩散估计器为

$$\Omega_p(\mathcal{H}_{i1}) = \binom{\Delta I_i(t^F)}{\mathcal{H}_{i1}} \left[\frac{p_{k_i}}{\sum\limits_{\ell} p_\ell + p_{k_i}}\right]^{\mathcal{H}_{i1}} \left[1 - \frac{p_{k_i}}{\sum\limits_{\ell} p_\ell + p_{k_i}}\right]^{\left[\Delta I_i(t^F)-\mathcal{H}_{i1}\right]}$$

$$\times \left[\sum_{\ell} p_\ell + \overline{p_i}\right]^{\left[I_i(t^F-1)-\Delta I_i(t^F)\right]}, \tag{9.29}$$

其中, 等号最右边乘号后的项表示确定的 $I_i(t^F-1) - \Delta I_i(t^F)$ 个感染个体停留在原子种群而不扩散到 S_1 的概率。

参考类型 1, 其他两种情况, 即可能感染个体数$\mathcal{H}_{i1}$ 只有部分来自于 $\Delta I_i(t^F)$ 和 $\mathcal{H}_{i1}$ 全部不来自于 $\Delta I_i(t^F)$, 同理可以推导得到相应的个体扩散估计器。

综合上述 3 种情形, 可得在类型 2 条件下 $\mathcal{H}_{i1}$ 个感染个体到达 S_1 的个体扩散估计器为

$$\Omega_p(\mathcal{H}_{i1}) = \sum_{\Delta\mathcal{H}_{i1}=0}^{\mathcal{H}_{i1}} \binom{\Delta I_i(t^F)}{\Delta\mathcal{H}_{i1}} \left[\frac{p_{k_i}}{\sum\limits_{\ell} p_\ell + p_{k_i}}\right]^{\Delta\mathcal{H}_{i1}} \left[1 \quad \frac{p_{k_i}}{\sum\limits_{\ell} p_\ell + p_{k_i}}\right]^{\left[\Delta I_i(t^F)-\Delta\mathcal{H}_{i1}\right]}$$

$$\times \frac{[I_i(t^F-1) - \Delta I_i(t)]!}{(\mathcal{H}_{i1} - \Delta\mathcal{H}_{i1})!\eta'!} p_{k_i}^{\mathcal{H}_{i1}-\Delta\mathcal{H}_{i1}} \left[\sum_{\ell} p_\ell + \overline{p_i}\right]^{\eta'}. \tag{9.30}$$

一般地, 集合 $\mathbb{I}$ 可能包含以上 3 种情形的感染子种群。定义 $IP_{mIS}^{(i)}$ 为可能解 σ_i 对应的多对一入侵类可能的入侵路径。根据式 (9.20) , 该多对一入侵类最

有可能的入侵路径可以推断为

$$\begin{aligned}\hat{IP}_{mIS} &= \arg\max_{\sigma_i} P(\sigma_i|\mathcal{E}_{mIS}) \\ &= \arg\max_{IP_{mIS}^{(i)}} P(IP_{mIS}^{(i)}|mIS).\end{aligned} \tag{9.31}$$

9.3.4.2 多对多入侵类

当定理 9.3.2 的条件不满足时, 关于该多对多入侵类的方程组 (9.17) 有多个可能解。此时, 需要找出最有可能的解。类似于多对一入侵类的分析 (式 (9.20)), 利用贝叶斯定理可以得到

$$P(\sigma_j|\mathcal{E}_{mInS}) = \prod_{k=1}^{m} \Omega(\{\mathcal{H}_{kk_\hbar}^{(j)}\}) \Big/ \sum_{i=1}^{O}\prod_{k=1}^{m} \Omega(\{\mathcal{H}_{kk_\hbar}^{(i)}\}), \tag{9.32}$$

其中, O表示可能的解 σ 的个数, $k_\hbar \in Y_k$, $\Omega(\{\mathcal{H}_{kk_\hbar}^{(i)}\})$ 表示 $\mathbb{I}$ 中感染子种群 I_k 分别对应其邻居集合 Y_k 中各个子种群的个体扩散估计器, σ_j 是可能路径 $IP^{(j)}$ 所对应的可能解, $\mathcal{E}_{mInS}$ 是观察到发生该多对多入侵类的事件。

因此, 问题的关键还是求解个体扩散估计器。从以下两方面展开分析求解:

(1) 当集合$\mathbb{I}$ 中的感染子种群 I_i 在集合 $\mathbb{S}$ 中只有 1 个邻居子种群时, 可以参照多对一入侵类的求解方法。

(2) 当集合$\mathbb{I}$ 中的感染子种群 I_i 在集合 $\mathbb{S}$ 中有 ρ $(\rho \geqslant 2)$ 个邻居子种群时, 给出以下的求解方法。

令 k_i 为子种群 I_i 的所有邻居数 (即从 I_i 发出的边数) 。做如下定义和假设: ① 由入侵边定义可知, 子种群 I_i 有 $\rho(2 \leqslant \rho \leqslant n, \rho \leqslant k_i)$ 条入侵边, 分别标记为 $1, 2, \cdots, \rho$。各条边对应的扩散率为 $p_\hbar, \hbar \in [1, \rho]$, $\mathcal{H}_{ii_\hbar}$ 是入侵子种群集合 $\{Y_i = i_\hbar\}$ 的感染个体数。② 子种群 I_i 有 ℓ_i 条不能观和部分能观边, 分别标记为 $1+\rho, \cdots, \ell_i+\rho$。各条边对应的扩散率为 p_ℓ, $\ell \in [1, \ell_i]$, 以及对应 x_ℓ 个感染个体离开 I_i, 因此共有 $\eta_i = \sum\limits_{\ell} x_\ell$ 个感染个体从这些边离开 I_i。③ 此外, 子种群 I_i 还有 $k_i - \ell_i - \rho$ 条能观边, 分别标记为 $\ell_i + \rho + 1, ..., k_i$。各边对应的扩散率为 $p_\aleph$, $\aleph \in [\ell_i + \rho + 1, k_i]$, 以及对应 $x_\aleph$ 个感染个体离开 I_i。因此, 一个感染个体以概率 $\overline{p_i} = 1 - \sum\limits_{\hbar} p_\hbar - \sum\limits_{\ell} p_\ell - \sum\limits_{\aleph} p_\aleph$ 停留在原地。另外, 共有 $\overline{x_i}$ 个感染个体以概率 $\overline{p_i}$

不迁移。因为 I_i 与不能观和部分能观子种群连接, 只知道其感染个体信息之和, 即 $\sum_{\ell} x_\ell + \overline{x_i} = \eta'$。

基于以上定义和假设, 分别讨论以下 3 种情况的子种群 I_i 的个体扩散估计器。

(1) 不能观子种群 I_i

由于 $\triangle I_i(t^F) = I_i(t^F - 1) - I_i(t^F) \leqslant 0$, 所以并不知道是否有或有多少感染个体入侵 $\mathbb{S}$ 中I_i 的邻居子种群。类似于多对一入侵类, 个体扩散估计器可以写成如下变量的概率:

$$\Omega_u(\{\mathcal{H}_{ii_\hbar}\}) = P(\mathcal{H}_{ii_\hbar}, p_\hbar, x_\ell, p_\ell, x_\varkappa, p_\varkappa, \overline{x_i}, \overline{p_i}), \tag{9.33}$$

其中, $\hbar = [1, 2, \cdots, \rho], \ell = [1 + \rho, 2 + \rho, \cdots, l + \rho], \aleph = [l + \rho + 1, l + \rho + 2, \cdots, k]$。

根据能观边的定义, 式 (9.33) 可以写为

$$\begin{aligned}\Omega_u(\{\mathcal{H}_{ii_\hbar}\}) &= \sum_{\eta_i' = I_i(t^F-1) - \sum \mathcal{H}_{ii_\hbar}} P(\mathcal{H}_{ii_\hbar}, p_\hbar, x_\ell, p_\ell, \overline{x_i}, \overline{p_i}) \\ &= \sum_{\eta_i' = I_i(t^F-1) - \sum \mathcal{H}_{ii_\hbar}} \frac{I_i(t-1)!}{\prod_\hbar \mathcal{H}_{ii_\hbar}!\eta! \prod_\ell x_\ell! \overline{x_i}!} \quad \prod_\hbar p_\hbar^{\mathcal{H}_{ii_j}} \left(\sum_\ell p_\ell\right)^\eta \overline{p_i}^{\overline{x_i}},\end{aligned} \tag{9.34}$$

其中, $\hbar = [1, 2, \cdots, \rho], \ell = [1 + \rho, 2 + \rho, \cdots, l + \rho]$。

进一步利用$\eta_i' = I_i(t^F - 1) - \sum \mathcal{H}_{ii_\hbar}$ 对应的所有情况进行累加, 式 (9.34) 可简化为

$$\Omega_u(\{\mathcal{H}_{ii_\hbar}\}) = \frac{I_i(t^F - 1)!}{\prod\limits_\hbar \mathcal{H}_{ii_\hbar}!\eta_i'!} \prod_\hbar p_\hbar^{H_{ii_\hbar}} \Big[\sum_\ell p_\ell + \overline{p_i}\Big]^{\eta_i'}. \tag{9.35}$$

(2) 能观子种群 I_i(在 $t^F - 1$ 到 t^F 期间经历$I_i \to S_i$ 类型)

在该情形下, 可能感染个体数 $\mathcal{H}_{ii_\hbar}(\hbar = 1, 2, \cdots, \rho)$都来自于 $\triangle I_i(t^F)$, 那

么$I_i \rightarrow S_i$型能观子种群 I_i 的个体扩散估计器为

$$\Omega_o(\{\mathcal{H}_{ii_\hbar}\}) = \frac{\triangle I_i(t)!}{\prod\limits_\hbar \mathcal{H}_{ii_\hbar}!(\triangle I_i(t^F) - \sum\limits_\hbar \mathcal{H}_{ii_\hbar})!} \times \prod_\hbar \left(\frac{p_\hbar}{\sum\limits_{k=1}^{l+\rho} p_k}\right)^{\mathcal{H}''_{ii_\hbar}} \left(\frac{\sum\limits_\ell p_\ell}{\sum\limits_{j=1}^{l+\rho} p_j}\right)^{\triangle I_i(t^F) - \sum\limits_\hbar \mathcal{H}_{ii_\hbar}}, \tag{9.36}$$

其中, $\hbar = [1, 2, \cdots, \rho], \triangle I_i(t^F) = I_i(t^F - 1) - I_i(t^F) = I_i(t^F - 1)$。

(3) 部分能观子种群 I_i

由于 $\triangle I_i(t^F) = I_i(t^F - 1) - I_i(t^F) > 0$, 所以至少有 $\triangle I_i(t^F)$ 个感染个体在 $t^F - 1$ 到 t^F 期间从 I_i 扩散出去。

首先分解由 I_i 扩散出去的首达感染个体数 $H_i = \{\mathcal{H}_{ii_\hbar} | \hbar = 1, 2, \cdots, \rho\}$, 可以分为两部分: $H'_i = \{\mathcal{H}'_{ii_\hbar} | \hbar = 1, 2, \cdots, \rho\}, H''_i = \{\mathcal{H}''_{ii_\hbar} | \hbar = 1, 2, \cdots, \rho\}$, 其中, $\mathcal{H}'_{ii_\hbar} + \mathcal{H}''_{ii_\hbar} = \mathcal{H}_{ii_\hbar}$, $\mathcal{H}'_{ii_\hbar} \geqslant 0, \mathcal{H}''_{ii_\hbar} \geqslant 0$。令 $H'_i = \{\mathcal{H}'_{ii_\hbar} | \hbar = 1, \cdots, \rho\}$为来自于 $I_i(t^F - 1) - \triangle I_i(t^F)$ 的感染个体数目, 而 $H''_i = \{\mathcal{H}''_{ii_\hbar} | \hbar = 1, 2, \cdots, \rho\}$为来自于 $\triangle I_i(t^F)$ 的感染个体数目。接下来分析以下两种情形的个体扩散估计器。

① 类型 1: $\sum\limits_\hbar \mathcal{H}_{ii_\hbar} \geqslant \triangle I_i(t^F)$

令 $\phi = \sum\limits_\hbar \mathcal{H''}_{ii_\hbar}, 0 \leqslant \phi \leqslant \triangle I_i(t^F)$, 它是引起子种群感染个体数变化的 $\triangle I_i(t^F)$ 个感染个体的子集所包含的感染个体数目。对于一个固定的 ϕ, 可能有关于 $\mathcal{H}''_{ii_j}$ 的多组可能值都满足 $H''_i = \{\mathcal{H}''_{ii_j} | j = 1, 2, \cdots, \rho\}$。个体扩散估计器可以写成

$$\Omega_p(\{\mathcal{H}_{ii_\hbar}\}) = \sum_{\phi=0}^{\triangle I_i(t^F)} \sum_{\sum \mathcal{H}''_{ii_\hbar} = \phi} P_1 P_2, \tag{9.37}$$

其中, $P_1 = \dfrac{\triangle I_i(t^F)!}{\prod\limits_\hbar \mathcal{H}''_{ii_\hbar}!(\triangle I_i(t^F) - \phi)!} \prod\limits_\hbar \left(\dfrac{p_\hbar}{\sum\limits_{k=1}^{l+\rho} p_k}\right)^{\mathcal{H}''_{ii_\hbar}} \left(\dfrac{\sum\limits_\ell p_\ell}{\sum\limits_{j=1}^{l+\rho} p_j}\right)^{\triangle I_i(t^F) - \phi}$,

$$P_2 = \frac{(I_i(t^F - 1) - \triangle I_i(t^F))!}{\prod\limits_\hbar \mathcal{H}'_{ii_\hbar}!(I_i(t^F - 1) - \triangle I_i(t^F) - \sum\limits_\hbar \mathcal{H}_{ii_\hbar} + \phi)!} \prod_\hbar p_\hbar^{\mathcal{H}'_{ii_\hbar}}$$

$$\times\left(\sum_{\ell}p_{\ell}+\overline{p_i}\right)^{I_i(t^F-1)-\triangle I_i(t^F)-\sum\limits_{\hbar}\mathcal{H}_{ii_{\hbar}}+\phi}。$$

② 类型 2: $\sum\limits_{\hbar}\mathcal{H}_{ii_{\hbar}}<\triangle I_i(t^F)$

令 $\phi=\sum\limits_{\hbar}\mathcal{H}''_{ii_{\hbar}},0\leqslant\phi\leqslant\sum\limits_{\hbar}\mathcal{H}_{ii_{\hbar}}$，它是引起子种群感染个体数变化的 $\sum\limits_{\hbar}\mathcal{H}_{ii_{\hbar}}$ 个感染个体的子集所包含的感染个体数目。同样，对于一个固定的 ϕ，可能有关于 $\mathcal{H}''_{ii_j}$ 的多组可能值都满足 $H''_i=\{\mathcal{H}''_{ii_j}|j=1,2,\cdots,\rho\}$。个体扩散估计器可以写成

$$\Omega_p(\{\mathcal{H}_{ii_{\hbar}}\})=\sum_{\phi=0}^{\sum_{\hbar}\mathcal{H}_{ii_{\hbar}}}\sum_{\sum\mathcal{H}''_{ii_{\hbar}}=\phi}P_1P_2,\tag{9.38}$$

其中，P_1 和 P_2 与式 (9.37) 中一致。

根据式 (9.32)，类似于前面多对一入侵类的情形，对于一个多对多入侵类，其最有可能的入侵路径可以推断为

$$\begin{aligned}\hat{IP}_{mInS}&=\arg\max_{\sigma_i}P(\sigma_i|\mathcal{E}_{mInS})\\&=\arg\max_{IP^{(i)}_{mInS}}P(IP^{(i)}_{mInS}|mInS),\end{aligned}\tag{9.39}$$

其中，$IP^{(i)}_{mInS}$ 为可能解 σ_i所对应的多对多入侵类可能的入侵路径。

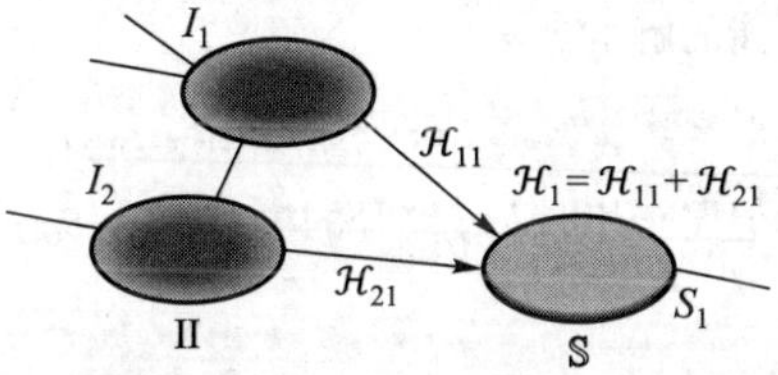

图 9.7 一个二对一入侵类 ($2I\mapsto S$) 的示例。假设 S_1 的首达感染人数 $\mathcal{H}_1=3$，且 $I_1(t^F),I_2(t^F)\geqslant\mathcal{H}_1$。因此，在不考虑其他因素的条件下，有 3 组可能的组合可以满足方程 $\mathcal{H}_{11}+\mathcal{H}_{21}=\mathcal{H}_1$：①$\mathcal{H}_1=3,\mathcal{H}_{11}=1,\mathcal{H}_{21}=2$；②$\mathcal{H}_1=3,\mathcal{H}_{11}=2,\mathcal{H}_{21}=1$；③$\mathcal{H}_1=3,\mathcal{H}_{11}=3,\mathcal{H}_{21}=0$。组合① 和 ② 对应的是同一组入侵路径，但是 ③却是不同的入侵路径

在一个多对一或多对多入侵类中，当易感子种群i出现首达感染个体数 $\mathcal{H}_i\geqslant3$ 时，可能会出现多个可能解对应于同一组路径。这里说一组路径而不说一条路径，

是因为一个解包含多少个大于 0 的元素则这组路径就有多少条入侵路径 (有向边), 图 9.7 所示为一个二对一入侵类的示例。因此, 对于这样的情况, 把该组可能入侵路径为真实入侵路径的概率整合为所对应的多个可能解的概率累加之和, 并且, 对于多对一和多对多入侵类都可以做同样处理。

根据式 (9.18) 和式 (9.19) , 整个全局入侵路径 GIP 可以按首达时间排列推断出的每个入侵类的最有可能路径组装得到。由于整个推断算法是基于 SI 型流行病, 所以称该算法为 IPI-SI 算法, 算法流程的伪代码见算法 9.2。

算法 9.2 入侵路径推断 (IPI-SI) 算法

Input: 子种群 j 感染数据组成的时间序列 $I_j(t)$, 网络拓扑 G (包含扩散率 p)

Output: 全局空间入侵路径 (GIP)

通过新感染的数据搜索找到每个首达时间
for 每个首达时间 **do**
  入侵分割算法找出 4 种入侵类 (一对一、一对多、多对一和多对多), 其中一对一和一对多入侵类可以直接推断出来
  for 每个多对一和多对多入侵类 **do**
    if 满足定理 9.3.1 或定理 9.3.2 的条件 **then**
      计算其唯一解
    end if
    if 不满足定理 9.3.1 或定理 9.3.2 的条件 **then**
      找到所有可能的解组合 σ_i
      计算其对应的概率 $P(\sigma_i|\mathcal{E}_{mIS})$ 或 $P(\sigma_i|\mathcal{E}_{mInS})$
      合并不同解但属于相同入侵路径的概率 $P(\sigma_i|\mathcal{E}_{mIS})$ 或 $P(\sigma_i|\mathcal{E}_{mInS})$
    end if
    找出最大概率 $\max P(IP_{mIS}^{(i)}|mIS)$ 或 $\max P(IP_{mInS}^{(i)}|mInS)$ 对应的入侵路径 $IP_{mIS}^{(i)}$ 或 $IP_{mInS}^{(i)}$
  end for
  记录该首达时间的入侵类推断所得入侵路径
end for
按时序组装每个入侵类推断出来的入侵路径, 得到所推断的全局入侵路径 (GIP)

9.3.5 入侵路径推断算法分析

入侵路径推断算法首先把整个入侵路径相关的网络结构分解为四种入侵类，对于一次全局入侵感染过程一般会出现多个多对一或多对多入侵类。在这些入侵类中，有一些入侵类容易推断，而有一些入侵类很难推断出正确的入侵路径。因此，有必要探究某些入侵类难以推断的原因并给出定量描述。一个入侵类的推断难易程度与其可能解对应的最大似然及所有入侵路径组对应可能解的概率向量所隐含的信息量有关。基于此，给出以下的定义。

令 $\pi(\sigma)$为一个入侵类中最有可能入侵路径所对应的概率。由于每组路径对应一个解 σ_i 出现的概率，可以得到

$$\pi(\sigma) = \sup_{\sigma_i}\{P(\sigma_i|\mathcal{E})\}. \tag{9.40}$$

定义 9.3.1 (路径对应的概率熵) 根据香农熵，定义所有可能入侵路径组为真实入侵路径的概率$P(\sigma_1|\mathcal{E}), P(\sigma_2|\mathcal{E}), \cdots, P(\sigma_M|\mathcal{E})$ 的概率熵为

$$\mathcal{S} = -\frac{1}{\log M}\sum_{i=1}^{M} P(\sigma_i|\mathcal{E})\log P(\sigma_i|\mathcal{E}). \tag{9.41}$$

入侵路径的概率熵 $\mathcal{S}$ 用来度量入侵路径对应的解的概率向量的内在不确定性信息。这里，假定所有 O 组 $(O \geqslant 2)$ 可能解对应 O 组不同的路径，若有不同的可能解对应相同的入侵路径组，则以可能解对应的概率累加之和作为该入侵路径组为真实入侵路径的概率。

如果一个入侵类具有较大的 $\pi(\sigma)$ 和较小的熵 $\mathcal{S}$，那么说明其入侵路径较容易推断。由此，定义入侵类的可推断性来定量刻画一个入侵类推断的难易程度，即

$$\Pi = \pi(\sigma)(1-\mathcal{S}). \tag{9.42}$$

虽然一些入侵类的概率熵较小 (如小于 0.5)，但它们仍然难以推断，因为其对应的 $\pi(\sigma)$ 远小于 0.5。因此，Π 用于描述一个多对一或多对多入侵类的推断难易程度优于单独使用 $\pi(\sigma)$ 或 $\mathcal{S}$，它告诉我们一些入侵类为什么容易推断，因为其 $\Pi > 0.5$；反之，一些入侵类为什么难以推断，因为其 $\Pi \ll 0.5$。

下面给出一个关于入侵类可推断性 Π 上下界的性质定理。

定理 9.3.3 给定一个入侵类 '$mI \mapsto S$' 或 '$mI \mapsto nS$', $\Pi = \pi(\sigma)(1-\mathcal{S})$ 为根据定义计算出来的可推断性, 那么存在一个下界 $\Pi_{\min} = \frac{1}{O}(1-\mathcal{S}')$ 和上界 $\Pi_{\max} = \pi(\sigma) - \mathcal{S}(\pi(\sigma))$ 满足如下不等式:

$$\Pi_{\min} \leqslant \Pi \leqslant \Pi_{\max},$$

其中, $S' = -\frac{1}{\log O}(\pi(\sigma))\log(\pi(\sigma))) + \sum \frac{1-\pi(\sigma))}{O-1}\log\left(\frac{1-\pi(\sigma))}{O-1}\right))$。

证明: 由于 $\Pi = \pi(\sigma))(1-\mathcal{S}) \geqslant \frac{1}{O}(1-\mathcal{S}) \geqslant \frac{1}{O}(1-\mathcal{S}')$, 其中,

$$\begin{aligned} S' &= -\frac{1}{\log O}(\pi\log(\pi(\sigma))) + \sum \frac{1-\pi(\sigma))}{O-1}\log\left(\frac{1-\pi(\sigma))}{O-1}\right)) \\ &= -\frac{1}{\log O}(\pi(\sigma))\log(\pi(\sigma))) + (1-\pi(\sigma)))\log\left(\frac{1-\pi(\sigma))}{O-1}\right)) \\ &= -\frac{1}{\log O}(\pi(\sigma))\log(\pi(\sigma))(\sigma))) + (1-\pi(\sigma)))\log(1-\pi(\sigma))) \\ &\quad -(1-\pi(\sigma)))\log(O-1)) \end{aligned}$$

根据 Fano 不等式 [18], 熵 $\mathcal{S} \leqslant \mathcal{S}'$。

另一方面, 注意到函数 $f(y) = y\log(y)$ 是严格凸的。根据 Jensen 不等式 [18], 有 $\pi\mathcal{S}(\sigma) = \pi \times (-\pi(\sigma)\log(\pi(\sigma)) - \sum_{i=1}^{O-1} P(\sigma_i|\mathcal{E})\log P(\sigma_i|\mathcal{E})) \geqslant -(\pi(\sigma))^2\log((\pi(\sigma))^2) - \sum_{i=1}^{O-1}\pi(\sigma)P(\sigma_i|\mathcal{E})\log\pi(\sigma)P(\sigma_i|\mathcal{E})$。又因为 $\Pi = \pi(1-\mathcal{S}) = \pi - \pi\mathcal{S} \leqslant \pi - \mathcal{S}(\pi\sigma)$。因此, $\Pi_{\min} \leqslant \Pi \leqslant \Pi_{\max}$, 其中, $\Pi_{\min} = \frac{1}{O}(1-\mathcal{S}')$ 和 $\Pi_{\max} = \pi - \mathcal{S}(\pi(\sigma))$。证明完毕。 ■

9.4 仿真实验

为了检验入侵路径推断算法的推断效果, 本节采用美国航空网相关数据进行仿真实验验证, 仿真模拟的方法同第 9.2.3 节。

为了与相关工作进行比较, 将 IPI-SI 算法与以下 3 种典型求解复合种群网络上流行病扩散的最短路径树 (或称最有可能路径树) 方法做了推断性能的对比。3 种方法的已知条件均为给定了传播参数、复合种群网络拓扑结构以及传播起始子种群的位置。

(1) 基于平均首达时间的最短路径树 (ARR) [13]: 作者定义并求解了相邻两个子种群间的平均首达时间, 网络上任意一个子种群 i 到另一个可达子种群 j 之间所有路径时间都可以表达为邻近的两个子种群平均首达时间累加。这样, 从传播起始子种群出发扩散到所有其他子种群的最短路径树就是所有可能路径树中累加平均首达时间之和的最小者。

(2) 基于有效距离的最有可能路径树 (EFF) [3]: 与方法 (1) 的思路类似, 作者给出了任意两个相邻子种群的有效距离来定量刻画病毒传播的快慢。有效距离大表示传播慢, 反之则传播快。整个传播的最有可能路径树就是从传播起始子种群到其他所有子种群形成的有效距离之和最小者所对应的路径树。

(3) 基于蒙特卡罗最大似然的最有可能流行病入侵树 (MCML) [14]: 从一个传播起始子种群出发, 仿真大量的流行病传播过程, 并记录每次传播的所有入侵路径, 从而可以给每条有向传播边赋予权重, 这个权重就是通过该有向边的首达入侵路径次数除以所有仿真次数。最后再以 Chu-Liu-Edmunds 算法 [19, 20] 求解有向最小生成树, 即可得到最有可能流行病入侵树。

实际上, 以上 3 种方法计算出的是树状结构的入侵路径, 而 IPI-SI 算法还可以计算出带环状的入侵路径。如果在单位时间有数个邻居同时入侵同一子种群的情形发生, 就有可能形成环状入侵路径。

下面考虑评估推断入侵路径精确度的指标。定义推断精确度① 为每种方法在一次传播过程中正确推断的入侵路径条数与真实入侵路径条数的比例 (这里的传播过程指的是感染完整个网络)。仿真实验还计算了在多次传播过程中, 多对一和多对多入侵类的累计精确度, 其精确度也是指在该入侵类中推断正确的路径条数

① 就评判标准而言, 一般采用精确率 (Precision) 和召回率 (Recall) 同时评判, 这里考虑到 IPI-SI 算法推断的入侵路径条数与真实入侵路径条数基本一致, 二者就几乎一样。这里的准确度 (accuracy) 相当于召回率, 因此对结果无影响。文献 [17], 新提出的IPI-SIR 算法给出了更为全面的准确性评价指标, 可以看到精确率和召回率基本无差别。

与所有真实路径条数之比。此外，实验还考查了在一次全局传播中感染初期的推断精确度。

图 9.8 展示了以上 4 种方法的推断性能对比。如图 9.8(a) 展示了美国航空网上 20 次传播过程全局空间入侵路径的 4 种方法的推断精确度。图 9.8(b) 展示了美国航空网上 20 次传播过程感染初期 (前 50 个子种群感染时期)，推断空间入侵路径的 4 种方法的推断精确度。图 9.8(c) 展示了在美国航空网上感染初期和全局的 20 次传播过程空间入侵路径中，累计的多对一和多对多入侵类每种算法的精确度。从推断结果来看，入侵路径推断算法 (IPI-SI) 的效果优于其他 3 种算法。

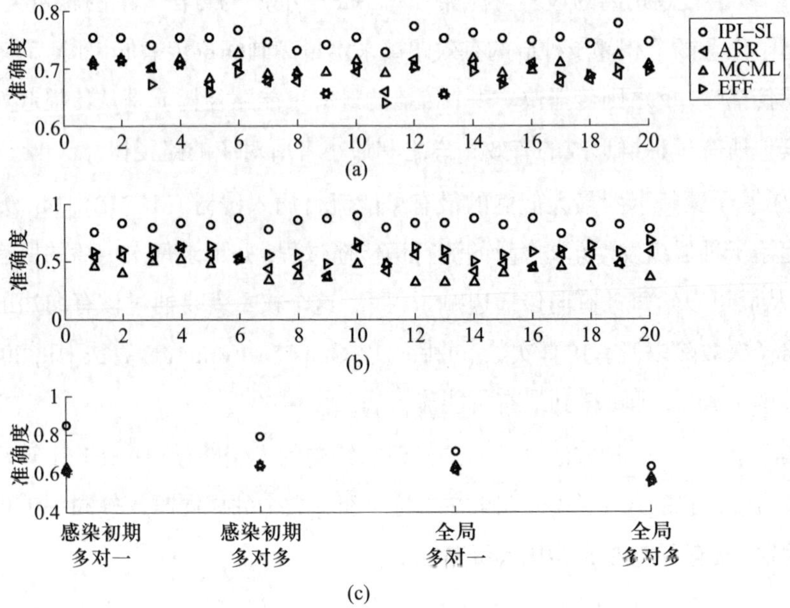

图 9.8　4 种方法的推断性能对比

图 9.9 可视化了美国航空网一次给定的传播，在入侵感染初期真实的入侵路径 (图 9.9 (a)) 和 IPI-SI 算法推断出来的最有可能的入侵路径 (图 9.9(b))。有向边的粗细表示入侵边的权重 (即扩散率)，箭头表示入侵路径的方向。注意到 IPI-SI 算法提取出了大部分的入侵路径，仅有少部分入侵路径没有被算法提取出来。

最后，仿真实验检验了入侵类的可推断性的定量描述效果。图 9.10 展示了

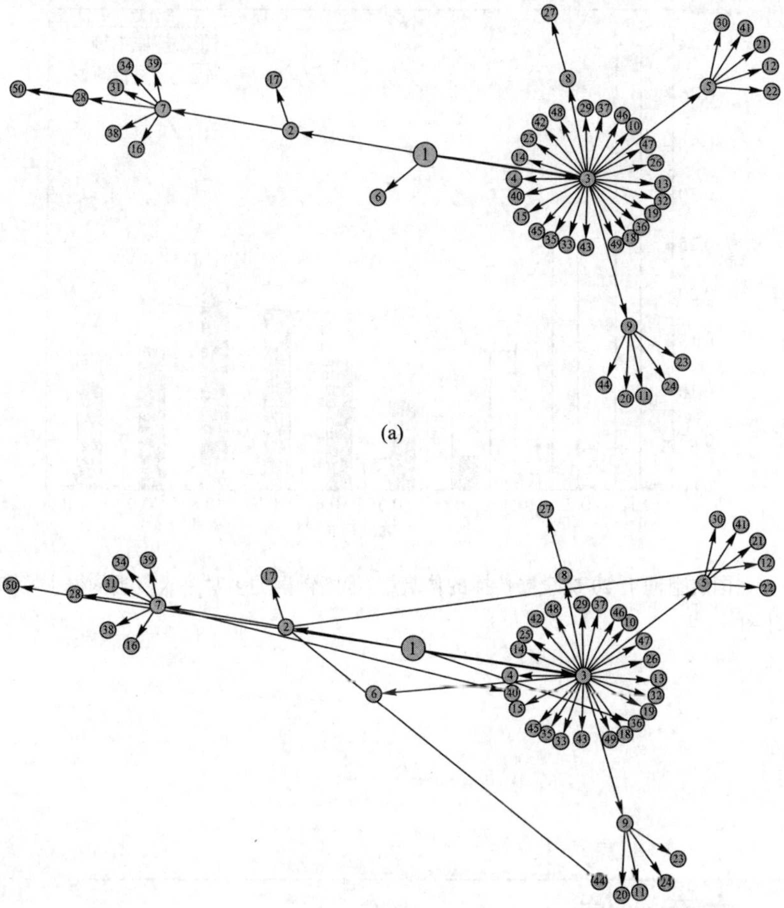

(a)

(b)

图 9.9 美国航空网上真实与推断的入侵路径对比图 (前 50 个感染节点)。(a) 一次仿真中真实的入侵路径; (b) 推断出来的最有可能的入侵路径。子种群 1 为传播种子节点

在美国航空网上的 20 次全局传播仿真中, 所有推断错误的多对一入侵类的概率熵和可推断性的统计结果对比图。一个入侵类的可推断性小, 那么意味着它不容易被正确推断。可以看出, 可推断性在定量刻画这些难以推断的多对一入侵类时, 比熵的变化更具有规律性, 即可推断性越小的入侵类越不容易推断。这也验证了可推断性 Π 描述入侵类推断的难易程度好于入侵类的标准概率熵。

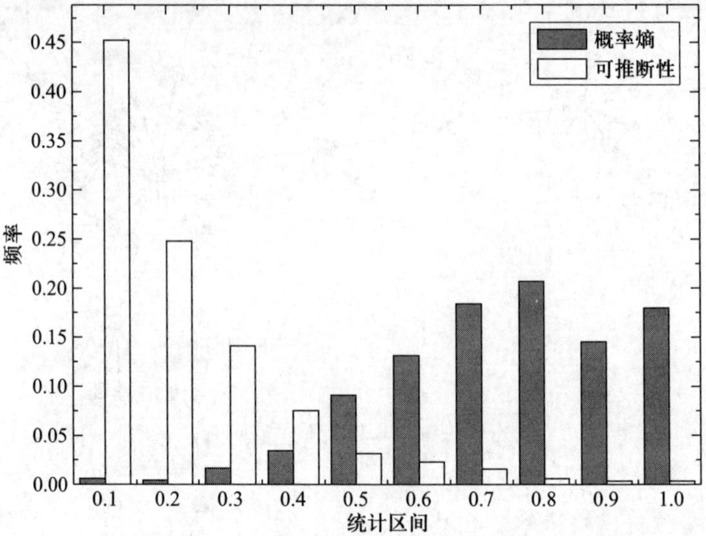

图 9.10 美国航空网上 20 次全局传播的仿真中, 推断错误的多对一入侵类的概率熵和可推断性的统计图

9.5 本章小结

本章首先介绍了双耦合种群网络和一般复合种群网络上的参数估计问题, 给出了估计传播率和扩散率的算法, 接着介绍了一种全新的推断算法框架来解决复合种群网络上疫情暴发时的空间入侵路径推断问题。算法的设计可以归纳为两步走的思路, 首先利用化整为零的动态规划思想, 使得一个较为复杂的问题被切割为一个个子问题, 再利用最大似然估计的方法求解各个子问题。该推断算法除了性能优越外, 其两步走的思路还具有良好的可扩展性。子种群个体的传染过程可以扩展到 SIR 或 SIS 等其他类型的仓室模型, 也可以推广到节点是单个个体的网络的情形, 如计算机网络上的病毒扩散、人与人之间的病毒扩散网络等。当对整个复杂网络系统上的传播过程既给出了参数估计理论, 也给出了入侵过程的推

断算法后，进一步有效预测和控制病毒在关键路径上的扩散就更值得期待。

参考文献

[1] ANDERSON R M, ANDERSON B, MAY R M. Infectious Diseases of Humans: Dynamics and Control[M]. Oxford: Oxford University Press, 1991.

[2] HEESTERBEEK H, ANDERSON R M, ANDREASEN V, et al. Modeling infectious disease dynamics in the complex landscape of global health[J]. Science, 2015, 347(6227): aaa4339.

[3] BROCKMANN D, HELBING D. The hidden geometry of complex, network-driven contagion phenomena[J]. Science, 2013, 342(6164): 1337-1342.

[4] PASTOR-SATORRAS R, CASTELLANO C, VAN MIEGHEM P, et al. Epidemic processes in complex networks[J]. Reviews of Modern Physics, 2015, 87(3): 925.

[5] FU X, SMALL M, CHEN G. Propagation Dynamics on Complex Networks: Models, Methods and Stability Analysis[M]. Beijing: Higher Education Press, 2013.

[6] WANG L, LI X. Spatial epidemiology of networked metapopulation: An overview[J]. Chinese Science Bulletin, 2014, 59(28): 3511-3522.

[7] WANG J B, WANG L, LI X. Identifying spatial invasion of pandemics on metapopulation networks via anatomizing arrival history[J]. IEEE Transactions on Cybernetics, 2015, 46(12): 2782-2795.

[8] LI X, WANG J B, LI C. Towards identifying and predicting spatial epidemics on complex meta-population networks[M]//MASUDA N, HOLME P, Eds. Temporal Network Epidemiology. Singapore: Springer, 2017: 129-160.

[9] SHAH D, ZAMAN T. Rumors in a network: Who's the culprit?[J]. IEEE Transactions on Information Theory, 2011, 57(8): 5163-5181.

[10] BROOKS-POLLOCK E, ROBERTS G O, KEELING M J. A dynamic model of bovine tuberculosis spread and control in Great Britain[J]. Nature, 2014, 511(7508): 228-231.

[11] BELLMAN R. Dynamic programming[J]. Science, 1966, 153(3731): 34-37.

[12] BELLMAN R E, DREYFUS S E. Applied Dynamic Programming[M]. Princeton: Princeton University Press, 2015.

[13] GAUTREAU A, BARRAT A, BARTHELEMY M. Global disease spread: Statistics

and estimation of arrival times[J]. Journal of Theoretical Biology, 2008, 251(3): 509-522.

[14] BALCAN D, COLIZZA V, GONÇALVES B, et al. Multiscale mobility networks and the spatial spreading of infectious diseases[J]. Proceedings of the National Academy of Sciences, 2009, 106(51): 21484-21489.

[15] BROCKMANN D, THEIS F. Money circulation, trackable items, and the emergence of universal human mobility patterns[J]. IEEE Pervasive Computing, 2008, 7(4): 28-35.

[16] WANG L, LI X, ZHANG Y Q, et al. Evolution of scaling emergence in large-scale spatial epidemic spreading[J]. PloS One, 2011, 6(7): e21197.

[17] WANG J B, LI X. Uncovering spatial invasion on networks with SIR epidemics[J]. IEEE Transactions on Network Science and Engineering, 2019, 6(4): 788-800.

[18] COVER T M, THOMAS J A. Elements of Information Theory[M]. New York: John Wiley & Sons, 2012.

[19] CHU Y J, LIU T H. On the shortest arborescence of a directed graph[J]. Science Sinica, 1965, 14:1396-1400.

[20] EDMONDS J. Optimum branchings[J]. Journal of Research of the national Bureau of Standards B, 1967, 71(4): 233-240.

附录 SEIR 型复合种群网络的流行病仿真框架

本书第 6 章采用了 SEIR 型流行病的复合种群网络模型, 这里将对其构造算法进行完整的介绍。

由于该模型主要考虑美国的情况, 因此以子种群对应都市统计区 (Metropolitan/Micropolitan statistical areas [1, 2]), 每个子种群中的个体总数也即相应都市统计区的人口数量, 个体之间相互接触导致子种群内流行病的传播; 以航空运输网络刻画子种群间个体迁移的通路, 染病个体在不同子种群间的移动导致流行病不断入侵新的子种群, 于是流行病在空间上传播蔓延开来。模型采用离散时间步, 单位时间为 1 天。第 6 章中的基准情况 (Baseline) 由两层动力学组成, 即子种群内个体的传染反应过程及子种群之间个体的散射迁移。

1. 子种群内个体的传染反应过程

近年来, 越来越多的研究开始采用手机通信、GPS 记录等替代数据来分析城市人群日常生活中的移动规律。不少实证研究发现, 在城市内部这一层面上人的移动距离分布往往呈现指数分布或二项分布 [3–8]。虽然这些实证结果并不能说明人们在城市里的日常行为是随机的, 但是如果人与人之间的相关性很弱可以忽略的话, 那么从集群行为的角度看, 由城市人口所构成的种群在动力学性质上与经典的波尔兹曼气 (Boltzmann gas) 存在相似性 [3–6]。因此, 在某种程度上, 这些实证结果可以支持子种群内个体均匀混合这一假设。

个体之间的相互接触导致流行病在每个子种群内传播。我们主要考虑流感类型的传染病, 传染反应过程由 SEIR 仓室模型来刻画。在任意时刻 t, 每个个体只处于一种健康状态: 易感态 (S)、潜伏态 (E)、感染态 (I) 或者恢复态 (R)。定义 $\mathcal{D}_j^{[\varphi]}(t)$ 代表 t 时刻子种群 j 中健康状态为 $\varphi, \varphi \in$ (S,E,I,R) 的个体总数。于是, 子种群 j 的人口总数可表示为 $N_j = \sum_{\varphi} \mathcal{D}_j^{[\varphi]}(t)$。SEIR 传染反应由转移概率 β、μ 以及 ϵ 调控。单位时间, 如果一位易感者接触过一位传染者, 则该易感个体染病的概率为 β。假设子种群内个体均匀混合, 由质量作用原理可知, t 时刻子种群 j 中任意易感者的染病风险 (Force of infection) [9] 为

$$FOI_j(t) = \beta \mathcal{D}_j^{[I]}(t)/N_j. \tag{1}$$

这一时间步, 子种群 j 中新增染病个体的数量可由概率为 $FOI_j(t)$、试验次数为 $\mathcal{D}_j^{[S]}(t)$ 的二项分布生成。个体染病后会经历一段潜伏期才转变为感染态 (具有传染性), 单位时间, 潜伏态个体转变为感染态的概率为 ϵ。于是每个时间步, 子种群 j 中由潜伏态转变为感染态的个体数量可由概率为 ϵ、试验次数为 $\mathcal{D}_j^{[E]}(t)$ 的二项分布生成。单位时间, 感染态个体康复的概率为 μ, 于是每个时间步子种群 j 里康复的个体数可由概率为 μ、试验次数为 $\mathcal{D}_j^{[I]}(t)$ 的二项分布生成。所有子种群里的传染反应都按照上述方式进行。

2. 子种群之间个体的散射迁移

每个时间步, 在所有个体健康状态都更新过以后, 下面来模拟个体在子种群间的迁移。模型中子种群代表美国都市统计区, 我们采用航空运输网络来刻画个体在子种群间迁移的通路。这里未将地面通勤运输网络纳入模型, 主要是因为人们日常的往返通勤移动往往局限在每个都市统计区以内 [1]。由美国人口统计数据与航空运输数据构造的复合种群模型是一个加权有向图, 包含 $V = 406$ 个节点 (代表子种群)、$E = 6660$ 条有向加权边 (代表航线)。每条边的边权对应该条航线的每日客流量。为简单起见, 假设每个个体的迁移独立于其他个体的行为, 于是子种群间个体的迁移可以由离散随机过程来刻画。定义转移算符 $\nabla(\{\mathcal{D}_j^{[\varphi]}\})$, 它表示每天每种健康状态的个体迁入和迁出子种群 j 的净值

$$\nabla(\{\mathcal{D}_j^{[\varphi]}\}) = \sum_{\ell \in \nu(j)} (\mathcal{X}_{\ell j}(\mathcal{D}_\ell^{[\varphi]}) - \mathcal{X}_{j\ell}(\mathcal{D}_j^{[\varphi]})), \tag{2}$$

其中, $\nu(j)$ 表示与 j 相邻的子种群集合, $\mathcal{X}_{j\ell}(\mathcal{D}_j^{[\varphi]})$ 这一整数随机变量表示每天从子种群 j 迁移到 ℓ 的健康状态为 φ 的人数。由美国交通统计署提供的美国国内航空运输的原始数据, 可以得到任意子种群 j 到 ℓ 的日均客流量 $w_{j\ell}$。定义每天离开子种群 j 的客流总数为子种群 j 的交通流量 $T_j = \sum\limits_{\ell\in\nu(j)} w_{j\ell}$。个体迁移在泊松过程近似下, 子种群 j 中的任意个体迁入子种群 ℓ 的概率可以表示为 $p_{j\ell} = w_{j\ell}/N_j, \ell \in \nu(j)$。于是, 随机变量 $\mathcal{X}_{j\ell}(\mathcal{D}_j^{[\varphi]}), \ell \in \nu(j)$ 可由多项分布

$$P(\{\mathcal{X}_{j\ell}\}) = \frac{\mathcal{D}_j^{[\varphi]}!}{\left(\mathcal{D}_j^{[\varphi]} - \sum\limits_{\ell} \mathcal{X}_{j\ell}\right)! \prod\limits_{\ell} \mathcal{X}_{j\ell}!} \left(\prod_{\ell} p_{j\ell}^{\mathcal{X}_{j\ell}}\right) \left(1 - \sum_{\ell} p_{j\ell}\right)^{(\mathcal{D}_j^{[\varphi]} - \sum_{\ell} \mathcal{X}_{j\ell})},$$

生成, 其中 $(\mathcal{D}_j^{[\varphi]} - \sum\limits_{\ell} \mathcal{X}_{j\ell})$ 代表每天不参与迁移的健康状态为 φ 的个体总数。每对子种群之间的航空流量基本上是对称的, 于是子种群人口数不随时间改变, $\sum\limits_{\varphi} \nabla(\mathcal{D}^{[\varphi]}) = 0$。

3. 病患隔离仿真算法

考虑第 8 章病患隔离策略的影响, 令每个子种群在每个时间步进行传染反应之前增加一个隔离过程, 具体算法如下。

每个时间步之初, 根据社区风险评估函数 $R_{RAF}^j(t) \equiv 10^3\mathcal{D}_j^{[I_{new}]}(t)/N_j = 10^3\beta\mathcal{D}_j^{[S]}(t)\mathcal{D}_j^{[I]}(t)/N_j^2$ 评估风险。如果 $R_{RAF}^j(t)$ 比起动阈值 T_{iso}^j 小则什么都不会发生; 如果相反, 则该时间步子种群 j 进入隔离过程。新增隔离人数 $\mathcal{D}_{j,new}^{[Iso]}(t)$ 由概率为 $\rho_j(t)$、试验次数为 $D_j^{[I]}(t)$ 的二项分布生成。处于隔离中的个体不再参与传染反应, 而是直接进入算法中的恢复过程, 且直到康复之前处于隔离中的个体不参与迁移。需要注意的是, 这一情况下染病风险的表达式 (1) 修正为

$$FOI_j'(t) = \beta(\mathcal{D}_j^{[I]}(t) - \mathcal{D}_{j,new}^{[Iso]}(t))/(N_j - \mathcal{D}_j^{[Iso]}(t)),$$

其中 $D_j^{[Iso]}(t)$ 表示时刻 t 子种群 j 中被隔离的人数。图 1 给出了附加隔离过程的传染反应示意图。

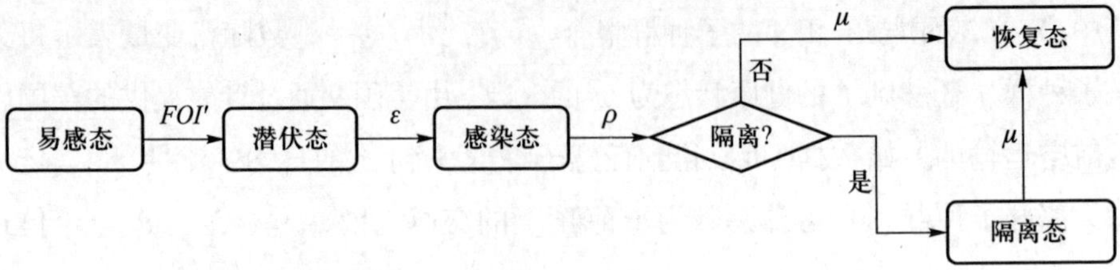

图 1　附加隔离过程的传染反应示意图

参考文献

[1] United States Office of Management and Budget (OMB). OMB Bulletin No. 10-02: Update of Statistical Area Definitions and Guidance on Their Uses (December 1, 2009).

[2] United States Census Bureau (CB), Annual Estimates of the Population of Metropolitan and Micropolitan Statistical Areas: April 1, 2000 to July 1, 2009.

[3] BARTHÉLEMY M. Spatial networks [J]. Phys. Rep., 2011, 499, 1–101.

[4] BAZZANI A, GIORGINI B, RAMBALDI S, et al. Statistical laws in urban mobility from microscopic GPS data in the area of Florence [J]. J. Stat. Mech., 2010, 2010(05): P05001.

[5] YAN X Y, HAN X P, WANG B H, et al. Diversity of individual mobility patterns [J]. eprint: arXiv:1211.2874.

[6] LIANG X, ZHENG X, LÜ W, et al. The scaling of human mobility by taxis is exponential [J]. Physica A, 2011, 391, 2135–2144.

[7] PENG C, JIN X, WONG K C, et al. Collective human mobility pattern from Taxi trips in urban area [J]. PLoS One, 2012, 7(4): e34487.

[8] HASAN S, UKKUSURI S V, GONZÁLEZ M C. Spatio–temporal patterns of urban human mobility measured from subway smart cards [J]. Journal of Statistical Physics, 2013, 151(1-2): 304-318.

[9] ANDERSON R M, MAY R M. Infectious Diseases of Humans: Dynamics and Control [M]. Oxford: Oxford University Press, 1991.

索引

M

N

P

Q

R

S

T

W

X

Y

Z

郑重声明

网络科学与工程丛书　图书清单

序号	书名	作者	书号
1	网络度分布理论	史定华	9 787040 315134
2	复杂网络引论——模型、结构与动力学（英文版）	陈关荣 汪小帆 李翔	9 787040 347821
3	网络科学导论	汪小帆 李翔 陈关荣	9 787040 344943
4	链路预测	吕琳媛 周涛	9 787040 382327
5	复杂网络协调性理论	陈天平 卢文联	9 787040 382570
6	复杂网络传播动力学 —— 模型、方法与稳定性分析（英文版）	傅新楚 Michael Small 陈关荣	9 787040 307177
7	复杂网络引论 —— 模型、结构与动力学（第二版，英文版）	陈关荣 汪小帆 李翔	9 787040 406054
8	复杂动态网络的同步	陆君安 刘慧 陈娟	9 787040 451979
9	多智能体系统分布式协同控制	虞文武 温广辉 陈关荣 曹进德	9 787040 456356
10	复杂网络上的博弈及其演化动力学	吕金虎 谭少林	9 787040 514483
11	非对称信息共享网络理论与技术	任勇 徐蕾 姜春晓 王景璟 杜军	9 787040 518559
12	网络零模型构造及应用	许小可	9 787040 523232
13	网络渗流	刘润然 李明 吕琳媛 贾春晓	9 787040 537949